MATRIZES DO PENSAMENTO PSICOLÓGICO

**CIP-Brasil. Catalogação-na-fonte.
Sindicato Nacional dos Editores de Livros, RJ**

F49m
Figueiredo, Luís Claudio,1945-
 Matrizes do pensamento psicológico / Luís Claudio Figueiredo. 20. ed. – Petrópolis, RJ : Vozes, 2014.
 Dados biográficos do autor.
 Bibliografia.

 10ª reimpressão, 2025.

 ISBN 978-85-326-0467-5

 1. Psicologia – Filosofi. I. Título.

90-0726
CDD – 150.1
CDU – 159.9016

LUÍS CLAUDIO FIGUEIREDO

MATRIZES DO PENSAMENTO PSICOLÓGICO

Petrópolis

©1989, Editora Vozes Ltda.
Rua Frei Luís, 100
25689-900 Petrópolis, RJ
www.vozes.com.br
Brasil

Todos os direitos reservados. Nenhuma parte desta obra poderá ser reproduzida ou transmitida por qualquer forma e/ou quaisquer meios (eletrônico ou mecânico, incluindo fotocópia e gravação) ou arquivada em qualquer sistema ou banco de dados sem permissão escrita da editora.

CONSELHO EDITORIAL

Diretor
Volney J. Berkenbrock

Editores
Aline dos Santos Carneiro
Edrian Josué Pasini
Marilac Loraine Oleniki
Welder Lancieri Marchini

Conselheiros
Elói Dionísio Piva
Francisco Morás
Teobaldo Heidemann
Thiago Alexandre Hayakawa

Secretário executivo
Leonardo A.R.T. dos Santos

PRODUÇÃO EDITORIAL

Anna Catharina Miranda
Eric Parrot
Jailson Scota
Marcelo Telles
Mirela de Oliveira
Natália França
Priscilla A.F. Alves
Rafael de Oliveira
Samuel Rezende
Verônica M. Guedes

Editoração: Maria da Conceição B. de Sousa
Diagramação: AG.SR Desenv. Gráfico
Capa: Maria Fernanda de Novaes

ISBN 978-85-326-0467-5

Este livro foi composto e impresso pela Editora Vozes Ltda.

AGRADECIMENTOS

Quero, aqui, deixar registrada minha gratidão à Dra. Maria Helena Bresser da Silveira, diretora do Centro de Ciências Humanas da Unip, pela liberdade que me deu para reformular o programa de História da psicologia. Daquele projeto nasceu este trabalho.

Agradeço a Luiz Augusto Celles, Thereza Calvet de Magalhães e Anamaria Ribeiro Coutinho pela leitura atenta e pelas sugestões.

Foi de Maria do Carmo Guedes a iniciativa de me pôr em contato com a Editora Vozes para a publicação do texto.

Finalmente, devo agradecer ao meu antigo professor Antônio Gomes Penna, com quem tomei o gosto por estes assuntos, com quem muito aprendi e cuja amizade valiosa foi uma constante em todos os momentos, frequentemente difíceis. A ele dedico o trabalho.

SUMÁRIO

Introdução, 9

1 A constituição do espaço psicológico, 11

2 A ocupação do espaço psicológico, 24

3 Matriz nomotética e quantificadora, 42

4 Matriz atomicista e mecanicista, 60

5 Matriz funcionalista e organicista na psicologia americana, 73

6 Matriz funcionalista e organicista na psicologia europeia, na psicanálise e na psicossociologia, 91

7 Submatrizes ambientalista e nativista na psicologia, 110

8 Matriz vitalista e naturista, 130

9 Matrizes compreensivas: o historicismo idiográfico e seus impasses, 140

10 Matrizes compreensivas: os estruturalismos, 158

11 Matriz fenomenológica e existencialista, 179

12 Considerações finais e perspectivas, 204

Índice, 221

INTRODUÇÃO

A psicologia, desde o seu nascimento oficial como ciência independente, vive, ao lado de outras ciências humanas, uma crise permanente. Esta crise se caracteriza pela extraordinária diversidade de posturas medotológicas e teóricas em persistente e irredutível oposição.

O que mais chama a atenção ao longo destes pouco mais de cem anos de esforços para dar à psicologia um *status* de "verdadeira ciência" é tanto a dispersão como a esperança – reiteradamente frustrada – de reunificação da psicologia, de forma a garantir-lhe uma posição autônoma e indiscutível no quadro geral das ciências. Nesta medida, quem se proponha a interpretar a psicologia e sua história enquanto fenômenos socioculturais – e é esta a intenção do presente texto – deve adotar um enfoque dúplice: se é necessário sublinhar a diversidade, é necessário igualmente desvelar o terreno em que as posições divergentes cobram sentido e podem ser legitimamente confrontadas umas com as outras.

No presente trabalho tentaremos sugerir algumas ideias acerca do projeto de fazer da psicologia uma ciência independente para, em seguida, enfocar as posturas alternativas em suas articulações com este projeto. Só assim os modelos de inteligibilidade e os interesses expressos nas várias posições teóricas e metodológicas podem revelar o seu alcance e o seu significado. Estes interesses e modelos, por atuarem como geradores de uma variedade quase infinita de escolas e "seitas" psicológicas, foram aqui denominados *matrizes do pensamento psicológico*.

Cada uma das matrizes examinadas recebeu uma designação que aponta para o grande conjunto cultural que está na sua origem. No foco das análises estão sempre os pressupostos que sustentam as práticas teóricas da(s) psicologia(s) contemporânea(s), sejam elas científicas, pretensamente científicas ou acintosamente anticientíficas.

O presente texto, embora redigido com o objetivo de alcançar prioritariamente alunos pós-graduados e profissionais da área psi, poderá ser também usado como livro de texto em disciplinas de História da Psicologia ou Teorias e Sistemas, em cursos de graduação. Na verdade, o livro se originou de aulas para alunos de graduação no IUP (atualmente Universidade Paulista), e desde 1986 vem sendo usado como livro-base na disciplina de Psicologia Geral, na Universidade de São Paulo. No nível de pós-graduação foi adotado no Mestrado em Psicologia da Universidade Federal da Paraíba e no Doutoramento em Psicologia Social da PUC-SP. Para garantir esta diversidade de usos, o texto foi escrito com a suposição de que servirá ou como leitura complementar para aulas expositivas – como ocorre nos cursos de graduação – ou como leitura de orientação geral, situando as matrizes e escolas delas derivadas e conduzindo o leitor a outros textos que forneçam mais informação ou análises alternativas. Para tanto, nas notas de rodapé o leitor encontrará indicações comentadas de bibliografia complementar.

1
A CONSTITUIÇÃO DO ESPAÇO PSICOLÓGICO

1.1 Emergência e ruína do sujeito

A Idade Moderna inaugura-se com um fenômeno de amplas e penetrantes repercussões no surgimento da psicologia contemporânea: a partir do século XVII pode-se observar claramente uma redefinição das relações sujeito/objeto, seja no plano da ação, seja no do conhecimento. A razão contemplativa, orientada desinteressadamente para a verdade e concebida sob o modo receptivo de uma apreensão empírica ou racional da essência das coisas, cede lugar, progressivamente, à razão e à ação instrumental[1]. Efetivamente, ao longo da Idade Média já se podiam vislumbrar os primeiros sinais da mudança nas obras de Roger Bacon, Robert Grosseteste e Jean Buridan, por exemplo[2]. O experimento, um procedimento ativo, acrescenta-se à mera observação, e a finalidade utilitária emerge como justificativa e legitimação da ciência, ao lado da tradicional busca da verdade objetiva. Contudo, é na obra do filósofo Francis Bacon – um espírito de transição entre a Renascença e a Idade Moder-

---

1. A dinâmica interna desta transformação é agudamente analisada em: HORKHEIMER, M. & ADORNO, T.W. *Dialéctica del iluminismo*. Buenos Aires: Sur, 1971. • HORKHEIMER, M. *Crítica de la razón instrumental*. Buenos Aires: Sur, 1969. • HORKHEIMER, M. Sobre el concepto de la razón. In: ADORNO, T.W. & HORKHEIMER, M. *Sociológica*. Madri: Taurus, 1966, p. 257-271. Esta última referência é um pequeno artigo que pode ser proveitosamente lido como introdução aos dois outros textos, mais profundos e complexos.

2. A emergência na Idade Média do instrumentalismo pode ser acompanhada em KOLAKOWSKI, L. *Positivist philosophy*. Harmondsworth: Penguin, 1972, p. 20-28. O leitor menos avançado pode obter informações úteis em LOSEE, J. *Introdução histórica à filosofia da ciência*. Belo Horizonte/São Paulo: Itatiaia/Edusp, 1979, p. 41-54.

na – que este novo modo de existência prático-teórico aparece de forma suficientemente sistematizada e nítida para caracterizar a alvorada de uma nova era. Nos seus livros, Bacon (um empirista extremado) atribui ao sujeito o *status* de senhor de direito da natureza, cabendo ao conhecimento transformá-lo em senhor de fato: *Tantum possumus quantum scimus*. Nunca até aí se enfatizara tanto o caráter operante das relações entre o homem e o mundo, bem como a legitimidade dessa forma de relacionamento. Descartes, apesar de, como racionalista, opor-se radicalmente ao empirismo baconiano, compartilha com Bacon do interesse utilitário: "Adquiri, porém, algumas noções gerais de física e, ao principiar a experimentá-las em diferentes dificuldades particulares, [...] fizeram-me enxergar que é possível adquirir conhecimentos muito úteis para a vida e que, em lugar desta filosofia especulativa que se ensina nas escolas, pode-se encontrar uma filosofia prática pela qual conhecendo a força e a ação do fogo, da água, do ar, dos astros, dos céus e de todos os outros corpos que nos rodeiam, tão distintamente quanto conhecemos os diferentes ofícios de nossos artífices, fosse-nos possível aplicá-los do mesmo modo a todos os usos a que se prestam, fazendo-nos como que senhores e possuidores da natureza" (*Discurso do método*).

Desde então, de Bacon e Descartes às filosofias da ciência do século XX – numa tradição que passa pelos empiristas ingleses sucessores de Bacon (em particular, Hobbes, Locke, Berkeley e Hume), pelos materialistas e ideólogos franceses dos séculos XVII e XVIII, pelo positivismo de Augusto Comte, pelo pragmatismo americano de C.S. Peirce e J. Dewey, pelo fenomenalismo de Ernst Mach e pelo refutabilismo de Sir Karl Popper –, a subordinação do conhecimento científico à utilidade, à adaptação e ao controle, bem como a modelação da prática científica pela ação instrumental alcançaram realce cada vez maior. Aqui é de fato extremamente importante salientar que, com o passar do tempo e com o desdobramento da tradição utilitária, a possível e desejável aplicação prática do conhecimento deixa de atuar apenas como um condicionante externo, justificando e motivando a pesquisa. Isto, na verdade, nem mesmo ocorre necessariamente, ao menos no nível da consciência dos cientistas e epistemólogos. Porém, se com Descartes e Bacon (e todos os empiristas posteriores) as teorias do conhecimento ainda permaneciam sob o modelo da razão contemplativa, buscando os fundamentos absolutos do conhecimento seja na visão externa (valorização empirista dos sentidos) seja na visão interna (valorização das ideias claras e distintas a que se chega pela intuição pura), na prática de pesquisa e na reflexão epistemológica (particularmente nas obras de Peirce e Popper) a instrumentalidade do conhecimento converte-se numa das determinações internas da ciência, cujos procedimentos e técnicas definem-se nos termos de controle, cálculo e teste. O "real" – objeto desta ciência – é apenas o real tecnicamente manipulável, na forma efetiva do controle ou na forma simbólica do cálculo e da previsão exata; o teste põe à prova uma *técnica de intervenção* ou uma *antecipação* precisa de resultados. É real, portanto, o que se pode integrar como matéria-prima ao esquema destas operações. A tecnologia da ciência e a tecnologia produtiva progridem juntas, amparando-se e incentivando-se reciprocamente, e isto é possível porque ambas encarnam um mesmo projeto e visam da mesma forma os seus objetos[3].

Em sua obra, contudo, Bacon, ao lado da ênfase no aspecto dominador da atividade humana, coloca esta mesma atividade no banco dos réus: o rasgo mais moderno de sua filosofia da ciência é,

---

3. As referências obrigatórias são os textos do filósofo e sociólogo alemão J. Habermas, da Escola de Frankfurt. HABERMAS, J. *La tecnique et la science comme idéologie*. Paris: Gallimard, 1973, p. 3-74. • HABERMAS, J. *Connaissance et intérêt*. Paris: Gallimard, 1976. Não são textos de fácil leitura para o aluno sem nenhum preparo filosófico, mas neles se explicita a internalização da instrumentalidade na metodologia das ciências naturais. Como leitura complementar, recomenda-se PEIRCE, C.S. "O que é o pragmatismo". *Semiótica*. São Paulo: Perspectiva, 1977, p. 203-299. • DEWEY, J. The development of american pragmatism. In: RUNES, D.D. (org.). *Living schools of philosophy*. Paterson: Littlelfield/Adams and Co, 1960, p. 398-414. • POPPER, K.R. *Conjecturas e refutações*. Brasília: UnB, 1980, cap. 1, 3 e 6. É ainda de fácil acesso o texto de Sir Herman Bondi (O que é o progresso em ciência?), onde se lê: "A fé que depositamos na possibilidade de amanhã realizar testes mais aprofundados do que hoje tem por base nossa fé no progresso da tecnologia. A tecnologia fornece ao experimentador e ao observador os meios de que se utilizam. É a tecnologia que, progredindo, permite-nos medir novas coisas ou medir com precisão maior velhas coisas. [...] A ideia de que a ciência bela e brilhante conduz e a tecnologia acompanha é uma ideia totalmente errada. A relação entre as duas é a relação entre a galinha e o ovo, e o progresso de uma delas se deve, frequentemente, ao progresso da outra".In: HARRÉ, R. (org.). *Problemas da revolução científica*. Belo Horizonte/São Paulo: Itatiaia/ Edusp, 1976, p. 17-26.

na verdade, o rigoroso julgamento a que são submetidas as tendências anticientíficas do espírito. Não se trata apenas de ampliar o tema renascentista do rompimento com a tradição e com os preconceitos que, na própria Renascença, resultava na curiosidade e na imaginação sem freios, na credulidade e na ingenuidade[4]. Em Francis Bacon e, em particular, na sua doutrina dos Ídolos do conhecimento há uma luta sistemática contra as *antecipatio mentis*, ou seja, contra as inclinações inatas ou aprendidas do homem que bloqueiam ou deformam a leitura objetiva do livro da natureza: "A mente humana foi de tal forma possuída por ídolos e falsos preceitos, que ali se enraízam e a sitiam, que a verdade mal pode penetrar; mas ainda que consiga penetrar, eles nos molestarão novamente quando a ciência ali se instalar, a menos que os homens, prevenidos do perigo, sejam fortificados da melhor forma possível contra seus ataques" (*Novum organum*). Instala-se a partir de Francis Bacon uma atitude cautelosa e suspeitosa do homem para consigo mesmo. A produção do conhecimento objetivo e a ação instrumental ganham uma nova espessura aonde se revela uma dificuldade inesperada; o autoconhecimento e o autocontrole apresentam-se então como preliminares indispensáveis. A disciplina do espírito será o objetivo das regras metodológicas que definirão a própria especificidade da prática científica: cientista não é quem alcança a verdade, mas quem se submete conscienciosamente à disciplina do método.

A vertente racionalista da nova ciência, com Descartes, exigia também a dúvida metódica como procedimento fundamental da ciência: descontente com a diversidade das opiniões e dos costumes, com tudo o que lera e com tudo o que observara em suas viagens, Descartes concluiu: "No que tange a todas as opiniões [...] não podia fazer coisa melhor que tentar tirá-las de novo [...] para em seguida adotar outras melhores, ou as mesmas quando estivessem ao nível da razão [...] Repelir como inteiramente falso tudo aquilo em que pudesse supor a mais ínfima dúvida, e isso para verificar se restaria, depois, algo em sua crença que fosse completa-

---

4. A natureza da mentalidade renascentista e sua contribuição para o nascimento da nova ciência do século XVII são discutidos em KOYRÉ, A. "L'apport scientifique de la Renaissance". *Études d'histoire de la pensée scientifique*. Paris: PUF, 1966, p. 38-47.

mente fora de dúvida. Assim, algumas vezes conhecendo que os nossos sentidos nos enganam, quis imaginar que nada existisse com exatidão igual ao que nos fazem imaginar. Como existem homens que se deixam iludir em seus raciocínios e incorrem em paralogismos [...] rejeitou como sendo falsas todas as razões que anteriormente tomara por demonstrações".

Na doutrina dos ídolos e na dúvida metódica encontram-se, no embrião, todos os discursos de suspeita que a Idade Moderna elaborou para identificar e extirpar, ou pelo menos neutralizar, a subjetividade empírica. Na denúncia dos "ídolos do teatro" (doutrinas e sistemas filosóficos) reconhecem-se as posições rigidamente empiristas e antiteoricistas dos dogmáticos do antidogmatismo (como os positivistas do Círculo de Viena e como B.F. Skinner)[5]; com a denúncia dos "ídolos do mercado" (as formas coloquiais de comunicação) impulsiona-se a tradição de crítica da linguagem, já iniciada com os nominalistas medievais[6] e prosseguida com os empiristas ingleses, com os ideólogos franceses[7] e, recentemente, com Wittgenstein e os neopositivistas[8]; na denúncia dos "ídolos da caverna" (predisposições e vieses individuais) e dos "ídolos da tribo" (características e limitações universais do espírito humano) antecipa-se o reconhecimento da personalidade, da história de vida, da existência biológica e do desejo como fatores responsáveis pelo mau uso dos sentidos.

---

5. De Skinner poderiam ser recomendados vários textos, como p. ex.: "A case history in scientific method". In: CATANIA, A.C. *Contemporary research in operante behavior*. Glenview: Scott and Foresman, 1968, p. 27-39. Na filosofia da ciência, o antiteoricismo é encontrado nas defesas intransigentes do método indutivo para a formação de conceitos e leis empíricas, apesar de, desde D. Hume, saber-se que não há uma justificativa lógica para o uso da indução. Cf. HUME, D. *Investigação acerca do entendimento humano*. São Paulo: Nacional/Edusp, 1972.

6. Cf. KOLAKOWSKI, L. Op. cit., p. 9-59.

7. Cf. em GUSDORF, G. *Introduction aux sciences humaines*, cap. IV da 3ª parte e cap. II da 4ª parte. Paris: Ophrys, 1974.

8. Cf. WITTGENSTEIN, L. *Tractatus logico-philosophicus*. São Paulo: Nacional/Edusp, 1968. Atente-se, particularmente, para os enunciados 4.031 e 6.53 que merecem leitura e discussão. Recomenda-se também a leitura de CARNAP, R. La superación de la metafísica mediante el análisis lógico del lenguaje. In: AYER, A.J. (org.). *El positivismo lógico*. México: Fondo de Cultura Económica, 1965, p. 66-87.

Embora difícil de obter – e exigindo uma constante higiene mental – a evidência empírica ainda era para Bacon, como continuou a ser para as filosofias empiristas e positivistas, a base segura para se fundar e validar o conhecimento objetivo. Já no século XVII, todavia, a doutrina das qualidades primárias e secundárias adotada por Galileu e Descartes introduz uma suspeita exatamente em relação à confiança na percepção. O domínio da física restringe-se, com estes autores, ao que pode ser submetido à razão matemática da geometria e da mecânica, medido e calculado. Objetos da ciência são apenas aqueles aspectos da realidade que podem ser reconhecidos pela razão como objetivos (qualidades primárias), enquanto que se exclui aquilo que é dado apenas e tão somente à sensibilidade[9]. O puramente sensível é o ilusório, o transitório, a criação arbitrária do espírito. Para esta ciência das leis gerais e da quantidade, que tem por objeto o que permanece e se reproduz regularmente, a vivência perceptiva, a experiência sensorial pode ser tão perigosa e estéril para a ciência como as experiências afetivas – abre-se igualmente aos efeitos da subjetividade insidiosa com toda a sua carga de arbítrio e instabilidade[10]. A epistemologia francesa do século XX, inspirada na obra de Gaston Bachelard, igualmente enfatiza a descontinuidade entre os objetos dos sentidos e o objeto da ciência que é um objeto da razão: o primeiro obstáculo epistemológico a ser vencido na constituição de uma prática científica é a percepção ingênua – saturada de preconceitos e maus hábitos – da experiência pré-reflexiva[11].

A partir de um outro ponto de vista, Hegel e Marx contribuíram para a desconfiança em relação ao sensível, ao imediatamente dado. Nesta tradição epistemológica todo conhecimento é mediado e construído. Embora a aparência não seja pura falsidade, mas

---

9. A respeito da doutrina das qualidades primárias em Galileu: MARTINEZ, J. "Galileo on primary and secondary qualities". *Journal of the History of the Behavioral Sciences*, 10, 1974, p. 160-168.

10. No caso de Descartes, na realidade, a confiança nos sentidos foi prontamente restabelecida, mas nunca como fundamento último do conhecimento. Cf. DESCARTES, R. *Discurso sobre o método*. São Paulo: Hemus, 1978, 4ª e 5ª partes.

11. Cf. BACHELARD, G. *La formation de l'esprit scientifique*. Paris: J. Vrin, 1969, cap. 1, 2 e 12.

um momento simultaneamente distinto e necessário da essência, o conhecimento da essência deve negar a aparência e, ao mesmo tempo, recuperá-la, desvelando sua natureza contraditória de ilusão necessária. As formas ideológicas, neste caso, ocultam; mas, simultaneamente, constituem uma dimensão essencial da realidade social, econômica e política. Toda ciência é assim crítica da ideologia e da experiência quotidiana; é negação da aparência e do dado imediato, descobrindo por detrás do dado aparente o movimento que o cria, que nele se revela à pesquisa científica, mas que nele se esconde à percepção e à vivência irrefletidas[12]. Deve-se considerar, entretanto, que, para além da suspeita dialética em relação ao dado imediato, o marxismo foi submetido a leituras (como nos primeiros textos de Althusser)[13] que o colocam francamente alinhado entre os movimentos intelectuais que opõem radicalmente o sensível e o inteligível, o que se manifestaria na oposição supostamente insuperável entre ideologia e ciência.

Enquanto se desenvolvia a suspeita dirigida à experiência sensorial, numa outra tradição era a própria razão que tinha seu valor e limites investigados. O grande filósofo empirista David Hume no século XVIII reduziu todos os processos mentais a fenômenos associativos, apontando para a aprendizagem como origem das categorias e operações do pensamento[14]. Hume inicia, de fato, o movimento, continuado por J.S. Mill, entre outros, que desqualifica a lógica como reitora incondicional do discurso científico e a coloca como resultado da experiência, algo condicionado e essencialmente relativo, objeto ela própria de uma ciência empírica. A cautela diante da própria razão – pelo menos nas

---

12. A crítica ao conhecimento imediato está presente em toda a *Fenomenologia do espírito* e aparece explicitada condensadamente em HEGEL, G.W.F. *Science de la logique*, introdução ao segundo livro e no seu primeiro capítulo (Paris: Aubier, 1969). Em Marx, o tema da crítica à ideologia é evasivo, mas recomenda-se, particularmente, a leitura de MARX, K. *O capital* (Rio de Janeiro: Civilização Brasileira, 1969), 4º item do livro primeiro. Nesse item desenvolve-se a análise do fetichismo da mercadoria que é o melhor exemplo e verdadeiramente o paradigma do enfoque marxista acerca das relações entre essência e aparência, entre a prática e a representação social.

13. Cf. ALTHUSSER, L. "La ideologia". *La filosofía como arma de la revolución*. Córdoba: Cuadernos de Pasado y Presente, 1970.

14. Cf. HUME, D. Op. cit.

suas formas e usos quotidianos – vamo-la encontrar nas tentativas neopositivistas de elaboração de uma língua artificial que elimine a fragilidade sintática e a imprecisão semântica do discurso leigo. Encontramo-la, ainda, em manifestações agudas nos conceitos de "discurso ideológico" e "racionalização", em que a concatenação paralógica encobriria (revelaria) interesses de legitimação coletiva ou individual.

Tomando-se autores e movimentos intelectuais isoladamente não se encontrarão facilmente exemplares que conjuguem a um só tempo as suspeitas diante das teorias e dos dados, da razão e da observação, além das suspeitas generalizadas diante dos afetos e das motivações. Esta conjugação reduziria o sujeito ao desespero e à condenação como ilusória de qualquer pretensão ao conhecimento objetivo. O niilismo de Nietzsche ainda é o que mais se aproxima deste limite. Nele, aliás, revelam-se de forma exacerbada as duas vertentes da dialética do sujeito levadas à sua mais aguda radicalização: de um lado, a vontade de poder, e de outro a crítica impiedosa do sujeito epistêmico, conduzindo ambas à dissolução do ideal do conhecimento verdadeiro, que, nesta manifestação exemplar do espírito operante da Idade Moderna, é substituído pelo ideal da pura dominação, a que todas as atividades do espírito devem ser convenientemente subordinadas. Mas Nietzsche não foi a norma. A suspeita em relação a uma das possíveis fontes ou critério de verdade costuma ser temperada pela absolvição das demais. Em acréscimo, com Peirce e Popper, a busca do fundamento absolutamente seguro do conhecimento foi substituída pela especificação de um procedimento – de uma lógica da investigação – que, ciente da impossibilidade de extirpar o subjetivismo e a arbitrariedade no início da pesquisa, promova um processo infinito de autocorreção em que a verdade objetiva se coloca, como ideia reguladora, no termo ideal da atividade epistêmica[15]. O decisivo, porém, é perceber que a época define-se pela copresença destes ataques ao sujeito empírico do conhecimento, pelas táticas de defesa contra sua intrusão indesejada, pelo sítio armado em torno da subjetividade.

---

15. Cf. PEIRCE, C.S. Op. cit. POPPER, K.R. Op. cit. ALBERT, H. *Tratado da razão crítica*. Rio de Janeiro: Tempo Brasileiro, 1976.

O sujeito empírico é concebido assim como fator de erro e de ilusão. Na linguagem coloquial a atribuição de caráter subjetivo a um argumento o desqualifica diante da lógica ou diante dos fatos. A produção e a validação do conhecimento é, em última instância, o incremento do domínio técnico sobre a natureza, pressupondo a fiscalização, o autocontrole e a autocorreção do sujeito, que dão origem às preocupações epistemológicas e, principalmente, metodológicas, características da nossa época, e, numa decorrência, a um projeto de psicologia como ciência natural do subjetivo[16]. Constitui-se e tenta-se colonizar um novo continente: o da natureza interna, o "íntimo". O projeto, todavia, envolve uma contradição: justifica-se apenas porque se presume que a natureza interna seja essencialmente hostil à disciplina imposta pelo método científico e deva por isso ser neutralizada; por outro lado, o objetivo seria exatamente o de submeter a natureza interna às mesmas práticas de pesquisa – e, portanto, de controle – que se desenvolveram na interação com a natureza externa e, inclusive, definiram seu caráter. *Em decorrência*, o sujeito é atravessado por uma sucessão de rupturas: num primeiro nível, a sensibilidade, a afetividade, a intuição, a vivência pré-reflexiva etc. conflitam com a razão instrumental; num segundo nível, é a própria razão que se desdobra em discursos de suspeita que procuram identificar e extirpar dos discursos com pretensões racionais os vestígios cada vez mais dissimulados da subjetividade. Porém, inevitavelmente, quanto mais avança, mais a razão descobre motivos para duvidar de sua própria integridade e autossuficiência, mais ela detecta em si os sinais do inimigo. Para ser fiel a este impulso indefinidamente autorreflexivo, a psicologia precisaria renunciar à ambição de ter uma história que se conformasse ao ideal de progresso das ciências naturais que, se não exclui revoluções e rupturas, pode, ainda assim, ser concebida como uma aproximação infinita da verdade e, numa certa medida, como acúmulo de conhecimento. Porém, ao radicalizar o projeto de autocontrole do sujeito, nos quadros das ciências

---

16. As relações, muitas vezes diretas, entre os fracassos do "fator humano" nas ciências naturais e o desenvolvimento de uma área de estudo na psicologia, como forma de explicar e controlar este fracasso, são discutidas em KIRSH, I. "The impetus to scientific psychology: a recurrent pattern". *Journal of the History of the Behavioral Sciences*, 12, 1976, p. 120-129.

naturais, a psicologia assumiria uma natureza autorreflexiva que acabaria transpondo e negando os limites deste mesmo quadro. Isto porque as ciências naturais repousam na suposição de uma exterioridade entre a prática de pesquisa e seu objeto: o confronto nitidamente delimitado e rigorosamente controlado entre sujeito e objeto do conhecimento promove a multiplicação e o refinamento dos instrumentos conceituais e teóricos de descrição, previsão e controle. No entanto, quando a razão instrumental descobre-se sempre e inevitavelmente condicionada e implicada pela existência do seu próprio objeto – a "vida subjetiva" –, os procedimentos-padrão de verificação e refutação de hipóteses carecem de sentido. As hipóteses não se contrapõem aos seus objetos, mas fazem, numa certa medida, parte deles. A interpenetração do sujeito e do objeto do conhecimento psicológico manifesta-se também no que vem sendo apontado por vários autores[17]: as hipóteses não deixam intactos seus objetos, senão que contribuem para modelá-los e condicioná-los.

Em conclusão: a psicologia, que nasce no bojo das tentativas de fundamentação das outras ciências, fica destinada a não encontrar jamais seus próprios fundamentos, a nunca satisfazer os cânones de cientificidade cujo atendimento motivou sua própria emergência como ciência independente. Mas fica igualmente destinada a sobreviver, sem segurança nem confiança, tentando precariamente ocupar o espaço que a configuração do saber lhe assegurou.

1.2 Emergência e ruína do indivíduo

A identidade social numa sociedade agrária, como a medieval, em que as relações políticas cristalizadas em direitos e deveres, em obrigações e lealdades consuetudinárias suportavam o peso de toda a reprodução social era totalmente, ou quase, predefinida pela cultura em função de eventos biográficos, como o nascimento, a filiação e a idade, independentes do próprio indivíduo. Grande ou pequeno, fraco ou poderoso, o indivíduo era em grande medida o que a comunidade definia, restringindo-se, ainda que não

---

17. Cf. SHWARTZ, B.; SCHULDENFREI, R. & LACEY, H. "Operant psychology as factory psychology". *Bheaviorism*, 1978, p. 229-254. • GERGEN, K.J. "Social psychology as history". *Journal of Personality and Social Psychology*, 26, 1973, p. 309-320. • SCHOTTER, J. *Imagens do homem na pesquisa psicológica*. Rio de Janeiro: Zahar, 1979.

se eliminando de todo, a faixa das opções individuais capazes de, na interação com a sociedade, contribuir para a definição de sua identidade social. A dissolução destes vínculos pessoais calcados na tradição erodiu a identidade social não problemática. Desde então, ser alguém pressupõe *tornar-se* alguém.

Paralelamente, o desaparecimento das formas de propriedade feudais e comunais, a apropriação privada dos meios de produção e a apropriação individual do próprio corpo – que liberto das obrigações e separado da terra convertia-se em força de trabalho – asseguravam as bases econômicas da existência individual independente. Finalmente, a competição no mercado de bens e de trabalho projetava a individualização como ideal e precondição para a realização do sujeito no contexto da vida em sociedade.

Mas tornar-se um alguém individualizado, se é possível e desejável, é também difícil: na nova forma de organização social a convivência é marcada pelas relações instrumentais e pela luta entre interesses particulares opostos. Em outras palavras: a cada indivíduo, objetivamente, não interessa a individualização alheia, senão que, ao contrário, a obediência do próximo ao controle calculado e à previsão exata, o que só é possível se o outro exibir padrões típicos e estereotipados de reação. Aonde não é possível classificar, tipificar e quantificar, o controle é sempre incompleto, quando não impossível. Em que pese a individualização ser sempre promovida apesar e às custas dos outros, enquanto a nova sociedade experimentava suas imensas potencialidades de produção e libertação, a imagem de homem dominante era a do indivíduo capaz de discernimento, capaz de cálculo na defesa de seus interesses – que a longo prazo convergiriam para os interesses gerais –, capaz de independência em relação à autoridade e à tradição: esta é a imagem legada pelo Iluminismo e presente no liberalismo clássico do início do século XIX.

Mais tarde, porém, a sociedade entra em crise. As guerras, as lutas operárias, as recessões econômicas, a permanência e a proliferação dos bolsões de miséria urbana, a delinquência etc. orientam a revisão da ideologia liberal. É o indivíduo privado, já agora visto como irracionalmente egoísta, insensatamente imediatista, incapaz de espontaneamente submeter-se ao autocontrole exigido para a prevenção das crises e conflitos, o grande bode expiatório. O mesmo padrão de resposta – nitidamente anti-individualista – aparece na gerência científica, na tecnoburocracia e, com fumos esquerdistas, nas concepções militares e burocráticas da "vanguarda proletária", como é o caso dos partidos comunistas leninistas. A burocratização apenas realiza integralmente o princípio de instrumentalidade que penetrara nas relações humanas – a burocracia é a existência institucional da razão instrumental a que se devem submeter os indivíduos[18]. Esta perspectiva instrumental da administração racionalizada aparece também no projeto de constituição de uma psicologia como ciência do (contra o) indivíduo. Julga-se necessário, efetivamente, conhecer para fiscalizar, controlar, prever e corrigir (socializar) o egoísmo e a irracionalidade.

Percebe-se facilmente neste projeto a mesma espécie de contradição que mina a psicologia como ciência natural do sujeito. Ou bem o indivíduo é realmente único, independente e irracional, sendo portanto refratário às leis da ciência e da sociedade – neste caso a psicologia poderia ser necessária, mas seria inviável; ou bem não passa o indivíduo de uma ficção a ser desfeita, e então a psicologia será também uma ilusão transitória e não se justifica como ciência independente. Observa-se também aqui uma cisão no indivíduo. De um lado o indivíduo para si, irredutível; de outro, o indivíduo para o outro, um suporte de papéis sociais predefinidos. Um, objeto de uma psicologia que não é ciência; outro, objeto de uma ciência que não chega a ser psicologia.

1.3 Conclusões

Reconstituindo-se as condições sociais, econômicas e culturais que jazem no subterrâneo do projeto de uma psicologia científica, que lhe criam o espaço e definem o significado, pode-se notar:

---

18. Recomenda-se as análises de Max Weber sobre o fenômeno burocrático, de onde retirei o seguinte texto: "A razão decisiva para o progresso da organização burocrática sempre foi a superioridade puramente técnica. [...] Precisão, velocidade, clareza, conhecimento de arquivos, continuidade, descrição, subordinação rigorosa, redução do atrito e dos custos de material e pessoal são levados ao ponto ótimo na administração rigorosamente burocrática. [...] O cumprimento 'objetivo' das tarefas significa, primordialmente, um cumprimento de tarefas segundo *regras calculáveis* e 'sem relação com pessoas'. Sem relação com pessoas é também a palavra de ordem no 'mercado' e, em geral, em todos os empreendimentos onde há apenas interesses econômicos" (WEBER, M. *Ensaios de sociologia*, VIII. Rio de Janeiro: Zahar, s.d., p. 229-282).

1) A oposição estabelecida entre, de um lado, o caráter supostamente pré ou anticientífico do sujeito, somado ao caráter supostamente pré ou antissocial do indivíduo privado e, de outro lado, a necessidade de submeter a vida interior do indivíduo a leis, descobrindo nela regularidades que possibilitem o controle e a coloquem a serviço do domínio técnico da natureza e da reprodução social.

2) Em decorrência, a ciência psicológica tenta-se constituir, sendo obrigada a, simultaneamente, reconhecer e desconhecer seu objeto. Se não o reconhece não se legitima como ciência *independente*, podendo ser anexada à medicina, à pedagogia e à administração, ou seja, às técnicas ou às suas bases teóricas, como a biologia e a microssociologia. Se não o desconhece, não se legitima como *ciência*, já que não submete aos requisitos da metodologia científica nem resulta na formulação de leis gerais com caráter preditivo. Abre-se então um campo de divergências e oposições que não tem nada de acidental nem parece que possa vir a ser unificado através de um processo de eliminação de alternativas que não suportem o teste empírico[19] ou de paradigmatização em torno de uma alternativa particularmente bem-sucedida[20]. As divergências parecem, antes, refletir as contradições do próprio projeto que, por sua vez, enraízam-se na ambiguidade da posição do sujeito e do indivíduo na cultura ocidental contemporânea. No capítulo seguinte serão apresentadas em suas grandes linhas as alternativas em conflito.

---

19. Esta seria, em traços muito gerais, a concepção popperiana de progresso científico. Cf. POPPER, K.R. Op. cit., p. 31-58. • POPPER, K.R. *Conhecimento objetivo.* Belo Horizonte/São Paulo: Itatiaia/Edusp, 1975, p. 234-260. • POPPER, K.R. *A lógica da investigação científica.* São Paulo: Cultrix/Edusp, s.d. O aluno iniciante poderia seguir esta ordem para se introduzir progressivamente na filosofia de Popper.

20. Esta seria, também em traços gerais, uma característica do processo através do qual uma atividade científica desorganizada, ineficiente e amadorística se transforma numa atividade profissional altamente eficaz, de acordo com o que pensa o filósofo Thomas Kuhn, que em 1962 produziu uma profunda alteração nos rumos da filosofia da ciência americana. Cf. KUHN, T. *A estrutura das revoluções científicas.* São Paulo: Perspectiva, 1975. Um interessante confronto das posições kuhnianas e popperianas é acessível ao leitor brasileiro pelos artigos publicados em LAKATOS, I. & MUSGRAVE, A. (orgs.). *A crítica e o desenvolvimento do conhecimento.* São Paulo: Cultrix/Edusp, 1979.

2
A OCUPAÇÃO DO ESPAÇO PSICOLÓGICO

2.1 Introdução

Em virtude das obrigações incompatíveis com que está comprometida, a psicologia reproduz no plano teórico a ambiguidade da posição do seu objeto: o sujeito dominador e dominado; o indivíduo liberto e reprimido. Por causa disso, na história da psicologia, a ordenação no tempo das inovações teóricas e das descobertas empíricas só é tarefa razoável dentro dos contornos bem definidos de um corpo teórico ou na investigação de uma problemática particular. No conjunto da disciplina, porém, no lugar de uma história propriamente dita, seja ela concebida como acumulação ou como revolução, nos deparamos com um complexo de relações sincrônicas, caracterizadas pelo antagonismo entre diversas orientações intelectuais irredutíveis umas às outras. Cabe-nos, então, investigar o significado destas doutrinas no contexto dos conjuntos culturais de que fazem parte e nas suas relações com o projeto autocontraditório de constituição da psicologia como ciência independente. Num primeiro momento, esta investigação segrega dois grandes agrupamentos de matrizes do pensamento psicológico que, como se verá posteriormente, subdividem-se em outras tantas oposições internas.

Encontramos, por um lado, escolas e movimentos sendo gerados por matrizes cientificistas, em que a especificidade do objeto (a vida subjetiva e a singularidade do indivíduo) tende a ser desconhecida em favor de uma imitação mais ou menos bem-sucedida e convincente dos modelos de prática vigentes nas ciências naturais. Quando, seguindo esta linha evolutiva, a psicologia ultrapassa o nível da imitação formal e caricata, é para extinguir-se como ciência independente e afirmar-se solidamente como uma disciplina biológica.

Paralelamente estão as escolas e movimentos gerados por matrizes "românticas" e "pós-românticas". Aqui se reconhece e sublinha a especificidade do objeto – atos e vivências de um sujeito, dotados de valor e significado para ele – e reivindica-se a total independência da psicologia diante das demais ciências. Em contrapartida, estas escolas carecem completamente da segurança que as de índole cientificista de uma forma ou de outra ostentam. Veem-se obrigadas, então, a procurar novos cânones científicos que legitimem suas pretensões.

Nas próximas seções apresento de forma sucinta as principais matrizes do pensamento psicológico, assunto que será retomado e aprofundado nos capítulos seguintes.

2.2 Matrizes cientificistas

2.2.1 Matriz nomotética e quantificadora

Esta é a matriz que define a natureza dos objetivos e procedimentos de uma prática teórica como sendo realmente científicos, e suas marcas estão presentes em todas as tentativas de se fazer da psicologia uma ciência natural. A matriz orienta o pesquisador para a busca da ordem natural dos fenômenos psicológicos e comportamentais na forma de classificações e leis gerais com caráter preditivo.

As operações legítimas são a construção de hipóteses formais (acerca de relações empíricas ou de mecanismos subjacentes), a dedução exata das consequências destas hipóteses, na forma de previsões condicionais (cálculo), e o teste (mensuração). Em alguns casos – pesquisas exploratórias – a única operação efetuada é a mensuração, sustentada na pura observação ou na intervenção deliberada do pesquisador. Neste caso, o procedimento de manipulação experimental concretiza uma expectativa implícita e vaga quanto aos prováveis efeitos da intervenção programada. Mas mesmo no caso da simples observação, há expectativas latentes definindo o quê e o como da mensuração. Em outras palavras, os momentos da formulação de hipóteses e de previsões condicionais sempre atuam – seja de forma manifesta ou encoberta – e é o conjunto articulado das três operações – hipotetização, cálculo e mensuração – que define a lógica experimental. Esta lógica garante um movimento incessante de autocorreção das expectativas acerca dos resultados de uma ação ou das associações naturais entre eventos. Em todo caso, estas expectativas – que num nível de maior formalização convertem-se em leis e num nível de maior amplitude convertem-se em teorias – orientam, ou são capazes de orientar, as práticas de controle do "ambiente natural". As aspas devem lembrar isto ao leitor: o que se concebe como "ambiente natural" é, por seu turno, definido pela possibilidade de aplicação da lógica experimental. Nesta medida, os aspectos da vida social passíveis deste tipo de tratamento devem ser incluídos na categoria de ambiente natural.

2.2.2 *Matriz atomicista e mecanicista*

Esta matriz orienta o pesquisador para a procura de relações deterministas ou probabilísticas, segundo uma concepção linear e unidirecional de causalidade. Como preliminar do estudo da causalidade cumpre efetuar a análise dos fenômenos de forma a identificar os elementos mínimos que os constituem. Subjacente ao procedimento analítico está a concepção atomística da realidade: o real são os elementos que, em combinações diferentes, mecanicamente "causam" os fenômenos complexos, de natureza derivada.

A matriz, pela rígida noção de causalidade que abriga, reduz a temporalidade a um processo mecânico de desdobramento das potencialidades de um estado inicial, segundo um encadeamento inexorável de causas e efeitos. A ideia de um futuro aberto a novidades e transformações inesperadas nasceria da nossa ignorância do estado presente; o passado, igualmente, poderia ser todo deduzido do presente se este fosse integralmente conhecido. A substituição do determinismo pelo probabilismo reduz a ambição de conhecimento, mas não altera essencialmente o anti-historicismo mecanicista – os procedimentos da estatística inferencial, no contexto mecanicista, visam, exatamente, separar da variabilidade intrínseca e da variabilidade aleatória as relações efetivas de causa e efeito. A imprevisibilidade relativa resultaria de um erro de cálculo ou de um "erro" da natureza.

Cabe aqui considerar as condições que permitem a aplicação deste esquema explicativo aos fenômenos subjetivos da vivência e da ação, bem como avaliar as consequências deste tratamento. Salta à vista, por exemplo, a incompatibilidade entre a explicação mecanicista e a noção de um sujeito capaz de ação transformadora e inovadora. Da mesma forma, ao reduzir a ação do sujeito à reação inevitavelmente gerada por causas antecedentes (sejam ambientais, sejam orgânicas), elimina-se a dimensão ética do comportamento e a responsabilidade individual.

O atomicismo, por seu turno, despoja de *status* ontológico as dimensões estruturais e as configurações; os conceitos relacionais como o de organismo, valor e significado não encontram, portanto, guarida. Ora, os antimecanicistas (românticos ou funcionalistas) denunciarão a incapacidade de considerar estes aspectos da realidade como insuportável para as ciências da vida e, em particular, para a psicologia.

Em que pesem as frequentes acusações de mecanicismo e atomicismo assacadas contra as psicologias cientificistas, veremos adiante que esta matriz foi muito influente apenas na pré-história da psicologia com pretensões e realizações consistentemente científicas. O mecanicismo, efetivamente, preparou o terreno ideológico favorável à emergência de muitas ciências, entre as quais a psicologia, mas de há muito que sua influência declinou. Hoje ele representa um limite externo para o qual, vez por outra, tendem os movimentos cientificistas. Da mesma forma, os procedimentos de análise correntes na prática de pesquisa obedecem, predominantemente, a concepções diferentes da atomicista.

2.2.3 Matriz funcionalista e organicista

Esta matriz, seguramente, exerceu e exerce sobre o pensamento psicológico uma influência muito mais poderosa que a atomicista e mecanicista[1]. Caracteriza-se por uma noção de causalidade funcional que recupera – dando credibilidade científica –

---

1. Há, contudo, como se verá nos próximos capítulos, vários casos de mescla das duas matrizes, gerando discursos particularmente frágeis como o de J.B. Watson, o "pai" do behaviorismo (mais detalhes no capítulo 5).

a velha noção de causa final de Aristóteles. Os fenômenos vitais, realmente, precisam ser explicados em termos de sua funcionalidade, dos seus "propósitos" objetivos – são fenômenos que evoluíram e se mantêm na interação com as suas consequências. Mais que isso: são fenômenos que incorporam seus efeitos nas suas próprias definições[2]. Encontramos então uma causalidade circular em que um efeito também é causa de sua causa e uma causa é também efeito de seu efeito. A isto se acrescente a sobredeterminação de cada fenômeno: a funcionalidade de um órgão, de um mecanismo, de um processo fisiológico, de um comportamento etc. remete necessariamente ao todo de que faz parte e se define apenas no contexto da interdependência das partes deste todo. É o organismo, sua adaptação, sobrevivência e reprodução, que confere significado a cada um dos fenômenos vitais. A análise obedecerá, então, a regras diferentes daquelas que emanam do atomicismo. A subdivisão da matéria na tentativa de detectar os elementos mínimos é substituída pela análise que procura identificar e respeitar os sistemas funcionais. A totalidade estruturada do organismo e seus padrões de interação funcional com o ambiente são sempre pressupostos na análise.

Uma outra característica desta matriz, que nasceu junto com a biologia, é a atenção dispensada aos processos temporais. Os seres vivos têm história: uma história óbvia e visível – a do desenvolvimento – e, outra – que se impõe como uma exigência da inteligibilidade científica (avessa a milagres) –, a da evolução. Diante da necessidade de oferecer solução ao enigma da temporalidade dos seres vivos, a matriz funcionalista e organicista – sempre conservando seu esquema funcional de explicação – se dividirá em duas submatrizes: a submatriz ambientalista e a subma-

---

2. Convém aqui assinalar, para evitar confusões, que muitas versões da matriz funcionalista se apresentam como modelos de máquinas. São, porém, máquinas cibernéticas capazes de autorregulação em função de metas predefinidas ou sujeitas à redefinição pela própria máquina com base na avaliação de seu desempenho. É necessário, portanto, separar o mecanicismo – com sua causalidade unidirecional e reversível (e por isso, de qualquer momento pode-se deduzir todo o futuro e todo o passado) – e o maquinismo, já que a máquina pode ser concebida em termos mecânicos ou em termos funcionais e, propositivas, autorreguláveis e irreversíveis (as consequências alteram o estado inicial do sistema, de tal forma que o retorno a ele já não é mais possível).

triz nativista. Na primeira, enfatiza-se o controle do desenvolvimento da função pelas suas consequências adaptativas imediatas; na segunda, sublinha-se a natureza biologicamente herdada das funções adaptativas (o controle pelas consequências ambientais é mediado pela reprodução).

O funcionalismo organicista, ao superar o atomicismo e o mecanicismo, resgatou as noções de valor e significado. Estes conceitos se aplicam apenas a realidades dotadas de estrutura e intenção, como é o caso dos processos de interação adaptativa[3]. Contudo, este "estruturalismo" biológico está fundado na ideia de complementaridade entre as partes do sistema. O conflito caracterizaria uma disfunção patológica. Esta concepção, que provavelmente é verdadeira para a biologia, traz para a psicologia uma consequência inevitável. A dimensão ética do comportamento – que é inegavelmente uma dimensão essencial e diferenciadora do comportamento humano – tende a transformar-se, sob a ótica funcionalista, em uma técnica de sobrevivência. No lugar das noções de bem e mal, justo e injusto etc. – que orientam o enfrentamento moral dos conflitos, sem a intenção de anulá-los – aparecem as noções pragmáticas de conveniência e adequação. Diante do conflito, uma técnica de sobrevivência é conveniente e adequada se o elimina ou reduz, restabelecendo a harmonia e a complementaridade, o "equilíbrio"[4]. Nos capítulos correspondentes a esta matriz procurarei, como no caso das anteriores, identificar as condições de aplicabilidade do funcionalismo ao estudo dos fenômenos subjetivos e avaliar suas consequências em termos das práticas sociais que são assim legitimadas.

---

3. A dependência dos conceitos de significado e valor das formas organizadas e finalistas da ação é apontada por E. Spranger com as seguintes palavras: "Sentido é sempre relacionado a valores. Digo que uma interconexão funcional é dotada de sentido quando todas as ocorrências parciais nela contidas são compreensíveis a partir de sua relação com desempenhos totais dotados de valor. [...] Um organismo é dotado de sentido na medida em que suas funções próprias estão orientadas para a conservação de sua existência sob dadas condições de vida e porque esta conservação pode ser julgada valiosa para ele" (SPRANGER, E. *Formas de vida*. Rio de Janeiro: Zahar, 1976, p. 31).

4. A conduta ética repousa na consideração racional dos fins, enquanto a técnica encarna a consideração racional dos meios. A substituição da ética pela técnica que resulta da matriz funcionalista corresponde à fetichização dos meios e à reificação dos fins da ação social, o que abre no funcionalismo um flanco muito sensível à crítica ideológica.

2.3 Matrizes cientificistas e ideologias científicas[5]

Para além da dimensão ideológica particular a cada uma das matrizes cientificistas, cumpre considerar a contribuição generalizada do cientificismo psicológico para a consolidação e justificação dos padrões de interação social.

Há em todas as manifestações na psicologia das matrizes cientificistas a preocupação com a produção do conhecimento útil. A utilidade, porém, deve ser avaliada tanto no nível prático como no simbólico. Não devemos buscá-la apenas através da avaliação da eficiência das técnicas. De fato, um dos focos mais antigos e constantes da pesquisa psicológica tem sido a elaboração de técnicas: técnicas psicométricas, técnicas de treinamento e ensino, técnicas de persuasão, técnicas terapêuticas etc. Indubitavelmente, muitas destas técnicas são eficientes para os fins que se propõem e nos contextos em que costumam ser usadas. No entanto, à psicologia do século XX coube a tarefa de fornecer, mais que técnicas, *legitimações*. É necessário dar às práticas sociais de controle e dominação a legitimidade que ainda lhes é (debilmente) negada pelos resíduos do liberalismo. Para isto é fundamental uma prática que tenha toda a aparência da cientificidade; o importante não é a eficiência das técnicas na solução de problemas fora das condições altamente específicas em que costumam ser elaboradas e testadas. O que importa é que elas existam e possam exibir orgulhosamente seu caráter de ciência aplicada. Sua mera existência transmite, então, a seguinte mensagem: uma tecnologia psicológica é possível e não há mal algum em usá-la (a ciência garante). Neste contexto é que o verdadeiro significado da pesquisa pura pode ser apreendido[6]. Muitas vezes acusada de desvinculação e descompromisso com a solução dos problemas prá-

---

5. Para o esclarecimento do conceito, cf. CANGUILHEM, G. "Qu'est ce qu'une idéologie scientifique". *Idéologie et rationalité*. Paris: Vrin, 1977, p. 33-45. No artigo se pode ler: "Uma ideologia científica tem uma ambição explícita de ser ciência, imitando algum modelo de ciência já constituída. [...] Com que fim este contágio de cientificidade é buscado? Este fim é prático. A ideologia [...] funciona como autojustificação dos interesses de um tipo de sociedade".

6. Uma discussão interessante acerca da dimensão ideológica da psicologia da aprendizagem "básica" pode ser encontrada em S. Kvale ("The psychology of learning as ideology and technology". *Behaviorismo*, 1976, p. 97-116), cujo título indica a influência habermasiana.

ticos, é ela, porém, a pesquisa "de base", a maior fiadora da possibilidade de aplicar aos fenômenos subjetivos os modelos de inteligibilidade das ciências naturais e, em consequência, de submeter aqueles fenômenos ao interesse tecnológico. Isto ela o faz sem sujar as mãos, apoiando-se justamente no seu pretenso descompromisso com os problemas práticos[7]. Este esforço de legitimação é tanto mais necessário porque as práticas de dominação e controle social estão sujeitas a um processo incessante de contestação cujas manifestações teóricas no campo da psicologia emergem das matrizes românticas.

2.4 Matrizes românticas e pós-românticas

2.4.1 Matriz vitalista e naturista

Tudo o que fora excluído pelas matrizes cientificistas é recolhido pelo conjunto de atitudes e perspectivas intelectuais que estou denominando de vitalismo naturista: o "qualitativo", o "indeterminado", o "criativo", o "espiritual" etc. Trocam-se os sinais, mas permanece a divisão entre razão e "vida". Os vitalistas tomam

---

7. A irrelevância dos objetos e resultados de grande parte da pesquisa básica em psicologia é um dos principais alvos de seus detratores. É um desperdício de tempo e dinheiro, dizem eles. Esta mesma irrelevância é justificada e defendida como o produto inevitável e necessário da aplicação de uma metodologia rigorosa que não pode prometer resultados imediatamente úteis, mas que, a longo prazo, é o único caminho para lançar as bases científicas de novas técnicas socialmente aproveitáveis. Há talvez uma parcela de razão com uns e outros. O que parece ter passado desapercebido a todos é a função crítica da irrelevância no contexto de uma ideologia científica. O irrelevante é o que mais desconcerta o leigo: como gastar tanto tempo, talento e dinheiro nisso? No entanto, pessoas sérias, bem formadas, e até bem-intencionadas, continuam gastando. A irrelevância transforma-se então em hermetismo! O leigo acaba vendo no difícil de entender um sinal de profunda sabedoria e alta ciência. Para uma boa aparência de cientificidade, quanto mais irrelevante melhor. A irrelevância dos objetos e resultados de grande parte da pesquisa básica em psicologia é um dos principais alvos de seus detratores. É um desperdício de tempo e dinheiro, dizem eles. Esta mesma irrelevância é justificada e defendida como o produto inevitável e necessário da aplicação de uma metodologia rigorosa que não pode prometer resultados imediatamente úteis, mas que, a longo prazo, é o único caminho para lançar as bases científicas de novas técnicas socialmente aproveitáveis. Há talvez uma parcela de razão com uns e outros. O que parece ter passado desapercebido a todos é a função crítica da irrelevância no contexto de uma ideologia científica. O irrelevante é o que mais desconcerta o leigo: como gastar tanto tempo, talento e dinheiro nisso? No entanto, pessoas sérias, bem formadas, e até bem-intencionadas, continuam gastando. A irrelevância transforma-se então em hermetismo! O leigo acaba vendo no difícil de entender um sinal de profunda sabedoria e alta ciência. Para uma boa aparência de cientificidade, quanto mais irrelevante melhor.

partido: são a favor da "vida" e contra a razão. O interesse tecnológico, com suas exigências de classificação, cálculo e mensuração, deve ser aceito apenas para o trato com a matéria inerte, mas precisa ser superado no trato com a vida e, particularmente, com a forma de vida mais elevada, a vida espiritual do homem; a inteligência conceitual, a serviço da prática de controle, deve ser substituída pela intuição, pela apreensão imediata da natureza "naturante"[8] das coisas, pelo entregar-se e fundir-se sem intermediários ao fluxo do *élan vital*. Em que pese a indigência dos mitos naturistas, como são a manifestação espontânea do material reprimido pela ciência, estão sempre aflorando nas diversas seitas psicológicas unificadas pelo antirracionalismo, pela mística da vivência autêntica, pré-social e pré-simbólica. É o sujeito que, por não se reconhecer na sua ciência, na imagem que lhe devolve o espelho científico, desiste de obter de si uma imagem refletida. O conhecimento da vida pela vida e do espírito pelo espírito passa a se identificar com a própria vivência e com a própria experiência espiritual. No lugar do interesse tecnológico domina aqui o interesse estético, contemplativo e apaixonado, em que se anulam as diferenças entre sujeito e objeto do conhecimento e a diferença entre ser e conhecer.

Várias correntes das chamadas psicologias humanistas, a obra da decrepitude de W. Reich e a bioenergética, a terapia gestáltica e outras técnicas corporais trazem, em diferentes graus, as marcas desta matriz que está, por sinal, profundamente enraizada no senso comum da prática psicológica e nas representações sociais da psicologia.

2.4.2 Matrizes compreensivas

Considerarei, em capítulos separados, três grandes linhas compreensivas – o historicismo idiográfico, o estruturalismo e a fenomenologia. Destas, apenas a primeira pode ser claramente identificada como uma matriz romântica. Os estruturalismos são de fato reações antirromânticas de índole tendencialmente cientificista,

---

8. *Natura naturans* é a natureza enquanto processo de autocriação, em oposição a *natura naturata* que é a natureza enquanto resultado daquele processo.

enquanto a fenomenologia é um dos coroamentos da tradição filosófica racionalista, iluminista e, portanto, antirromântica. Não obstante, enquanto matrizes do pensamento psicológico, elas se inscrevem numa problemática instaurada pelo romantismo: a problemática da expressão. O que as unifica é visar – mediante os mais diversos procedimentos – a experiência humana inserida no universo cultural, estruturada e definida por ele, manifesta simbolicamente. Diante dos fenômenos vitais de natureza *expressiva* coloca-se a exigência de compreensão, que se converte em interpretação quando a compreensão imediata é bloqueada.

O conhecimento compreensivo é impulsionado pelo interesse comunicativo e o real, objeto deste conhecimento; são, efetiva ou analogicamente, formas simbólicas e/ou modos expressivos, ou seja, manifestações de uma subjetividade (individual ou coletiva) atravessada pela intenção comunicativa e projetada na direção de uma intenção compreensiva.

O historicismo idiográfico busca a captação da experiência tal como se constitui na vivência imediata do sujeito, com sua estrutura *sui generis* de significados e valores, irredutível a esquemas formais e generalizantes. A compreensão psicológica deve individualizar o sujeito, como a compreensão histórica deve individualizar uma época e uma cultura, e a compreensão estética, uma obra de arte, porque somente as configurações únicas e peculiares ao sujeito, à época ou à obra conferem sentido a cada um dos seus elementos e manifestações parciais.

O problema de difícil solução para o historicismo idiográfico é o do método. Inicialmente a compreensão era concebida como revivência e simpatia. Entretanto, a revivência integral não é possível: não se sai da própria pele para se meter na alheia – a perspectiva do intérprete, sua história, sua inserção particular num universo simbólico particular o acompanham a toda parte. Mas mesmo que fosse possível a revivência perfeita, não se resolvia assim o problema do conhecimento, que supõe a possibilidade de enunciação. Um psiquiatra que revivesse integralmente a experiência da loucura ficaria tão incapaz quanto o próprio louco de compreender-se e ser compreendido. O historiador que se transportasse integralmente ao passado, de forma a experimentar "de dentro" os grandes acontecimentos históricos segundo a ótica dos seus atores, não poderia proporcionar ao presente uma melhor compreensão deste passado tão intensamente vivido. Ao invés da revivência, propõe-se, então, a reconstrução do sentido. Há que decifrar e interpretar as manifestações vitais, culturais e psicológicas, ou seja, cabe às ciências do espírito uma tarefa hermenêutica.

Para que a hermenêutica se eleve à condição de ciência, desprendendo-se do solo místico e religioso em que surgiu e foi cultivada, precisa equacionar a resolver o problema da verdade: como escolher entre interpretações conflitantes? Como discernir o significado verdadeiro das vivências e das intenções que se oferecem ao intérprete numa linguagem frequentemente cifrada? A dificuldade decorre da exigência simultânea de tarefas mutuamente condicionadas. Para que a interpretação alcance o significado da mensagem e não seja nem uma redução da mensagem a esquemas formais predefinidos, nem uma construção arbitrária a sabor dos vieses do intérprete, é necessário que o esclarecimento do sentido seja simultâneo à elaboração do instrumental (regras e conceitos de interpretação); ao mesmo tempo deve-se decifrar e construir o código da decifração. Não se pode dar um único passo interpretativo sem que exista um esboço de código, que nada mais é que a operacionalização de uma antecipação de compreensão. Como validar esta antecipação senão na prática interpretativa, procurando atrair os detalhes da mensagem ao esquema prévio? Mas é alta a probabilidade das interpretações parciais "validarem" a compreensão antecipada, já que estes detalhes foram interpretados à luz de regras que correspondem àquela antecipação. É este o famoso círculo hermenêutico. Nele se debateram e atolaram durante anos os epistemologistas e os profissionais das ciências compreensivas.

Uma das soluções para o problema da compreensão foi proporcionada pelos estruturalismos. Aqui o trabalho de interpretação tenta se modelar pelos procedimentos de hipotetização, cálculo e teste de hipóteses, característicos das ciências naturais. A grande preocupação dos estruturalismos é a de elaborar métodos e técnicas de interpretação que conquistem o mesmo grau de segurança e objetividade que o obtido pelas ciências da natureza.

Embora queiram chegar à compreensão da vivência na experiência irrefletida e imersa nos horizontes da cultura, introduzem uma longa mediação metodológica e técnica a fim de neutralizar a subjetividade do pesquisador e a consciência imediata do sujeito, promovendo o encontro dos dois no terreno objetivo das estruturas inconscientes.

A intenção dos estruturalismos é *re-construir* as estruturas geradoras das "mensagens", as regras que inconscientemente controlam a organização das formas simbólicas e a emissão dos discursos. Quando o intérprete e o interpretado compartilham integralmente as mesmas regras de comunicação, o processo é fácil e imediato. Caso contrário, é necessário inventar hipóteses acerca destas regras e testar sua pertinência na própria prática interpretativa. Não é necessário inventar uma regra para cada mensagem: as estruturas geradoras, segundo o estruturalismo, têm uma existência transistórica e transindividual, sendo capazes de, a partir do seu conjunto finito de elementos, engendrar uma variedade infinita de formas. É exatamente este caráter das estruturas profundas da vida simbólica que permite, em última análise, a comunicação entre as mais diferentes culturas, épocas históricas e personalidades.

Finalmente, encontramos na fenomenologia uma tentativa de superação tanto do cientificismo – a cujo charme os estruturalistas sucumbem – como do historicismo.

O problema para cuja solução foi criada a fenomenologia é o da fundamentação do conhecimento. A fenomenologia rechaça duas alternativas epistemológicas denunciando suas consequências céticas. A legitimação naturalista do conhecimento – como ocorre no empirismo – é inadequada porque as formas do mundo se apresentar à consciência não são oriundas da própria experiência, senão que a precedem e estabelecem suas condições de possibilidade. Faz ainda menos sentido a tentativa de extrair da experiência os critérios de avaliação da falsidade ou veracidade dos juízos empíricos. É necessário supor, para não cair no ceticismo, que todo conhecimento ou juízo empírico retire sua certeza de uma estrutura cognitiva apriorística que defina as formas, as categorias e os mecanismos da cognição de acordo com os quais as evidências possam se constituir e validar. Se o conhecimento for totalmente naturalizado, reduzido a um fato no mundo de fatos, a um produto psicofísico qualquer, ele carecerá de toda normatividade. Um fato é ou não é, mas não se lhe pode aplicar as categorias de certo e errado, verdadeiro ou falso. Nesta medida, a procura de fundamentos seguros mediante uma imersão nos objetos do conhecimento conduziria ao ceticismo. O fundamento, ao contrário, deve ser procurado do lado da consciência pura, do sujeito transcendental que determina as condições de existência para a consciência de todos os objetos da vida espiritual. Trata-se de efetuar a descrição das estruturas apriorísticas da consciência. Os objetos nesta disciplina não são os eventos naturais, mas os fenômenos, aquilo que se dá à consciência, ou, dito de outra forma, é visado por ela como pura essência. A consciência para a fenomenologia seria uma pura intencionalidade: é sempre consciência de algo. A fenomenologia (ciência eidética) procura descrever a essência do algo visado pela consciência (investigação noemática) e a essência das estruturas gerais e dos modos específicos da consciência visar seus objetos (investigação noética que esclarece a essência da percepção, da recordação, da imaginação, do juízo etc.), nas diferentes esferas das relações intencionais (experiência religiosa, experiência moral, experiência estética, experiência científica, experiência afetiva interpessoal etc.).

Apreendendo os eventos psíquicos de acordo com a sua especificidade – que é a de não serem coisas no mundo, mas atos constitutivos do mundo – a fenomenologia proporcionaria à psicologia as normas para compreender e interpretar as modulações da consciência empírica, vale dizer, as formas de relacionamento sujeito/objeto concretamente vivenciadas.

Em relação ao historicismo idiográfico, a fenomenologia também o denuncia como irremediavelmente cético. A história, como a experiência, não fornece os critérios seguros para interpretar e validar seus produtos; entre os quais, para sermos historicistas consequentes à própria filosofia historicista. Não podemos admitir a completa irredutibilidade das épocas, das culturas e das personalidades a um padrão normativo comum, pois sem esse padrão não se poderiam validar os conhecimentos produzidos em qualquer época e cultura e por qualquer indivíduo, inclusive as teses historicistas e idiográficas. Em outras palavras, o ceticismo seria a consequência direta do relativismo radical historicista. Demonstrava-se assim a impossibilidade de uma ciência estritamente idiográfica, destinada à compreensão do individual (fosse uma personalidade, uma cultura, uma obra etc.) "de dentro" e sem nenhum pressuposto. A fenomenologia se apresenta como a propedêutica de toda ciência compreensiva, já que une o reconhecimento da especificidade dos eventos psíquicos – atos de um sujeito atravessados por uma intencionalidade que deve ser apreendida mediante a interpretação de suas manifestações sensíveis – com o reconhecimento da necessidade de uma ciência das essências. Esta ciência daria a sustentação e serviria de guia para as ciências compreensivas empíricas.

A fenomenologia da consciência transcendental, confluindo com outras tradições filosóficas, e literárias, está na origem dos existencialismos, cujas repercussões no pensamento psicológico são mais profundas que as diretamente provenientes da filosofia fenomenológica. As várias correntes existencialistas unificam-se pelo intuito de descrever e elaborar as categorias analíticas da existência concreta. A fenomenologia da existência (ou, em alguns autores, do existente) humana descobre que o homem é um ser que não tem essência alguma predefinida. A existência é o modo de ser de quem projeta e realiza seu destino, indissociavelmente vinculado a uma situação, mas transcendendo-a num impulso incessante para a frente, para o futuro, para o nada, para a morte. As descrições da estrutura universal da existência servem de fio condutor para a descrição das formas empiricamente dadas de existência (formas autênticas e formas alienadas, formas patológicas etc.). A antropologia fenomenológica existencialista dá o quadro de referências (os elementos e a norma, o "modelo" de sujeito) que será investigado pelas ciências humanas empíricas. A compreensão do indivíduo – são ou "doente" – implica a reconstrução do seu mundo, na explicitação dos horizontes implícitos que conferem sentidos a seus atos e vivências conscientes, no desvelamento do projeto existencial que subjaz a todas as suas ações. Quando se esclarece a estrutura e a natureza do mundo do existente e se estabelece a vinculação desta estrutura com o que há de mais subjetivo, isto é, o projeto, torna-se possível tomar todas as manifestações do sujeito – seus discursos, seus gestos, seu comportamento intencional, suas obras e, em última análise, toda a sua vida e suas opções – como mensagens. Mas na origem destas mensagens não encontramos uma estrutura impessoal, objetiva e passível de análise à moda cientificista, como é o caso para os estruturalismos. Encontramos um sujeito e suas escolhas.

2.5 Matrizes românticas, pós-românticas e ideologias pararreligiosas

Assim como as matrizes cientificistas secretam ideologias científicas, as matrizes românticas e pós-românticas (com exceção dos estruturalismos, que, ao contrário, fazem a balança pender para o outro lado) produzem frequentemente ideologias pararreligiosas: elas divulgam o culto da experiência única, irredutível, intransferível e incomunicável, uma mística da liberdade de escolha individual e do indeterminismo. No altar desta nova religião está colocado o "indivíduo", a "liberdade" e outras imagens do gênero, sem que se coloque com seriedade uma análise das condições concretas que poderiam permitir sua realização. Se as ideologias científicas do pensamento psicológico afirmam que o sujeito é um objeto tão bom quanto outro qualquer para o exercício do poder, e legitima a dominação com o manto idôneo da ciência, as ideologias românticas completam: independentemente destas questiúnculas de dominação e poder, a liberdade humana é indestrutível, o indivíduo é livre e a própria escravidão é uma opção do sujeito. Se nada me prende e minha vida é meu projeto, a solução é minha e para mim. Estas ideologias legitimam assim o retraimento do sujeito sobre si mesmo numa inflação inconsequente e formal da subjetividade. Nesta medida, se há oposição entre as ideologias científicas psicológicas e as pararreligiosas, elas, de certa forma, complementam-se.

2.6 Perspectivas atuais

A instabilidade epistemológica da psicologia, que se reflete no traçado ziguezagueante e circular das modas psicológicas, faz com que permaneça sempre atual o projeto – creio que essencialmente inviável – de uma unificação filosófica e metodológica. Do behaviorismo tosco de J.B. Watson ao sofisticado de B.F. Skinner, à psicanálise e a toda a obra de Jean Piaget reflete-se a mesma intenção. É ela também que inspira as grandes tentativas de síntese, como a da psicologia da forma, ou gestaltismo. Recentemente, o campo da psicologia social foi sacudido por propostas novas de unificação e síntese, como a de Harré e Secord[9], que em muitos aspectos se aproxima do gestaltismo. Ao longo dos próximos capítulos algumas menções se farão a estes empreendimentos exemplares.

A percepção da impossibilidade de uma unificação neste nível, desde W. Wundt[10], vem gerando projetos de partilha e fragmentação da disciplina. Wundt diferenciava a causalidade física da psicológica, processos internos e externos e, o que mais nos importa, uma psicologia experimental quase fisiológica e uma psicologia étnica que era o estudo dos processos mentais superiores e internos, totalmente subordinados à causalidade psíquica e a seus processos *sui generis*, mediante a análise das obras e manifestações culturais, como a linguagem.

No início do século XX o psiquiatra K. Jaspers[11] também distribuiu os fenômenos psicológicos entre uma ciência da na-

---

9. Uma apresentação sumária desta posição será feita no último capítulo. O leitor interessado numa exposição original e sintética da proposta deve recorrer a HARRÉ, R. Making social psychology scientific. In: GILMOUR, R. & DUCK, S. (orgs.). *The development of social psychology*. Nova York: Academic Press, 1980, p. 27-51.

10. A duplicidade e a complexidade do projeto de psicologia de Wundt, durante muito tempo confundido com o de E.B. Titchener, vem sendo recentemente o tema de vários trabalhos, entre os quais se recomendam: BLUMENTHA, A.L. "A reappraisal of Wilhelm Wundt". *American psychologist*, 30, 1975, p. 1.081-1.088. • BLUMENTHAL, A.L. Wilhelm Wundt and early americam psychology; a clash of cultures. In: RIEBER, R.W. & SALZINGER, K. (orgs.). *Psychology*: Theoretical-historical perspectives. Nova York: Academic Press, 1980, p. 23-42. • DANZIGER, K. "The positivist repudiation of Wundt". *Journal of the History of the Behavioral Sciences*, 15, 1979, p. 205-230. • LEAHEY, T.H. "The mistaken mirror: on Wundt's and Titchener's psychologies". *Journal of the History of the Behavioral Sciences*, 17, 1981, p. 273-282. Embora estes textos, por serem em inglês, possam oferecer alguma dificuldade de leitura para alguns alunos, são absolutamente indispensáveis para a compreensão da psicologia wundtiana no seu contexto cultural e científico.

11. Cf. JASPERS, K. *Psicopatologia geral*. Rio de Janeiro: Atheneu, 1979.

tureza, destinada a explicá-los, e uma ciência do espírito, destinada a descrevê-los e compreendê-los. Hoje é possível encontrar autores como S. Koch[12] que, reconhecendo a diversidade da psicologia, aceita-a como inevitável e preconiza, inclusive, a anexação das diversas áreas e linhas de pesquisa (que ele denomina de "estudos psicológicos") às disciplinas mais próximas. Teríamos assim, adjacentes às diferentes disciplinas biológicas, territórios de estudos psicológicos; o mesmo em relação às disciplinas sociais. Há ainda quem defenda a permanência da duplicidade epistemológica e metodológica, articulando as diferentes psicologias daí resultantes à prática de resolução de problemas, aonde cada uma teria sua contribuição específica. Esta posição é, por exemplo, a de Nuttin[13], que afirma: "A característica própria do comportamento consiste, portanto, [...] no fato de ele ser penetrado de uma intencionalidade compreensível e de uma ação das leis da natureza viva. Não acreditamos que a ciência do comportamento possa eliminar um desses elementos em proveito do outro". Um outro autor, Howarth[14], assumindo uma ótica pragmática, reúne o que ele chama de "tradição humanista" e "psicologia mecanicista". "Ajudar o cliente a esclarecer seus objetivos; tentar entender como ele vê o problema e o que concebe como solução; nesta atividade os métodos da psicologia humanista são apropriados. Descobrir a natureza dos recursos psicológicos disponíveis pelo cliente; nesta atividade os métodos da psicologia mecanicista podem se mostrar úteis". A posição defendida por Howarth nada mais é que uma explicitação um tanto embelezada

---

12. Cf. KOCH, S. Psicologia e ciências humanas. In: GADAMER, H.G. & VOGLER, P. (orgs.). *Nova antropologia*. Vol. 5. São Paulo: EPU/Edusp, 1977, p. 144-168.

13. Cf. NUTTIN, J. O comportamento humano: o homem e seu mundo fenomenal. In: GADAMER, H.G. & VOGLER, P. (orgs.). *Nova antropologia*. Op. cit., p. 118-143. Este texto de Nuttin é extremamente claro e penetrante. O que, somado ao seu fácil acesso ao leitor brasileiro, o torna uma indicação obrigatória para leitura e discussão. Conviria lê-lo efetivamente como complementação a este segundo capítulo.

14. Cf. HOWARTH, C.I. The structure of effective psychology. In: CHAPMAN, A.J. & JONES, D.M. (orgs.). *Models of man*. Leicester: The Britisch Psychological Society, 1980, p. 143-158. Esta coletânea é formada pelos textos das conferências apresentadas num simpósio em 1979 acerca dos modelos de homem e de comportamento humano. Inclui tanto a discussão dos modelos que subjazem às práticas científicas vigentes na psicologia como a proposta de modelos alternativos e mais adequados à pesquisa e à prática profissional.

do ecletismo que, sob dominância funcionalista, mas incluindo também uma forte dose de humanismo vitalista, constitui o senso comum da psicologia e é muito facilmente encontrado nos subterrâneos da prática profissional de inúmeros psicólogos, reinando quase absoluto entre os alunos dos cursos de psicologia. O ecletismo é a maneira predominante da comunidade profissional enfrentar as contradições do projeto de psicologia como ciência independente. Sua principal desvantagem é que neste enfrentamento as contradições ficam camufladas, travestidas em complementaridade, e a própria natureza do projeto é subtraída do plano da reflexão e da crítica.

Passo em seguida a expor com maiores detalhes as diversas matrizes e submatrizes do pensamento psicológico, para no último capítulo retornar à discussão das perspectivas atuais da psicologia.

3
MATRIZ NOMOTÉTICA E QUANTIFICADORA

3.1 Introdução

A prática científica, qualquer que seja sua natureza particular e seus procedimentos específicos, empenha-se em tornar inteligível para o homem um domínio da sua experiência. No caso das ciências naturais a procura da inteligibilidade repousa na crença numa *ordem natural*, vale dizer, numa ordem independente de cada um dos sujeitos que a experimentam.

Esta crença não tem nada de gratuita e é um equívoco concebê-la como um mero expediente de conveniência. A crença na ordem natural origina-se na e justifica-se pela história da espécie *homo sapiens*. Somos uma espécie que se caracteriza pela produção da própria existência – trabalhamos. A eficiência de nossas práticas produtivas – do rudimentar extrativismo à sofisticação de uma fábrica robotizada – depende de apreensão teórica de regularidades entre eventos independentes do homem e de regularidades entre ações e consequências. O trabalho por um lado *exige*, e por outro, testa a nossa capacidade de formar ideias que reproduzem as regularidades naturais, e estas ideias é que orientarão a fabricação dos instrumentos e a codificação das técnicas produtivas.

Na verdade, o trabalho é apenas a forma mais complexa e poderosa dos seres vivos se adaptarem ao ambiente exercendo algum controle sobre ele. No nível mais simples há respostas adaptativas padronizadas, cujas formas e condições de ocorrência dependem essencialmente da informação filogenética – são os tropismos, os reflexos incondicionados e os padrões fixos de ação. A eficiência destas respostas sugere que elas devem ser vistas como as "técnicas" de sobrevivência e reprodução que correspondem às "predições" elaboradas pela seleção natural e assimiladas ao dote genético de todo indivíduo da espécie. Num nível mais complexo encontraremos a capacidade de a aprender (por experiência própria e por imitação), que faculta ao sujeito apropriar-se das regularidades vigentes no seu meio e no seu tempo de vida. Estas "predições" e as "técnicas" correspondentes (reflexos condicionados, hábitos) são em grande medida individuais e sujeitas a revisões, o que amplia imensamente a capacidade de adaptação às mudanças ambientais.

O trabalho, contudo, implica a explicitação das predições, ou seja, o resultado desejado é *anteposto* de forma a conferir finalidade e direção consciente à prática. Esta obedecerá a regras concebidas e selecionadas em função do objetivo. O trabalho, portanto, depende de uma certa capacidade de *representação do ausente* – o produto existe de início apenas como ideia; por outro lado, o trabalho estimula o desenvolvimento desta capacidade de simbolização. O incremento da capacidade simbólica, por seu turno, cria condições para o acúmulo de conhecimentos que passam a ter uma existência objetiva e independente dos sujeitos que os produziram. Amplia-se, assim, a possibilidade de transmissão social do conhecimento, particularmente através de uma atividade pedagógica deliberada. Finalmente, a capacidade simbólica proporciona as condições de autorreflexão. A emergência da "metodologia científica" corresponde exatamente a um estágio em que a autorreflexão das práticas produtivas já permite que a estrutura do trabalho seja posta a serviço da produção e validação de conhecimentos. As ideias de caráter preditivo chamar-se-ão *hipóteses*, e suas origens serão atribuídas a processos denominados *indução, abdução* ou *invenção*; as práticas produtivas serão os procedimentos de *observação controlada* e, em especial, *os procedimentos experimentais de teste*; o resultado obtido *será confrontado* com o resultado esperado – que, na medida do possível, deve ser rigorosamente *deduzido* das hipóteses iniciais; a finalidade deste processo é a de, com base neste confronto, aceitar ou refutar as hipóteses.

Como se vê, a "crença na ordem" assumida pelas ciências naturais é a continuação da "crença na ordem" assumida e legitimada pelo trabalho. A alta predisposição para procurar, descobrir e inventar regularidades que permitam a previsão é um traço característico da nossa espécie: é exatamente o que nos define como animais trabalhadores e conhecedores – seres que se apropriam do ambiente mediante uma prática conscientemente intencional, orientada por um objeto ideal e organizada de forma a proporcionar uma permanente possibilidade de autocorreção[1].

A "crença na ordem natural" orienta o pesquisador na procura de sistemas *classificatórios*, que recortem a realidade de acordo com as diferenciações mais verdadeiras ou mais convenientes, e de *leis gerais*, que descrevam da maneira mais conveniente ou mais aproximada as relações entre os fenômenos. A descrição natural de um evento se completa quando ele pode ser situado em e totalmente assimilado a uma taxionomia. A explicação ocorre quando o evento pode ser deduzido de um conjunto de outros eventos por intermédio das leis que descrevem suas mútuas relações. Os sistemas classificatórios e as leis têm valor de hipótese e precisam ser corrigidos sempre que se revelarem incapazes de proporcionar descrições e explicações satisfatórias.

3.2 A ordem nas aparências

A prática científica pode propor-se como objetivo a mera organização dos dados aparentes sem qualquer pretensão a representar a ordem objetiva. Neste caso as teorias (taxionomias ou sistemas legais) são concebidas como *mecanismos* de descrição,

---

1. As relações entre a lógica da investigação científica e o conhecimento nela produzido, de um lado, e a previsão e o controle instrumental da natureza, de outro, são sublinhados no pragmatismo (cf. PEIRCE, C.S. "O que é o pragmatismo". *Semiótica*. São Paulo: Perspectiva, 1977) e nesta versão revista e corrigida do pragmatismo – que rejeita o instrumentalismo agnóstico de Mach, James e Dewey –, que é a filosofia de Popper (cf. POPPER, K.R. Op. cit.). O marxismo contempla as mesmas relações, inserindo a prática científica no contexto mais amplo da história das interações adaptativas, no qual o trabalho humano ocupa um lugar de destaque (cf. VIEIRA PINTO, A. *Ciência e existência*. Rio de Janeiro: Paz e Terra, 1979). Neste texto de Álvaro Vieira Pinto encontra-se uma exposição bastante detalhada e de fácil compreensão da filosofia da ciência marxista.

cálculo e previsão sem nenhuma dimensão ontológica. É a filosofia do *salvare aparentiae*, presente na obra do astrônomo alexandrino Cláudio Ptolomeu[2], explicitada na obra do bispo de Berkeley[3] e do físico E. Mach[4]. Como dispositivos de cálculo, as teorias devem ser formuladas em linguagem matemática que assegurem deduções exatas. A quantificação, cujo nível mais baixo é a classificação, é aí, porém, apenas um instrumento, vale dizer, tem uma existência puramente subjetiva.

O destino da astronomia de Ptolomeu revela os limites operacionais desta procura da ordem das aparências. Renunciando à determinação da essência, Ptolomeu restringe-se à construção dos dispositivos de cálculo relativamente hábeis para efeitos de previsão, mas incapazes de serem deduzidos de princípios unitários. A preocupação exclusiva de salvar as aparências dá lugar a uma proliferação de dispositivos *ad hoc* numa sucessão interminável de ajustes aos dados da observação, ajustes que acabam se superpondo e contradizendo.

---

2. Acerca de Ptolomeu, afirma Koyré: "O positivismo foi concebido e desenvolvido não pelos filósofos do século XIII, mas pelos astrônomos gregos que, tendo elaborado e aperfeiçoado o método do pensamento científico – observação, teoria hipotética, dedução e, finalmente, verificação por novas observações –, encontraram-se na incapacidade de penetrar no mistério dos movimentos verdadeiros dos corpos celestes e que, consequentemente, limitaram suas ambições à salvação dos fenômenos, isto é, a um tratamento puramente formal dos dados da observação. Tratamento que lhes permitia previsões válidas, mas cujo preço era a aceitação de um divórcio definitivo entre a teoria matemática e a realidade subjacente" (KOYRÉ, A. "Les origines de la science moderne". *Études d'histoire de la pensée scientifique*. Paris: PUF, 1966, p. 67): Uma boa exposição da teoria de Ptolomeu pode ser encontrada em KOYRÉ, A. "Les étapes de la cosmologie scientifique". *Études d'histoire de la pensée scientifique*. Op. cit., p. 73-84.

3. Acerca do instrumentalismo agnóstico de Berkeley, cf. POPPER, K.R. Notas sobre Berkeley – um precursor de Mach e de Einstein. In: POPPER, K.R. *Conjeturas e refutações*. Brasília: UnB, 1980, p. 193-201. Há também uma exposição da filosofia de Berkeley mais adequada para leitores iniciantes em LOSEE, J. *Introdução histórica à filosofia da ciência*. Belo Horizonte/São Paulo: Itatiaia/Edusp, 1979, p. 176-178.

4. Acerca de Mach, cf. POPPER, K.R. Op. cit. LOSEE, J. Op. cit., p. 178-182. Leitores mais preparados podem se valer de HABERMAS, J. *Connaissance et intérêt*. Paris: Gallimard, 1979, p. 114-123.

3.3 A ordem natural

A partir de Copérnico, Kepler e, principalmente, Galileu e Descartes a matemática recebe uma nova função: a de expressar as "leis da natureza"[5]. Naturalmente, não se abandonava a ideia de previsão e cálculo exatos. Esta previsão, contudo, é condicionada por uma abstração que exclui o sensível para trabalhar apenas com o inteligível, com o puramente racional. O mundo da experiência quotidiana saturado de significados, de valores afetivos e estéticos, de intenções, necessidades e desejos, o mundo colorido, pitoresco e qualitativo é substituído, para fins de pesquisa e teorização, por um universo geométrico e mecânico, matematizado e homogeneizado[6]. A homogeneização abole a divisão do cosmos em diversas qualidades de ser; em decorrência admite-se e mesmo impõe-se a tarefa de oferecer descrições e explicações unitárias: o movimento dos astros, o percurso de um projétil e a queda de uma maçã obedecem e devem ser explicados pelas mesmas leis e devem ser descritos com as mesmas categorias. As hipóteses descritivas e explicativas, como pretendem representar a essência dos fenômenos naturais, devem convergir para um sistema e, de preferência, ser dedutíveis de alguns poucos axiomas – o que foi finalmente alcançado no século XVIII por Isaac Newton[7].

Uma grande lição ministrada pelos fundadores da física clássica foi a da ruptura epistemológica, isto é, a superação e afastamento da experiência sensível quotidiana para a construção de um objeto teórico original: um construto da razão e um objeto da

---

5. Há vários textos clássicos de historiadores das ciências e da cultura ocidental dedicados a descrever as pressuposições ontológicas e as cosmologias dos fundadores da física moderna: BURTT, E.A. *As bases metafísicas da ciência moderna*. Brasília: UnB, 1983. • COLLINGWOOD, R.G. *Ciência e filosofia*. Lisboa: Presença, 1974. • KOYRÉ, A. "Galilée et la revolution scientifique du XVIIe siècle". *Études d'histoire de la pensée scientifique*. Paris: PUF, 1966, p. 176-191. • KOYRÉ, A. *Do mundo fechado ao universo infinito*. Rio de Janeiro: Forense/Edusp, 1979.

6. Cf. KOYRÉ, A. Op. cit.

7. Acerca de Newton, cf. KOYRÉ, A. *Études newtoniennes*. Paris: Gallimard, 1968. • COLLINGWOOD, R.G. Op. cit. • PRIGOGINE, I. & STENGERS, I. *La nouvelle alliance*. Paris: Gallimard, 1979, p. 33-113. O leitor principiante também pode recorrer a LOSEE, J. Op. cit., p. 55-107.

experiência intelectual. Apenas a este objeto se aplicariam de forma exata as leis matemáticas.

Quando as grandes conquistas da física moderna, nos séculos XIX e XX, revelaram-se como meras hipóteses que exigiam correções radicais, abateu-se sobre a comunidade um certo descrédito diante da atitude realista que vê nas funções matemáticas expressões objetivas da ordem natural. Reanimaram-se, então, as posições instrumentalistas que concebem aquelas funções como simples dispositivos de cálculo. Em momento algum, todavia, deixou de progredir a matematização da física e o distanciamento entre a experiência científica e a experiência leiga. A experiência científica é cada vez mais uma experiência abstrata e purificada.

3.4 A expansão da ordem natural

Nos demais domínios da experiência o homem abriu caminho para a ciência, com maior dificuldade, seguindo os passos dos físicos dos séculos XVII e XVIII. A química enterrou definitivamente a alquimia quando Lavoisier[8] – versado em lógica, matemática, física e astronomia – trouxe para a nova ciência o espírito de exatidão, da mensuração e da análise experimental. Os estudos biológicos, a partir da fisiologia, diretamente tributária da mecânica e da química, e dos empreendimentos taxionômicos de Lineu também avançaram na direção da biologia científica[9]. Neste campo a procura da ordem nas aparências permanecera vigorosa – gerando uma pletora de observações sem critério – enquanto não se constituíam os referenciais teóricos (proporcionados pela ideia de uma ordem natural dos seres vivos, com suas leis e desenvolvimentos autônomos – o que só foi completamen-

---

8. Acerca do desenvolvimento da química, uma boa introdução está em BERNHARDT, J. Química e biologia no século XIX. In: CHÂTELET, F. (org.). *História da filosofia*. Vol. 6. Rio de Janeiro: Zahar, 1974, p. 61-79.

9. Acerca da história natural e da taxionomia no século XVIII, há comentários interessantes em FOUCAULT, M. *As palavras e as coisas*. Lisboa: Portugália, s.d., p. 169-219. • GILSON, E. *De Aristóteles a Darwin*. Pamplona: Eunsa, 1980, p. 84-97.

te realizado pela Teoria da Evolução no século XIX)[10] e os instrumentos matemáticos adequados. Estes instrumentos foram o cálculo de probabilidades e os procedimentos estatísticos em geral que, no campo das ciências não exatas, asseguram a ligação entre o domínio empírico – marcado por uma certa margem de variabilidade intrínseca – e o domínio racional.

3.5 A ordem natural dos fenômenos psicológicos e comportamentais

A possibilidade de submeter os fenômenos psíquicos aos procedimentos matemáticos, de forma a criar-se uma psicologia empírica, foi expressamente negada por Kant com a alegação de que estes fenômenos não se prestavam à análise e à observação e só tinham uma dimensão, a temporal, quando a mensuração de um processo exige duas dimensões, a temporal e a espacial. Não obstante, o projeto de uma psicometria apareceu já no século XVIII na obra do filósofo alemão Christian Wolff[11], que esperava desta nova ciência a mensuração dos graus de prazer e desprazer, perfei-

---

10. O que a Teoria da Evolução darwiniana veio a proporcionar foi, entre outras coisas, a solução para o problema da classificação das espécies. Para Lineu a ciência dos seres vivos era, fundamentalmente, uma classificação de acordo com a verdadeira ordem natural, o que exigia procedimentos precisos e adequados para a elaboração das classes e para a atribuição das variedades vegetais e animais a cada categoria. No entanto, era inegável a existência de variações que escapavam a qualquer hierarquia de classes, de tal forma que muitos cientistas da época punham em dúvida a possibilidade de uma classificação definitiva e mesmo a existência de espécies diferenciadas, tal como se expressava Buffon: "A natureza tem gradações desconhecidas e, em consequência, não pode prestar-se a estas divisões, já que passa de uma espécie a outra e, frequentemente, de um gênero a outro com matizes imperceptíveis" (apud GILSON, E. Op. cit.). O problema gerou dois enfoques alternativos – o "sistema" e o "método" (cf. FOUCAULT, M. Op. cit.) –, mas só pôde ser bem equacionado quando Darwin integrou a noção de espécie a uma teoria funcional e genética, ao invés de procurar deduzi-la apenas dos dados da observação (cf. NOVINSKI, C. Biologie, théories du développement et dialectique. In: PIAGET, J. (org.). *Logique et connaissance scientifique.* Paris: Gallimard, 1967, p. 863-873. • NOVINSKI, M. Refléxions sur l'idée d'espèce biologique. In: GANDILLAC, M.; GOLDMAN, L. & PIAGET, D. (orgs.). *Genése et structure.* Paris: Monton, 1965, p. 323-327). A Teoria da Evolução será considerada com mais vagar no capítulo V.

11. O início da quantificação psicológica é descrito em RAMUL, K. "The problem of measurement in the psychology of the eigthteenth century". *American Psychologist,* 15, 1960, p. 256-265. A continuidade das tentativas de quantificação, no século XIX, são descritas em ZUPAN, M.L. "The conceptual development of quantification in experimental psychology". *Journal of the History of the Behavioral Sciences,* 12, 1976, p. 145-158.

ção e imperfeição, certeza e incerteza. O problema da medição, contudo, não era resolvido por Wolff, e assim permaneceria durante muito tempo. O matemático francês de Maupertuis igualmente considerou positivamente a possibilidade de uma psicometria, e o mesmo fizeram outros autores como Buck, Mendelssohn, Ploucquet, Mérian e Lambert. Para todos eles a matematização da psicologia se faria a partir da medição de qualidades intensivas dos fenômenos mentais. Nenhum deles, porém, dedicou ao tema mais que algumas páginas marginais de suas obras de matemáticos, filósofos e naturalistas. No século XVIII apenas Hagen, Kruger e Körber trataram com mais detalhe do assunto. Embora não tenham chegado a concretizar seus projetos de mensuração, nos diversos campos considerados (capacidades e vontade (Hagen), sensações (Kruger e Körber), imagens, abstração e atenção (Körber)), encaminharam-se para soluções que compartilhavam a ideia de controlar e medir com precisão o ambiente físico em relação ao qual se efetuaria a tarefa cujo desempenho forneceria os índices quantitativos dos fenômenos psicológicos. Efetivamente, nas propostas de medida das sensações reconhece-se um projeto semelhante ao que mais tarde daria nascimento à psicofísica de Weber e Fechner, enquanto que nas propostas para medir a capacidade de memorização reconhece-se o esboço do trabalho posterior de Ebbinghaus.

Antes de lá chegarmos, antes de vermos resolvida a questão da medida psicológica, ainda, portanto, num estágio pré-científico a que se aplica sem sombra de dúvida a noção de "ideologia científica", encontramos a figura de Johan Friedrich Herbart[12], na primeira metade do século XIX. Filósofo e matemático, Herbart introduz na teorização psicológica a prática da construção de modelos formais, o que somente muito mais tarde alcançaria *status* científico. O modelo de Herbart se propõe a representar a estática e a dinâmica dos processos mentais a partir da ideia de conflito entre repre-

---

12. Acerca de Herbart há muitas alternativas, das quais recomendo: LEARY, D.E. "The historical foundation of Herbart's mathematization of psychology". *Journal of the History of Behavioral Sciences*, 16, 1980, p. 150-163. É bom que se esclareça na discussão sobre a psicologia matemática de Herbart que a carência de base empírico-experimental não era um acidente nem, aos olhos do autor, um defeito, mas decorria da sua posição que negava a possibilidade de se constituir uma psicologia baseada na experiência. Sua psicologia seria científica por ser matemática, mas não por ser experimental.

sentações (todos os fenômenos, conscientes ou inconscientes são denominados representações). Cada representação possui num dado momento uma certa força ou intensidade e situa-se ao longo de um contínuo, o que permite a quantificação ordinal das representações. As representações além disso variam de intensidade, e a variação na intensidade de uma gera mecanicamente variações concomitantes nas demais. O modelo inclui numa estática do espírito que postula as condições de equilíbrio e inibição recíproca entre as representações e uma mecânica (ou dinâmica) que dá conta dos movimentos e processos, como a emergência de uma representação à consciência e a repressão da representação concorrente, que é empurrada para baixo do limiar da consciência. Hoje a construção de modelos matemáticos e lógicos não encontra a resistência que a partir do final do século XIX o positivismo opôs à pretensão de apreender os mecanismos, indo além das leis empíricas. Ainda assim, a prática de construção de modelos é apenas um dos momentos do procedimento científico, momento aliás subordinado ao de teste: a partir de um modelo devem-se atribuir valores plausíveis às variáveis quantitativas nele implicadas para em seguida – frequentemente através de simulação computadorizada em que se variam parametricamente estes valores – deduzir os comportamentos do modelo nas diferentes condições programadas. Finalmente, confrontam-se os comportamentos do modelo com os do organismo nele representado. Convém assinalar que dificilmente o comportamento do modelo será idêntico ao do seu original, o que conduzirá a um processo infinito de ajuste com a introdução de novas variáveis e/ou com a postulação de novas relações funcionais entre elas. A psicologia matemática de Herbart carece completamente desta possibilidade de autocorreção – a construção do modelo esgota-se em si mesma e não transita para o teste. Este, na verdade, dependeria da possibilidade de medir, ao menos indiretamente, os fenômenos psicológicos, e este problema permanecia em aberto. Isto não impediu que Herbart tenha exercido uma grande influência na divulgação de um projeto de psicologia matemática que pensasse e procedesse conforme a física clássica. É necessário que se mencione, a propósito, a semelhança entre o modelo de Herbart e o que veio a ser proposto por S. Freud. Em ambos, a psique é um campo de forças em luta, sendo que muitas delas não teriam acesso ao nível consciente, exercendo contudo uma atuação encoberta e insidiosa. Em Herbart como em Freud, a intuição profunda do psiquismo como conflito está associada à pretensão de analisar os conflitos em termos quantitativos. Há, porém, uma notável diferença: a dinâmica herbartiana é puramente mecanicista e a análise se orienta para a identificação das relações de causalidade eficiente; já na dinâmica freudiana, como veremos em outros capítulos, há uma forte presença da intencionalidade[13].

A matematização da psicologia no século XIX, porém, realizou-se na continuação das propostas de Hagen, Kruger e Körber.

Para isto foi decisiva a obra do fisiólogo E.H. Weber (1795-1878)[14], que pela primeira vez efetuou medidas precisas das relações entre diferenças na intensidade (objetiva) de um estímulo e a sensação (subjetiva) destas diferenças. O estudo dos limiares diferenciais – diferenças apenas perceptíveis – foi assim a área pioneira na concretização do ideal de quantificação em psicologia. Os experimentos de Weber o levaram a postular uma equação que descreve a sensação da diferença como dependente do valor relativo das diferenças reais e não do seu valor absoluto: dR / R = C, em que R é o estímulo-padrão com o que os outros devem ser comparados, dR é o incremento mínimo de R para que a diferença seja percebida, e C é uma constante.

Coube a G.T. Fechner (1801-1887)[15] o mérito de expandir o trabalho experimental de Weber, criando uma nova ciência, a psicofísica, a ciência exata das relações funcionais de dependência entre o mundo físico e o psíquico, em que o evento físico era

---

13. A relação entre o modelo herbartiano e a psicanálise freudiana foi pela primeira vez sugerida por Maria Dorer em 1932. Recentemente o problema mereceu uma nova análise pelo filósofo Paul Laurent Assoun (cf. ASSOUN, P.L. *Introduction à l'epistemologie freudienne*. Paris: Payot, 1981, p. 130-144).

14. Recomenda-se como ilustração do enfoque de Weber o trecho reproduzido em HERRNSTEIN, R.J. & BORING, E.G. (orgs.). *Textos básicos de história da psicologia*. São Paulo: Herder/Edusp, 1971, p. 77-81.

15. Recomenda-se como ilustração do enfoque de Fechner o trecho reproduzido em HERRNSTEIN, R.J. & BORING, E.G. Op. cit., p. 81-91. Em relação à psicofísica como um todo é altamente recomendável a leitura de GARRET, H.E. *Grandes experimentos da psicologia*. São Paulo: Nacional, 1979, p. 451-477.

medido e controlado com os instrumentos da física, e o evento psíquico era indiretamente registrado mediante o relato verbal dos sujeitos experimentais que recebiam como tarefa discriminar da forma mais precisa possível as variações quantitativas a que eram submetidos os estímulos em estudos paramétricos. Destes estudos obtinham-se as equivalências entre as séries de eventos objetivos e as séries de eventos subjetivos. Estas equivalências, observou Fechner, podiam ser expressas numa função logarítmica: S = ClogR, em que S é a sensação, R o estímulo e C uma constante a ser obtida empiricamente. Esta função descreve os *desvios sistemáticos da subjetividade* em relação às mudanças do mundo exterior: enquanto as intensidades do estímulo crescem geometricamente, as sensações correspondentes crescem aritmeticamente. O estudo experimental das sensações permaneceu na segunda metade do século XIX e continua até hoje uma área de pesquisa muito ativa e rigorosa, aonde a matriz nomotética e quantificadora tem produzido alguns de seus melhores resultados. Em acréscimo, a psicofísica tem estimulado áreas adjacentes a adotarem métodos experimentais e de análise semelhantes, o que contribui para a expansão do pensamento matemático na psicologia[16].

Mediante a obra de outro fisiólogo convertido em psicólogo, W. Wundt[17] (1832-1920), a psicologia experimental foi acrescentada de um novo procedimento e de novas preocupações com os estudos da duração dos fenômenos psíquicos. Na origem destes estudos está o fracasso de um astrônomo de Greenwich em registrar com exatidão a passagem dos astros. Após alguns relatos de dificuldades semelhantes em outros observatórios percebeu-se a existência de uma equação pessoal, ou seja, de um desvio sistemático e característico de cada indivíduo entre a ocorrência de um evento no tempo e o registro deste evento. O experimento de "complicação" de Wundt media o tempo decorrido para a atenção transitar de um estímulo visual para um auditivo ou vice-versa. No caso, o sujeito devia dizer em que posição esta-

---

16. A metodologia e as técnicas psicofísicas vieram a influenciar a elaboração de escalas psicométricas, particularmente de instrumentos para mensuração de atitudes.

17. Além dos textos já recomendados acerca de Wundt e da história da matematização da psicologia no século XIX, é recomendável: GARRET, H.E. Op. cit., p. 425-450.

va um pêndulo em relação a uma linha no momento em que soava um clique. Através de instruções a atenção era focalizada, ora no movimento do pêndulo, ora na ocorrência do clique, e os resultados, de fato, revelavam diferenças sistemáticas, atribuídas por Wundt às diferenças induzidas sobre a atenção.

Já no experimento do tempo de reação – idealizado pelo fisiólogo holandês Donders, inspirado no método subtrativo delineado por Helmoltz para medir a velocidade da condução nervosa, e adotado amplamente no laboratório de Wundt, em Leipzig – media-se a velocidade dos processos de discriminação, escolha etc. Começando por situações simples e tornando-as progressivamente mais complexas, no sentido de exigir um maior número de operações mentais, pretendia-se, subtraindo-se o tempo gasto nas tarefas simples do tempo necessário às complexas, medir com precisão a duração de cada uma das operações mentais (discriminação, julgamento, escolha etc.).

Nos delineamentos de Wundt e Donders o objetivo já não era portanto o de estabelecer as equivalências psicofísicas, mas a de medir os fenômenos mentais em si. A obra de Wundt em Leipzig frutificou nos Estados Unidos através de J. McKeen Cattel (1860-1944), que em 1886 publicou a tese *The time taken up by cerebral operations*. Aproximadamente na mesma época, H. Ebbinghaus (1850-1909), outro psicólogo alemão, iniciou o estudo experimental e quantificado da memória associativa[18]. Seu objeto não era o conteúdo da memória, como não eram os conteúdos das sensações, discriminações, escolhas etc., nos trabalhos acima mencionados. Em todos estes casos, como no de Ebbinghaus, o objeto da pesquisa era constituído apenas pelas dimensões formais destes processos, dimensões que se ofereciam à quantificação. É assim que Ebbinghaus busca as leis empíricas – as funções matemáticas – que relacionam a velocidade e a permanência da memorização com (1) o número e (2) a ordem de apresentação, bem como com (3) a quantidade do material a ser memorizado e

---

18. Recomenda-se a leitura, como ilustração do enfoque de Ebbinghaus, do trecho reproduzido em HERRNSTEIN, R.J. & BORING, E.G. Op. cit., p. 639-654. • GARRET, H.E. Op. cit., p. 136-170.

ainda com (4) o tempo decorrido entre os ensaios e o teste de retenção. As medidas da memória e as do tempo de reação e afins indicariam *os limites operacionais da subjetividade.*

Já mais próximo ao final do século XIX, a aprendizagem associativa voltou a ser submetida ao estudo experimental quantificado por E.L. Thorndike (1874-1949)[19] em seus trabalhos com peixes, gatos, pintos, cães e macacos. Thorndike colocava seus animais em situações problemáticas e registrava a velocidade com que eles solucionavam o problema ao longo de uma série de ensaios. A aprendizagem podia então ser facilmente visualizada num gráfico cartesiano em que na abscissa lançavam-se os ensaios sucessivos e na ordenada a duração de cada ensaio, ou a latência da resposta certa, ou o número de erros antes da emissão da resposta correta.

A partir da mesma época, mas numa linha de investigação completamente independente, dois fisiólogos russos, I.P. Pavlov (1849-1936) e W.M. Bechterev (1857-1927)[20] iniciaram o estudo experimental do condicionamento por associação entre estímulos. Suas obras serão apreciadas com mais vagar num próximo capítulo. Assinale-se desde já, porém, que os trabalhos dos russos junto com o de Thorndike estão na origem de toda a psicologia experimental behaviorista nos Estados Unidos e representam o pleno estabelecimento dos procedimentos quantitativos no estudo do comportamento e dos processos mentais.

Ao lado da psicologia experimental desenvolveu-se no final do século XIX um poderoso movimento de psicometria dedicado ao estudo das diferenças individuais, como: função da progenitura, da raça, do sexo e das variáveis ambientais. Neste movimento avultam as figuras do inglês Francis Galton (1822-1911), do ame-

---

19. Recomenda-se a leitura, como ilustração do enfoque de Thorndike, do trecho reproduzido em HERRNSTEIN, R.J. & BORING, E.G. Op. cit., p. 659-672. Convém, igualmente, GARRET, H.E. Op. cit., p. 55-86.

20. Embora a quantificação efetuada pelos russos fosse rudimentar, comparada às outras correntes contemporâneas, deve-se considerar que a objetividade de sua metodologia dependia em grande parte da contagem do número de ocorrências, da magnitude e da latência das respostas reflexas, da contagem do número de ensaios de treino, da contagem de tempo etc.

ricano J. McKeen Cattel e do francês A. Binet (1857-1911)[21]. Com frequência esta psicologia das diferenças individuais – ou psicologia diferencial – estava claramente empenhada em tarefas práticas no âmbito da escola, da indústria e da burocracia civil e militar, classificando e situando os sujeitos em escalas numéricas de acordo com medidas de inteligência geral, capacidades cognitivas específicas, velocidade de aprendizagem e desempenho de diferentes tipos de tarefas. Esta ordenação dos indivíduos era a base da seleção de pessoal, da formação das classes escolares, da assignação do sujeito para a tarefa que mais lhe convinha etc.

Em outros casos a variabilidade individual era estudada com vistas a responder uma questão permanentemente atual na psicologia: quais os pesos da experiência e da natureza biológica na determinação do desenvolvimento individual? Estes estudos da psicologia diferencial, na impossibilidade de empregar de forma sistemática e intensiva a metodologia experimental *stricto sensu*, já que as variáveis independentes não eram facilmente manipuláveis pelo pesquisador, escoraram-se fundamentalmente em controles e procedimentos de análise estatísticos. Por este motivo, a eles coube um papel decisivo na criação dos instrumentos matemáticos e das técnicas de quantificação da psicologia. Foi no contexto destas pesquisas que a estatística forjou, por obra de Galton, os conceitos de correlação e regressão, necessários às análises de fenômenos sujeitos a múltiplas influências. As análises de correlação levaram à descoberta de associações positivas e negativas entre conjuntos de traços psicológicos e comportamentais, criando a possibilidade de se construírem empiricamente categorias abrangentes para a descrição do indivíduo em termos de uma combinação de fatores gerais. A psicologia inglesa é até hoje marcada por esta abordagem, e seu produto mais típico é a análise fatorial da personalidade[22].

---

21. Acerca do movimento psicométrico recomendam-se como ilustração os trechos reproduzidos em HERRNSTEIN, R.J. & BORING, E.G. Op. cit., p. 510-559. • GARRET, H.E. Op. cit., p. 298-330 e 359-398.

22. Acerca da análise fatorial da personalidade e do modelo de comportamento humano subjacente, recomendam-se: KLINE, P. The psychometric model. In: CHAPMAN, A.J. & JONES, D.M. (org.). Op. cit., p. 322-328. • THURSTONE, L.L. "Testing intelligence and aptitudes". *Hygeia*, 53, 1945, p. 32-36.

Não acompanharei o desenvolvimento da psicologia até os dias de hoje, bastando declarar que não arrefeceu em momento algum o impulso nomotético e quantificador[23]. Espero, contudo, que as rápidas menções feitas nesta seção ao início da psicologia científica tornem patente ao leitor o caráter prolífico da matriz: num curto espaço de tempo (aproximadamente 40 anos) emergiram quase todas as variedades da prática psicológica voltada para a formulação de leis gerais e para a quantificação.

3.6 Raízes socioculturais da quantificação psicológica

O que para nós hoje é aceitável como objetivo de uma investigação acerca do homem – a elaboração de leis gerais, formalizadas em linguagem matemática e que descrevam as regularidades dos fenômenos psíquicos e comportamentais, propiciando previsões exatas – soava há não muito tempo atrás como contrassenso, quimera e irreverência diante da natureza especial da subjetividade. A extensão do pensamento nomotético e quantificador ao homem e, em particular, ao sujeito individual, encontrou toda sorte de obstáculos culturais, ideológicos e religiosos, e teve de ser precedida por um longo processo de transformações sociais que, numa certa medida, modelaram uma "natureza humana" ou criaram uma imagem do homem que o tornava um objeto acessível aos procedimentos das ciências naturais.

O desenvolvimento e a universalização da economia mercantil na Idade Moderna teve efeitos profundos sobre as práticas sociais. Em formações sociais dominadas por modos de produção pré-capitalistas as interações sociais do indivíduo com outros indivíduos e com toda a comunidade exibiam um caráter pessoal e imediato. Mesmo a opressão e a exploração envolviam os interatores, exigindo deles a explicitação de suas intenções de domina-

---

23. Uma discussão geral acerca da quantificação em psicologia pode ser encontrada em BREDENKAMP, J. & GRAUMANN, C.F. Possibilidades e limitações dos processos matemáticos nas ciências do comportamento. In: GADAMER, H.G. & VOGLER, P. (orgs.). Op. cit. Vol. 5, p. 34-65. Há também uma apresentação, mais elementar e técnica, em HAYS. *Quantificação em psicologia*. São Paulo: Herder, 1970. Estes dois textos podem ser usados, na medida das possibilidades dos alunos, como material de leitura e discussão complementar para este terceiro capítulo.

ção e exploração, por um lado, e de compromisso, lealdade e reverência, por outro. A dominação era sempre aí a dominação de uma vontade por outra. Naturalmente, a institucionalização destas práticas dependia de um edifício ideológico muito denso e muito bem arquitetado, ao que não se podia admitir a menor fissura. Este edifício legitimava as práticas, mas não escamoteava, antes realçava, o caráter imediatamente pessoal das relações sociais. A economia mercantil universalizada naturalizou as relações sociais, reificadas nas "leis de bronze da economia". O mercado – impessoal movido por regras independentes de cada um dos sujeitos que o frequentam – passa a mediar as interações sociais. A opressão e a exploração desaparecem na trama objetiva das relações de troca e prescindem, seja da intenção expressa de explorar, seja da aceitação expressa da exploração. A legitimação destas práticas é quase automática e se dá no mesmo nível da dinâmica econômica, que se apresenta baseada no princípio da troca de equivalentes. Há os que, possuindo apenas suas forças de trabalho, a alugam no mercado em troca da possibilidade de realizá-las em contato com os meios de produção, que pertencem a outros. Pelo aluguel é pago um preço – o salário; as leis objetivas da oferta e da procura determinam este preço e suas variações. Nada mais honesto. Já não é tão necessária a coesão garantida pela força e pela ideologia, o que resulta na ampliação substancial da liberdade de pensamento; é permitido a cada um ter suas ideias próprias já que, independente do que pense, sua prática será determinada pelas relações objetivas que mantêm com os demais agentes produtivos ou, mais precisamente, pelas relações de propriedade. A desigualdade econômica – que é a desigualdade no acesso aos meios de produção – reproduz-se automaticamente: a força de trabalho alugada realiza um produto que não lhe pertence e que se converterá na capacidade adicional do proprietário alugar mais força de trabalho. Os meios de produção monopolizados apresentam-se como que dotados de uma capacidade endógena de movimento e crescimento. Como a liberdade de pensamento é conquistada ao preço da submissão às leis da economia – que faz as vezes de segunda natureza – abre-se o espaço para uma psicologia como ciência natural nomotética. O determinismo do comportamento e da psique, antes de ser postulado pela ciência e aceito como expressão da verdade, foi *vivido* na sociedade alienada.

A economia mercantil desenvolvida e generalizada altera também a estrutura do fazer. O trabalho concreto, definido pelas suas propriedades particulares de produtor de um bem qualitativamente distinto, ou seja, o trabalho orientado para um consumo específico e imediato (no sentido lógico e não no temporal) é deslocado pelo trabalho abstrato. Este é um processo genérico de dispêndio de tempo e energia, quantificável, e gerador de um valor de troca – um bem que é concebido e fabricado na qualidade de mercadoria e cujo consumo é necessariamente mediado pelo mercado. Os produtos do trabalho abstrato são sempre redutíveis a, e convertíveis em, uma certa quantidade do equivalente universal – dinheiro. Uma atividade produtiva, enquanto trabalho abstrato, só se diferencia de outra em termos quantitativos, supondo-se no mais uma perfeita equivalência, necessária, de resto, como condição de possibilidade da troca sistemática. A produção de um valor de troca, e não mais a produção de um bem material ou simbólico que vale por suas qualidades sensíveis, converte-se no objetivo do trabalho. O cálculo necessário à eficiente articulação das técnicas de transformação para a realização de um produto concreto é dessubstancializado e se formaliza: o que domina agora é o cálculo puramente quantitativo voltado para a estimativa do mercado potencial, para a redução dos gastos, para o aumento da produtividade do trabalho etc.

O submetimento a leis que transcendem as vontades e cognições individuais e a formalização e quantificação que caracterizam o trabalho abstrato manifestam-se da forma mais evidente na prática profissional do burocrata e do operário da linha de montagem. Aqui a dimensão criativa e transformadora do trabalho concreto fica irremediavelmente comprometida; a ação perde todo o significado para o seu sujeito, já que escapa ao seu controle e à sua compreensão; reduz-se a uma forma vazia: a práxis degenera em praxe.

Mas o surgimento da psicologia como ciência natural não está associado apenas à expansão da economia mercantil e ao aprofundamento dos seus reflexos na vida social. Está associado também às crises desta economia que exigirão novas técnicas de controle social, uma intervenção mais ativa do Estado e legitimações para estas formas renovadas de exercício de poder. Como vimos no primeiro capítulo, coube em parte à psicologia o fornecimento de técnicas e de ideologias. Restava mostrar como as práticas sociais criaram as precondições para a aceitação de um tratamento cientificista da subjetividade ao introduzir na vida quotidiana do indivíduo o formalismo, a quantificação e a sujeição às leis supostamente naturais da sociedade. Este tratamento cientificista, por seu turno, devolve à sociedade uma imagem em que estas características da vida quotidiana são fixadas e exibidas como fatos naturais. Não se pode negar o caráter científico de muitas descrições e explicações da psicologia, principalmente daquelas mais profundamente inseridas no campo biológico. Argúi-se, porém, que ao estender a todas as formas e níveis de fenômenos psicológicos e comportamentais o pensamento nomotético e quantificador, o que é um objetivo legítimo, *sem revelar, mediante a reflexão crítica, as origens socioculturais de suas próprias possibilidades de existência*, a psicologia cientificista contribui para a legitimação de práticas sociais e dos interesses correspondentes. Assume, portanto, sem que isto venha a negar seu caráter científico, uma função ideológica. Como teremos oportunidade de ver adiante, é característico de muitos dos produtos das matrizes românticas confundir os dois planos de análise e rejeitar, junto com a ideologia cientificista – conservadora ou progressista – a própria ciência.

4
MATRIZ ATOMICISTA E MECANICISTA

4.1 O problema do movimento

Um dos problemas mais intrigantes e persistentes na história do conhecimento foi o do movimento dos seres inanimados. Do ponto de vista do interesse de previsão e controle, é compreensível que o homem se veja obrigado a dar uma resposta a esta questão: os fenômenos naturais que têm de dominar são, em grande medida, movimentos, e o exercício do domínio implica, frequentemente, a produção de movimentos no mundo físico.

Foi exatamente a sua experiência como produtor de movimentos que forneceu ao homem um primeiro esquematismo para a interpretação dos movimentos em geral. De acordo com esta experiência, todo movimento é interpretado como efeito de uma ação que se exerce sobre o corpo movente. O estado natural dos corpos seria o repouso – este, portanto, não exigiria nenhuma explicação. Já o movimento resultaria de uma atuação exercida sobre o corpo inerte por um agente de outra natureza: um agente animado – real ou imaginário – cuja atividade se modelaria pela do homem como produtor e transformador de movimentos no ambiente que o cerca. É esta, assim, uma explicação antropomórfica.

Durante vários séculos a civilização ocidental aderiu a uma interpretação do movimento elaborada no século III a.C. por Aristóteles e que, apesar de animista, superava o antropomorfismo do senso comum[1]. Aristóteles não negava a existência do *movimento violento*,

---

1. Há excelentes posições concisas da física aristotélica e do conceito de natureza correspondente: COLLINGWOOD, R.G. Op. cit., p. 129-148. • KOYRÉ, A. *Études galiléennes*, p. 17-23.

produzido por um mecanismo, e que obedeceria a uma ação intencional que é estranha ao corpo que se move. Ocorre que este movimento tende a se esgotar rapidamente e não engendra nenhuma tendência a aumentar e a se reproduzir. Ele não pode servir de paradigma para a explicação dos movimentos dos astros, da queda de uma pedra que se desprende do morro, do movimento ascendente da fumaça que é liberada pela matéria em combustão. Estes seriam, de acordo com Aristóteles, *movimentos naturais*: cada corpo é movido na direção do seu lugar natural. O cosmos de Aristóteles é heterogêneo e hierarquizado: há diferentes regiões com qualidades e valores específicos, há diferentes matérias com propensões particulares e há ainda diferentes formas de movimento, sendo que a mais perfeita – a circular – não se extingue jamais. À exceção deste movimento circular, que só pode ser observado nos corpos supraterrenos, os astros, todos os outros movimentos naturais são passageiros e cessam quando o corpo violentamente tirado do seu lugar, ou produzido fora dele, alcança este lugar e repousa. Há, como se vê, a suposição de uma intencionalidade nos movimentos dos corpos inertes, há uma meta; ou para usar o termo aristotélico, há uma *causa final* gerando e dirigindo os movimentos físicos. A natureza em Aristóteles – *a physis* – é sempre uma natureza orgânica cujos movimentos e transformações obedecem a uma força endógena e autodeterminada.

A dinâmica dos movimentos violentos, contudo, permanecia obscura: como, embora tendendo a extinguir-se, o movimento permanecia algum tempo após o corpo separar-se do seu motor, como no arremesso de um projétil? Uma tentativa de explicação recorria à ideia do meio ambiente exercendo uma pressão constante sobre o projétil. Mas a ação do meio era vista por outros exatamente ao contrário, como retardatária do movimento, e não como facilitadora. Impôs-se, finalmente, uma solução, proposta por vários autores medievais, que invocava a impressão da força externa no corpo, que adquiria um *impetus*[2]. O *impetus* era uma potência que impregnava o corpo a partir de sua associação com o motor; era um hábito que se podia acumular e dissipar, proces-

---

2. Acerca da física do *impetus*, cf. KOYRÉ, A. Op. cit., p. 47-60.

sos que, segundo J.B. Benedetti, seriam passíveis de descrição matemática. A física do *impetus* ao final da Idade Média havia crescido a ponto de desalojar a física de Aristóteles, explicando em termos de impulso impresso também os movimentos "naturais". Percebe-se, porém, que a noção de *impetus* é apenas uma variante da noção de ação, e que a física do *impetus* é, em última análise, uma física antropomórfica, uma elaboração do senso comum. A matematização no caso equivale à tentativa, já comentada no capítulo anterior, de buscar a ordem nas aparências.

4.2 As origens na física

Galileu também foi inicialmente um adepto da física do *impetus*, mas, mediante a explicitação e crítica das suas fragilidades, terminou por lançar as bases teóricas da física científica[3]. Galileu, efetivamente, rompeu com Aristóteles e com o senso comum, superando, como se viu no capítulo anterior, o mundo sensível da experiência quotidiana ao conceber o movimento no vácuo. Trata-se de um experimento imaginário – de uma experimentação puramente racional – já que não se pode ver jamais espontaneamente este tipo de movimento, nem haviam na época as condições tecnológicas necessárias para produzi-lo. Este experimento idealizado conduziu-o à lei da inércia (mais tarde formulada por Descartes e incorporada por Newton aos seus axiomas). A lei da inércia atribui o mesmo valor e as mesmas propriedades ao repouso e ao movimento e libera este último da dependência de qualquer motor externo. O movimento é um estado dotado de autonomia. Sua permanência é *automática*. A aceleração, positiva ou negativa, e a direção do movimento, estas sim, serão concebidas como provenientes de fatores causais externos ao corpo, mas o próprio movimento não depende de nenhuma força que o puxe (como uma meta ou como a causa final), ou que o empurre (como uma ação que lhe foi impressa). Os fatores causais da aceleração e da direção serão *causas eficientes*: eventos antecedentes ao movimento e que

---

3. A obra de Galileu foi objeto de inúmeros trabalhos de Alexandre Koyré, já indicados nas notas do capítulo anterior.

lhe condicionam o rumo e a velocidade. O passado determina o presente e este o futuro – este é o conceito da causalidade mecanicista. O encadeamento unidirecional de causas e efeitos pode e deve ser representado na forma de funções matemáticas. Deve, porque a fórmula matemática é a melhor expressão das regularidades; pode, porque ela se aplica ao mundo abstrato e ideal do mensurável e do calculável (as leis da inércia e da queda dos corpos, por exemplo, aplicam-se apenas a corpos ideais em condições ideais); pode, também, porque o universo foi homogeneizado – as regiões qualitativamente diferenciadas de Aristóteles desapareceram e todos os eventos e processos materiais foram reduzidos ao denominador comum do espaço e do tempo, da extensão e do movimento.

A homogeneização do universo e a superação do sensível são tributárias também da atomização do real. Contemporâneos de Galileu e Descartes – os matematizadores – encontramos autores, como Gassendi, Boyle e Hobbes, que ressuscitariam o atomismo grego de Demócrito – este concebia o real como composto de partículas mínimas, em si mesmas invisíveis, que em diferentes combinações produziriam os corpos observáveis[4]. A postulação destes elementos como sendo os realmente objetivos desqualificava a sensibilidade e valorizava a razão como via de acesso ao real. Por outro lado, a existência destes elementos facilitava a redução das diferenças aparentemente qualitativas entre fenômenos observáveis a diferenças puramente quantitativas. De acordo com esta concepção, se o objetivo era representar matematicamente o comportamento dos corpos naturais compostos, devia-se considerar como passo preliminar a postulação das propriedades matemáticas das partículas componentes, sua identificação e mensuração. A análise, teórica e/ou experimental, convertia-se no procedimento básico da ciência. A partir dela pretendia-se deduzir das propriedades matemáticas elementares as formas de combinação dos elementos, de suas influências recíprocas e de seus efeitos no comportamento dos corpos compostos.

---

4. As origens do atomismo na nova física são investigadas por A. Koyré (cf. KOYRÉ, A. "Gassendi et la science de son temps". *Études d'histoire de la pensée scientifique*, p. 284-297).

A mecânica de Newton[5], ápice da física clássica, sintetizou a matematização e a atomização. Para ele o mundo era composto das pequenas partículas de Gassendi, mas era uma sintaxe matemática que as ligava e dava sentido ao livro da natureza. Como diz Bronowski: "Newton construiu seu mundo a partir de desconhecidas partículas reunidas em massas tais como a maçã, a lua, os planetas etc. Na sua perspectiva, esses conjuntos eram todos semelhantes pelo fato de serem constituídos por ínfimas partículas de matéria e em todos elas obedeceram às mesmas leis" (*O senso comum da ciência*). A lei da gravitação foi o coroamento deste modelo de prática científica no caso da mecânica de Newton.

A onipresença das leis e a extensão ilimitada do determinismo engendraram a visão do universo com um grande relógio, imagem em que se condensam as ideias do movimento automático, da perfeição mecânica, do determinismo estrito e da quantificação. Trata-se de uma nova, abrangente e sistemática concepção da natureza que se opõe radicalmente à *physis* aristotélica[6]. Tentarei em seguida traçar um breve painel dos efeitos do prestígio desta cosmovisão e dos procedimentos científicos correspondentes, vale dizer, das repercussões da síntese newtoniana como exemplo de cientificidade e como matriz de teorias e pesquisas em outras áreas do conhecimento.

---

5. A síntese newtoniana é objeto de vários estudos de Koyré, incluídos em KOYRÉ, A. *Études newtoniennes*, dos quais se recomendam particularmente os três primeiros capítulos (p. 9-84); cf. tb. MARCH, A. *La physique moderne et ses théories*. Paris: Gallimard, 1962, p. 16-85. • PRIGOGINE, I. & STENGERS, I. Op. cit., p. 33-113; há uma interessante antologia de textos que atestam o nascimento da concepção mecanicista, a partir de Kepler, em HEISEMBERG, W. *La nature dans la physique contemporaine*. Paris: Gallimard, 1962, p. 82-155. O leitor iniciante pode recorrer a BRONOWSKI, J. *O senso comum da ciência*. Belo Horizonte/São Paulo: Itatiaia/Edusp, 1977, p. 31-41. Também recomenda-se muito BURTT, E. *As bases metafísicas da ciência moderna*. Brasília: UnB, 1983.

6. A contraposição entre os diversos conceitos de natureza subjacentes à física grega e medieval e a física clássica é feita em quase todos os textos mencionados nas notas anteriores, entre os quais se recomenda particularmente, pela clareza da exposição e abrangência, o de Collingwood, que em inglês se chama *The Idea of nature*. Pode-se recorrer, também, a MOSCOVICI, S. *Essai sur l'histoire de la nature*. Paris: Flammarion, 1977, p. 82-98. Uma contraposição entre o aristotelismo e o mecanicismo no campo da biologia pode ser encontrada em GILSON, E. Op. cit., p. 23-78.

4.3 Extensões do atomicismo e do mecanicismo

Na química a análise elementar foi uma constante desde os trabalhos pioneiros de Priestley e Cavendish até a sistematização de Lavoisier[7]. A subdivisão dos elementos em átomos progrediu no século XIX sob a direção de Dalton e Mendeleiev. Em outras palavras, nesta ciência a índole analítica é como uma marca registrada e vem levando a decomposições – no plano teórico e experimental – cada vez mais precisas. Não obstante, veio mais tarde de caber à química uma importante contribuição ao antielementarismo e ao antimecanicismo na medida em que mostrou a importância das *configurações* e das *sínteses originais* na determinação das propriedades das diferentes substâncias. Efetivamente, a química é testemunha das transformações de qualidade produzidas por diferenças estruturais. Contudo, ao final do século XIX, ainda era o procedimento analítico da química, e não seus resultados que punham em questão o atomicismo físico, que servia de guia e exemplo para as demais ciências, entre as quais a psicologia.

Nas ciências biológicas o atomismo insinuou-se através da anatomia, e particularmente da anatomia microscópica que no século XIX resultou na teoria celular de Schwann e Virchow[8]. Mas muito antes do atomismo anatômico conquistar *status* científico, como um reflexo do atomismo físico ele já penetrara na imaginação de muitos estudiosos, como o atestam vários trechos

---

7. Lavoisier, ao lado de físicos, médicos e filósofos, era um dos "ideólogos", ou seja, um dos sábios que no século XVIII se unificaram num mesmo projeto de ciência materialista, mecanicista e analítico. As palavras de Destutt de Tracy, um dos líderes da escola, foram assim sintetizadas por um estudioso do período: "O conhecimento da maneira pela qual formamos nossas ideias é a base de todas as ciências [...]. É a análise das ideias que levou aos químicos franceses, ao ilustre Lavoisier e a seus colaboradores, tantos progressos na análise dos corpos. Esta análise é sobretudo necessária para tratar metodicamente as ciências morais e políticas, gramática, lógica, ciência da educação e da instrução, moral e política, e para estabelecê-las sobre fundamentos estáveis" (PICAVET. Les idéologues. Apud GUSDORF, G. *Introduction aus sciences humaines*, p. 272). O texto mostra como a análise era considerada o método universal de ciência e como seu emprego bem-sucedido na química era exibido como testemunho de todas as suas potencialidades.

8. Acerca da presença do pensamento elementarista na anatomia e, particularmente, na eclosão da teoria celular, cf. CANGUILHEM, G. "La théorie cellulaire". In: CANGUILHEM, G. *La connaissance de la vie*. Paris: Vrin, 1980, p. 43-80. O texto de Buffon transcrito no final deste parágrafo é de L'histoire des animaux. Apud CANGUILHEM, G. Op. cit., p. 52.

de autores do século XVII, como Hooke, Malpighi e Grew, do século XVIII, como Lineu e, sobretudo, Buffon, que se expressa assim: "Os animais e as plantas que se podem multiplicar e reproduzir por todas as suas partes são corpos organizados compostos de outros corpos orgânicos semelhantes cuja quantidade nós discernimos a olho, mas cujas partes primitivas só podemos perceber pelo raciocínio". Segundo Buffon era algo semelhante à atração física que mantinha os corpos vivos coesos.

O mecanicismo em fisiologia e medicina está associado à obra dos italianos do século XVII, Borelli, Bellini e Baglivi, e à fisiologia do sistema circulatório do inglês Harvey[9]. A fisiologia e a medicina situam-se nestes autores como dependências da física e da engenharia, o que se revela nas palavras de Baglivi: "Examinai com alguma atenção a economia física do homem: o que lá se encontra? As mandíbulas armadas com dentes não são mais que tenazes; o estômago é apenas uma destilaria; as veias, as artérias e os vasos são tubos hidráulicos; o coração é uma mola [...]" E, de forma concisa, nas de Descartes: "Deus construiu nosso corpo como uma máquina e quis que ele funcionasse como um instrumento universal, operando segundo suas próprias leis".

No estudo dos animais, ao final do século XVII e no XVIII, o mecanicismo já não encontrava nenhum limite, e os maquinismos artificiais capazes de movimentos automáticos eram considerados representações adequadas destes organismos. Mas, no caso do homem, o dualismo prevalecia. O corpo fora desumanizado e seus movimentos involuntários haviam-se tornado objeto da ciência natural mecanicista; proibia-se contudo a extensão deste modelo de inteligibilidade ao espírito, à razão e à vontade[10]. Ao longo do século XVIII o monismo materialista ganhou

---

9. Uma discussão completa acerca do mecanicismo em biologia encontra-se em CANGUILHEM, G. Op. cit., p. 101-127; há também muitas informações em GUSDORF, G. Op. cit., p. 85-94, 113-134. O texto de Baglivi é citado em CANGUILHEM, G. Op. cit., p. 104; o de Descartes é citado em GUSDORF, G. Op. cit., p. 89.

10. O dualismo cartesiano, de enorme importância no desenvolvimento das psicologias contemporâneas, merece uma discussão mais aprofundada que pode se basear nos trechos originais de Descartes reproduzidos em HERRNSTEIN, R.J. & BORING, E.G. Op. cit., p. 334-342, 720-722.

adeptos e promotores, como La Mettrie[11], e durante o século XIX o dualismo perdeu progressivamente terreno, seja para o monismo materialista, como o de Harckel, seja para um monismo duplo aspecto ou paralelista (o "psíquico" e o "físico" são as duas faces de uma mesma moeda), seja para o empirismo crítico, como o de E. Mach, que rechaça como metafísica vã a problemática ontológica em defesa de uma ciência da "experiência". Em qualquer destes casos, todavia, justificava-se a extensão do mecanicismo e do atomicismo a todas as manifestações vitais do homem.

Antes de considerar as repercussões do elementarismo (ou atomismo) e do mecanicismo na formação da psicologia científica, cumpre mencionar uma manifestação da matriz na teoria do conhecimento que foi de imensa importância para a psicologia. Refiro-me à tentativa de reduzir o conhecimento e, em geral, os fenômenos mentais, a uma combinação de elementos primitivos[12]. A experiência era decomposta em sensações e ideias simples e a síntese era um efeito mecânico de combinações reguladas pelas leis da *associação* das ideias. Desde o século XVIII, com a obra de Hume, pode-se discernir uma tradição filosófica e de psicologia especulativa marcada pelo espírito analítico e pela ambição de construir uma mecânica do pensamento. Grande parte dos autores desta tradição dedicaram-se a formular as leis da associação, às vezes em termos qualitativos – como nas noções de semelhança e causa e efeito – às vezes em termos puramente quantitativos, ou pelo menos quantificáveis – como nas noções de contiguidade espacial e temporal, frequência de associações etc. Registre-se aqui também a tentativa herbartiana de elaborar uma mecânica mental matemática – cujos átomos eram as representações – mas faltavam a ela, como já se viu no capítulo anterior, referenciais empíricos[13].

---

11. A tentativa, sempre renovada e sempre contestada, de dissolução do dualismo psico-físico na direção de um monismo materialista pode ser ilustrada com o texto de La Mettrie reproduzido em HERRNSTEIN, R.J. & BORING, E.G. Op. cit., p. 334-342.

12. Acerca do empiricismo associacionista e de suas relações com a física mecanicista, cf. GUSDORF, G. Op. cit., p. 163-179; sobre o desenvolvimento do método analítico aplicado à teoria do conhecimento, cf. na mesma obra, p. 281-292, o capítulo dedicado ao método ideológico. Os textos reproduzidos em HERRNSTEIN, R.J. & BORING, E.G. Op. cit., p. 406-463, são recomendados para leitura e discussão.

13. O elementarismo de Herbart é apenas parcial, pois ele sustentava a unidade e indivisibilidade da alma, o que eliminava a possibilidade de uma psicologia experimental. Os elementos da sua mecânica mental não teriam assim existência real, mas seriam abstrações ideais.

4.4 Atomicismo e mecanicismo na psicologia

Na psicologia o atomicismo inspirou os projetos de decomposição da vida psíquica – na continuação direta da tradição filosófica que vem de ser mencionada, e de decomposição do fluxo comportamental – em continuação à tradição fisiológica e anatômica que tinha como tema a atividade reflexa involuntária.

A orientação elementarista na descrição da vida mental encontrou seu ponto culminante na obra filosófico-psicológica do físico E. Mach (1838-1916) e na obra psicológica e experimental de um discípulo inglês de Wundt, E.B. Titchener (1867-1927)[14]. Para ambos a matéria-prima de todas as ciências é a experiência, ou, mais precisamente, os elementos da experiência – os átomos de consciência que são as sensações. Enquanto as ciências naturais estudam estes elementos procurando instaurar uma ordem objetiva entre eles, a psicologia estudá-los-á no contexto da consciência, ou seja, a psicologia terá como objeto os elementos da experiência nas suas relações de dependência com o organismo que os experimenta. A tarefa da psicologia científica será então para Titchener, em grande parte, a identificação destes elementos mediante uma introspecção controlada e altamente treinada para evitar o "erro de estímulo". Este é o nome do erro que consiste em relatar algo a respeito do objeto – necessariamente composto e organizado com base na experiência prévia do sujeito – ao invés de relatar apenas e discriminadamente as sensações simples e primitivas que a experiência oferece. Além de aos elementos sensoriais, a análise deveria ser aplicada também aos elementos afetivos e volitivos. Estas áreas, contudo, nunca se prestaram docilmente a este tipo de abordagem, motivo por que a pesquisa experimental de Titchener, apesar das pretensões abrangentes e sistemáticas, caracteriza-se mais como a continuação da psicofísica do que da psicologia de Wundt, que é bem mais complexa, menos elementarista e, por assim dizer, mais "psicológica"[15].

---

14. Recomenda-se a leitura de HERRNSTEIN, R.J. & BORING, E.G. Op. cit., p. 70-71, 738-747.

15. Acerca da diferença entre Wundt e Titchener, cf. DANZIGER, K. "The positivist repudiation of Wundt". *Journal of the History of Behavioral Sciences*, 15, 1979, p. 205-230.
• LEAHEY, T.H. "The mistaken mirror: on Wundt's and Titchener's psychologies". *Journal of the History of Behavioral Sciences*, 17, 1981, p. 273-282.

O atomismo, acrescido da ênfase mecanicista nas leis da associação, está presente também na obra já mencionada de Ebbinghaus sobre a memória. Efetivamente o grande mérito de Ebbinghaus foi o de ter iniciado a experimentação acerca das leis que presidem a associação entre ideias. O material a ser memorizado era um material atomizado – sílabas, de três letras, sem sentido. Presumivelmente, o processo de associação destes elementos simples daria a chave para a explicação de todas as formas complexas de atividade mental.

O atomismo na decomposição do fluxo comportamental e o mecanicismo na explicação de processos psicológicos estão historicamente associados à formação do conceito de reflexo, processo que se concluiu, no fundamental, na primeira metade do século XIX[16]. Neste momento a anatomia e a fisiologia do arco-reflexo estavam suficientemente conhecidas para que o reflexo pudesse ser apresentado como a unidade elementar de todo comportamento, voluntário e involuntário, como o fez, por exemplo, o russo Sechenov (1829-1905)[17]. O comportamento complexo e contínuo deveria, portanto, ser analisado de forma a que se identificassem seus elementos – a sucessão de estímulos e respostas. O movimento reflexo era – no caso dos movimentos característicos dos seres vivos – o protótipo do movimento automático e mecânico. A esta rigidez Bechterev e Pavlov[18] acrescentaram uma fonte de plasticidade, concebida ela mesma, porém, sob a forma de um mecanicismo rígido: o condicionamento por associação entre estímulos, que resulta na aquisição, por parte de um estímulo, da capacidade de eliciar a resposta anteriormente deflagrada por outro. Os estudos de Pavlov, principalmente, são a contraparte fisiologi-

---

16. A história da formação do conceito de reflexo é contada detalhadamente por CANGUILHEM, G. *La formation du concept de réflexe aux XVIIe et XVIIIe siècles*. Paris: Vrin, 1977. O desenvolvimento da reflexologia no século XIX mereceu outro estudo do mesmo autor: CANGUILHEM, G. "Le concep de réflexe au XIXe siècle". *Études d'histoire et de philosophie des sciences*. Paris: Vrin, 1968, p. 295-304.

17. Recomenda-se a leitura do texto de Sechenov reproduzido em HERRNSTEIN, R.J. & BORING, E.G. Op. cit., p. 377-394.

18. O mecanicismo reflexológico e o associacionismo dos autores russos podem ser bem captados em BECHTEREV, W. *La psicología objectiva*. Buenos Aires: Paidós, 1953, p. 11-22. • PAVLOV, I.P. *Conditioned reflexes*. Londres: Dover, 1960, p. 1-15.

zante e mais rigorosa dos estudos experimentais da associação iniciados por Ebbinghaus.

Algumas das versões do behaviorismo americano são parcialmente tributárias da reflexologia, colocando-se assim dentro da tradição atomista e mecanicista. O pensamento de J.B. Watson (1878-1958), o de C.L. Hull (1884-1952) e o de E.R. Guthrie (1886-1959), entre outros, exibem claras marcas desta matriz, sendo que nos três percebe-se uma oscilação entre o atomismo mecanicista e o organicismo funcionalista[19]. Guthrie, porém, é uma expressão relativamente pura do mecanicismo: a aprendizagem para ele é um processo mecânico de associação entre estímulo e resposta baseado na simples contiguidade. A resposta, por seu turno, é conceituada como simples movimento, e não como uma ação do organismo. Todos os processos comportamentais são assim reduzidos a automatismos que excluem qualquer menção a intenções e propósitos. Em sua maioria, contudo, os demais autores behavioristas se afastam do atomismo estrito, preconizando e implementando – de forma nem sempre consistente, é verdade – análises molares do comportamento. Afastam-se também do mecanicismo, aderindo a explicações funcionais da aprendizagem baseadas nos efeitos do sucesso e do fracasso adaptativo das respostas[20]. Embora a exclusão do discurso científico, por motivos metodológicos ou metateóricos, de conceitos mentalistas promova uma visão do comportamento e da aprendizagem como processos automáticos, a necessidade, de um lado, e a influência do funcionalismo, de outro, levaram à postulação de variáveis organísmicas – motivacionais e cognitivas – que reduzem bastante o automatismo comportamental. A existência de condutas motivadas e de instâncias de escolha e decisão são incompatíveis com a imagem de passividade e pura reatividade gera-

---

19. A oscilação entre o mecanicismo elementarista e o funcionalismo em vários representantes do behaviorismo é comentada em: FIGUEIREDO, L.C. "Alguns reflexos da Teoria da Evolução no desenvolvimento da psicologia como ciência biológica". *Psicologia*, 4, 1978, p. 19-37. • FIGUEIREDO, L.C. "História dos estudos da aprendizagem associativa: uma tentativa de interpretação". *Psicologia*, 6, 1980, p. 1-23. • KITCHENER, R.F. "Behavior and Behaviorismo". *Behaviorism*, 5, 1977, p. 11-71.

20. A oposição entre explicações mecanicistas e explicações baseadas no controle pelas consequências (fracasso e sucesso) será aprofundada no próximo capítulo.

da pela matriz mecanicista. Não se pode assim concordar com a ideia, amplamente divulgada, que associa o behaviorismo, fundamentalmente, ao mecanicismo e ao atomicismo. De qualquer forma, a sobrevivência de vestígios elementaristas e mecanicistas na psicologia behaviorista exigirá que no próximo capítulo uma atenção especial seja dada às combinações das duas matrizes.

4.5 Raízes socioculturais

As raízes socioculturais do atomismo e do mecanicismo em psicologia vamo-las encontrar na organização social e técnica do trabalho industrial. O simples prestígio da mecânica newtoniana e das bem-sucedidas aplicações de seus procedimentos a outras áreas do saber não explicam a importação do modelo pela psicologia. Ao contrário: é necessário que práticas sociais institucionalizadas criem as condições para que o "funcionamento" do sujeito seja equiparado aos processos impessoais e padronizados da natureza inanimada e às formas de movimento – articuladas mecanicamente – das máquinas.

Convém, de início, assinalar que o atomismo e o mecanicismo se manifestaram nos primórdios da psicologia industrial, naquela fase caracterizada pela ênfase na racionalização do trabalho, e que aí não se pode falar tanto em efeito da matriz teórica e metodológica como em resposta às exigências da divisão social e técnica do trabalho. Como se sabe, a "gerência científica" foi obra de engenharia da produção e de administração mais que de psicologia: Taylor e Fayol, ainda no final do século XIX, e Ford, no século XX, eram homens da produção, práticos e experientes antes de serem os teóricos da racionalização. Não se deve esquecer, porém, que muitos psicólogos experimentalistas já nesta fase viam como possível e desejável colaborar para a adaptação do homem à máquina e à linha de montagem. É assim que Hugo Munsterberg, ex-discípulo de Wundt, dedicou-se, entre outros, à criação de uma psicologia industrial científica, para a qual ele trouxe a bagagem técnica da psicologia científica, como a confecção e aplicação de testes, o experimento do tempo de reação, os métodos psicofísicos etc. A racionalização perseguida pela gerência científica visa a eliminação dos movimentos inúteis, a eliminação do tempo desperdiçado e a redução do desgaste: o modelo e o guia para o funcionamento do trabalhador devem ser o funcionamento da máquina, que na verdade é quem toma as iniciativas no processo produtivo. O trabalho, com vistas à maior produtividade, é parcelarizado: cada operação é decomposta em seus mínimos elementos e cada um dos movimentos atômicos transforma-se numa rotina codificável, num conjunto reduzido de regras; o treinamento para a execução de um dado conjunto de movimentos anula as diferenças individuais e as variações dependentes de mudanças no estado subjetivo do trabalhador; a codificação permite, ainda, uma avaliação absolutamente objetiva do desempenho da tarefa. A tarefa de cada trabalhador adquire um caráter simples e repetitivo; seus movimentos são planejados, treinados e executados com a perfeição do cronômetro. A intencionalidade da produção, que assegura a coesão e a articulação funcional das tarefas parcelarizadas, é monopolizada pelo representante técnico do proprietário dos bens de produção: o engenheiro e o administrador. Ora, esta separação grotesca do trabalho intelectual em relação ao manual é mais nítida na linha de montagem, mas não é um privilégio dela. É uma característica de toda organização burocratizada e hierarquizada, tal como a que se desenvolveu celeremente nos períodos de crise econômica e social em que o Estado passou a intervir sistematicamente na vida da sociedade. O aprofundamento da divisão entre o trabalho intelectual e o trabalho manual – ou, dito de forma mais generalizada: entre as funções de gestão e as de execução – traz para a experiência quotidiana a vivência da prática mecanizada, do movimento que assume o lugar da *conduta*. É esta vivência, junto com sua contrapartida – a desvalorização da consciência como fator causal – que prepara o terreno para a aceitação de explicações mecanicistas em psicologia.

Mas este terreno nunca fica totalmente aplainado; tem havido permanentemente uma forte resistência ao mecanicismo que, ora gerada dentro dos próprios quadros das ciências naturais – como a matriz funcionalista – ora gerada nos quadros das ciências humanas e da filosofia, sempre corresponde, no plano teórico, às resistências que a própria prática social engendra.

5
MATRIZ FUNCIONALISTA E ORGANICISTA NA PSICOLOGIA AMERICANA

5.1 Limites do atomicismo e do mecanicismo

O imperialismo da matriz mecanicista e atomista sobre o estudo dos seres vivos encontrou uma resistência permanente e insidiosa. Três fenômenos característicos dos seres vivos – e no universo dos eventos naturais apenas deles – desafiaram o poder compreensivo do mecanicismo e os procedimentos analíticos atomicistas: a reprodução, o desenvolvimento e a autoconservação. Nenhum ser inanimado reproduz-se e nenhuma máquina constrói outra máquina que se lhe assemelhe; uma máquina não se monta sozinha; finalmente, a máquina estragada não se conserta nem tem a capacidade de se modificar de forma a se manter em funcionamento apesar das variações do meio ambiente.

A existência destes fenômenos indica uma especificidade dos seres vivos que aponta para algo "dentro" deles: superficialmente o ser vivo é matéria tão acessível como qualquer outra aos procedimentos da física e da engenharia. A reprodução, o desenvolvimento e a autoconservação, porém, sugerem a existência, por debaixo da superfície observável, para lá da pura anatomia, de processos e mecanismos *sui generis*. A intuição destes processos e mecanismos alimentou o vitalismo ao longo dos séculos XVII, XVIII e XIX. "A denominação de vitalismo convém, aproximadamente (durante o século XVIII) [...] a toda biologia ciosa da sua independência diante das ambições anexionistas das ciências da matéria", como diz Canguilhem[1]. À falta de uma interpretação científica condizente com a natureza dos fenômenos vitais, os autores vitalistas recorriam a um "princípio vital", a uma "virtude natural", ou que outro nome dessem, que seria o fator responsável pela manutenção, florescimento e multiplicação da vida. Ao final do século XVIII e durante o XIX criaram-se as disciplinas, que ao enfocar e explicar estes fenômenos cientificamente – materialisticamente –, resguardando, porém, a sua especificidade metodológica, unificaram os estudos dos seres vivos numa nova ciência: a biologia. Através destas novas disciplinas surgiram e conquistaram um lugar na cidade científica os conceitos de "organismo", "função", "evolução" e "desenvolvimento".

5.2 Função, estrutura e gênese

Os conceitos de organismo e função aparecem como decisivos em toda a biologia: na anatomia comparada e na paleontologia, na fisiologia dos mecanismos de autorregulação, na embriologia e na biologia evolutiva; os conceitos genéticos são mais enfatizados nas duas últimas.

A anatomia comparada e a paleontologia, que tiveram em Cuvier[2] o seu grande mestre, com base na comparação sistemática entre as espécies animais, produziram uma imagem dos seres vivos como *estruturas hierarquizadas e funcionais*, proporcionando aos indivíduos de cada espécie uma adaptação ótima que ficaria comprometida por qualquer alteração em suas partes componentes: "Todos os órgãos de um mesmo animal formam um sistema único em que todas as partes se sustentam, atuam e reagem umas às outras, não podendo haver modificações numa delas que não acarretem análogas nas outras", afirma Cuvier. A excelência das adaptações é fundada na perfeição do plano organizador do

---

1. Cf. CANGUILHEM, G. "Aspects du vitalisme". CANGUILHEM, G. *La connaissance de la vie*. Paris: Vrin, p. 83-101.

2. Acerca de Cuvier, cf. FOUCAULT, M. Op. cit., p. 344-366. O trecho citado é do *Rapport historique sur l'état des sciences naturelles*. Apud FOUCAULT, M. Op. cit., p. 347.

animal, na sua extraordinariamente complexa e ajustada estrutura orgânica.

A fisiologia dos mecanismos de autorregulação teve em Claude Bernard[3] o seu maior expoente. Estes mecanismos são os responsáveis pela manutenção da vida diante das modificações ambientais. Claude Bernard, elaborando o conceito de "meio interno", enfatizou a "profundidade" dos fenômenos vitais: a autoconservação não é fenômeno de superfície, e o que se vê a olho nu – a estabilidade e a permanência da vida – precisa ser entendido em termos de manutenção do meio interno, mediante *processos fisiológicos de caráter compensatório* que fazem frente às carências e injúrias do ambiente externo. Afirma Bernard: "A função biológica é uma série de atos ou fenômenos agrupados, harmonizados com vistas a um resultado determinado". A imagem, portanto, é a do ser vivo plástico, adaptativo, participando ativamente do processo de equilibração em suas interações com o meio. Mais tarde, Cannon[4] consagrou o termo "homeostase" para referir-se a este gênero de fenômeno.

A plasticidade será, naturalmente, ainda mais sublinhada quando se colocam em tela o desenvolvimento e a evolução. No século XVIII duas teorias competiam pela explicação do desenvolvimento ontogenético[5]. Uma, mecanicista, reduzia o desenvolvimento ao crescimento quantitativo. Era adotada por sábios como Bonnet, Malpighi e von Haller. Para eles o ser já era concebido e nascia com sua forma definitiva – era pré-formado. A teoria conduzia a dificuldades insuperáveis para a explicação das gerações sucessivas, já que supunha no ponto de partida (Eva?) o

---

3. Acerca de Bernard e, em geral, da fisiologia da autorregulação, cf. CANGUILHEM, G. "La formation du concept de régulation biologique aus XVIIIe et XIXe siècles". *Idéologie et rationalité*. Paris: Vrin, 1977, p. 81-99. O texto de Bernard é: *Lições sobre os fenômenos vitais comuns aos animais e aos vegetais*. Obra que foi reeditada em 1966 pela Libraire Philosophique J. Vrin, p. 397.

4. Cf. CANNON, W.B. *The wisdom of the body*. Londres: Norton, 1932.

5. Acerca da oposição entre pré-formacionistas e epigeneticistas no desenvolvimento da embriologia, cf. CURY, G. & ARON, J.P. Genèse et structure en biologie. In: CANDILLAC, M.; GOLDMAN, L. & PIAGET, J. (orgs.). Op. cit., p. 63-78. Uma interpretação original e muito interessante desta controvérsia está em GOULD, S.J. *Ever since Darwin* – Reflections in natural history. Harmondsworth: Penguin, 1977, p. 201-206.

armazenamento de toda a multidão de seus descendentes, uns dentro dos outros. Além disso a teoria não se sustentava diante das evidências microscópicas. A outra teoria, esposada por Wolff, e que no século XIX se firmou com von Baer, era chamada epigeneticista. De acordo com ela, o desenvolvimento é concebido como um processo de *diferenciação* autorregulado em que partes do organismo exercem um controle sobre o crescimento de outras. Temos, portanto, também aqui as ideias de integração e hierarquização funcionais enfocadas, porém, como causas e como efeitos de uma história; em outras palavras: a dimensão estrutural é intersectada pela dimensão temporal.

A biologia evolutiva manifestou-se através de duas versões e, embora uma delas hoje esteja descartada, durante todo o século XIX ambas exerceram grande influência[6]. A primeira versão foi elaborada por Lamarck: (1) mudanças no ambiente (2) criam novas necessidades que (3) levam o animal a desenvolver novos hábitos que (4) envolvendo o uso intensificado ou o desuso de órgãos fazem com que (5) estes se desenvolvam ou se atrofiem. Estas modificações adquiridas (6) seriam transmitidas hereditariamente e, junto com as novas formas que a vida espontaneamente engendra, dariam a direção do processo evolutivo. A segunda versão, a de Darwin, atribui importância decisiva à seleção natural exercida sobre as variações geradas em nível de reprodução biológica. A reprodução, segundo Darwin – o que foi cientifi-

---

6. Acerca das teorias evolucionistas a literatura é imensa e, sempre que possível, convém ler pelo menos alguns capítulos do texto básico de DARWIN, C. *The origin of species*. Harmondsworth: Penguin, p. 114-172. O leitor pode recorrer também ao trecho desta obra reproduzido em HERRNSTEIN, R.J. & BORING, E.G. Op. cit., p. 503-510. Há ainda belas exposições como as de CANGUILHEM, G. Les concepts de lutte pour l'existence et de sélection naturelle en 1858: Charles Darwin et A.R. Wallace. In: CANGUILHEM, G. *Études d'histoire et de philosophie des sciences*, p. 99-110. Num outro texto o mesmo autor contrapõe Lamarck e Darwin em termos das relações postuladas por cada um entre o organismo e seu ambiente: Le vivant et son milieu. Em: CANGUILHEM, G. *La Connaissance de la vie*, p. 129-138. Uma introdução histórica e sistemática ao evolucionismo, atualizada e tecnicamente muito bem expressa, pode ser encontrada em SMITH, J.M. *The theory of evolution*. Harmondsworth: Penguin, 1975. As relações da teoria de evolução com a psicologia são discutidas em FIGUEIREDO, L.C. "Alguns reflexos de Teoria da Evolução no desenvolvimento da psicologia como ciência biológica". *Psicologia*, 4, 1978, p. 19-37. • GRUBER, H.E. Darwin on psychology and its relation to evolutionary thought. In: RIBER, R.W. & SALZINGER, K. Op. cit., p. 145-174.

camente comprovado e explicado por Mendel – não gera o idêntico, mas o semelhante. Sobre a variabilidade dos organismos individuais é que operará a seleção baseada na competição por fontes de nutrientes, por territórios propícios à autodefesa, por parceiros sexuais etc. Os indivíduos mais bem equipados para obter os territórios e os materiais necessários à sua defesa e sustento e mais bem preparados para ter acesso ao parceiro sexual e cuidar da prole deixarão maior progênie. Os menos bem equipados não sobreviverão e, mesmo sobrevivendo, não deixarão muitos descendentes. Ora, como os descendentes não são iguais, mas são parecidos com seus pais, a espécie se transformará na direção daqueles indivíduos mais adaptados, ou seja, daqueles indivíduos cujos traços morfológicos e comportamentais estejam organizados na forma mais funcional. Convém assinalar que na teoria da seleção natural e sexual a diferenciação e a extinção das espécies pode ocorrer independentemente de qualquer mudança no ambiente físico, embora estas mudanças possam também ser determinantes do processo evolutivo. O crítico, contudo, costuma ser a *relação* entre os organismos, sejam eles da mesma espécie, sejam de espécies diferentes, mas competindo pelos mesmos recursos naturais, sejam ainda de espécies diferentes, mas integrando a mesma cadeia trófica. A questão, via de regra, não é a de ser ou não adaptado às condições naturais em termos absolutos, mas o de ser o mais adaptado em comparação com os outros animais.

Todas as disciplinas biológicas, como vimos, estabelecem-se sobre o conceito de adaptação. A biologia constitui-se, assim, recuperando de certa forma a causa final aristotélica que fora alijada do discurso científico pela física moderna. Uma causalidade teleonômica passa a figurar ao lado da eficiente. Explicar um fenômeno biológico corresponde, em primeiro lugar, a identificar as suas funções. A análise causal dos mecanismos acompanha e está logicamente subordinada à análise funcional voltada para os efeitos adaptativos. Estes efeitos, de um lado, contribuem para o efeito global que é a manutenção e reprodução do organismo; por outro, o efeito de cada órgão ou de cada comportamento depende dos efeitos do conjunto dos demais órgãos e comportamentos. A noção de organismo aparece, portanto, no início e no final da análise:

o aprofundamento da análise de uma função depende da análise de outras que lhe são complementares; não pode haver um período inicial dedicado apenas à análise e à identificação dos elementos mínimos que seria então sucedido por outro, dedicado à síntese destes elementos. O funcionamento global é pressuposto em todas as operações analíticas. Nesta medida a *análise funcional é sempre e necessariamente uma análise sistêmica e estrutural.* Por outro lado, o fato da adaptação ser um processo, dotado de um equivalente da intencionalidade – o que é apreendido pela ideia de autorregulação – e que neste processo o organismo se modifica – o que é captado pelas ideias de desenvolvimento e evolução – conduz necessariamente à incorporação da dimensão temporal fazendo com que a *análise funcional se torne também uma análise genética.* Função, estrutura e gênese são os conceitos que caracterizarão a biologia.

Este conjunto de noções veio encontrar expressão na Teoria dos Sistemas Abertos[7] que fornece o modelo formal das interações adaptativas dos seres vivos com seus ambientes. De acordo com este modelo, a adaptação é a meta continuamente perseguida pelo ser vivo mediante a coordenação de atividades equifinalizadas e submetidas ao controle de suas próprias consequências por via de um fluxo constante de retroinformação. Deste modelo emerge a ideia do "equilíbrio" como um estado de relativa estabilidade, que é ativamente procurado, mantido e, quando necessário, recuperado através da autorregulação fisiológica, do desenvolvimento ontogenético (crescimento, diferenciação, aprendizagem etc.) e da evolução filogenética.

---

7. Acerca da Teoria dos Sistemas Abertos e sua aplicação à biologia, cf. BERTALANFFY, L. von. "The theory of open systems in physics and biology". *Science*, 111, 1950, p. 23-29. • SOMMERHOFF, G. The abstract characteristics of living systems. In: EMERY, F.E. (org.). *Systems thinking.* Harmondsworth: Penguin, 1969, p. 147-202. Este longo artigo de Sommerhoff é extremamente claro e abrangente, sendo sua leitura e discussão recomendadas caso haja interesse em aprofundar estas formalizações do funcionalismo. Num outro nível, o da filosofia da ciência, a formalização da explicação funcional é discutida em NAGEL, E. "The structure of teleological explanation". *The structure of science.* Londres/Harcourt: Brace/Routledge & Kegan Paul, 1961, p. 409-424.

5.3 Os reflexos do funcionalismo na psicologia

A presença da matriz funcionalista e organicista na psicologia manifesta-se no plano ontológico e no metodológico. Em termos da caracterização dos seus objetos, praticamente toda a psicologia que se pretende uma ciência natural adota um modelo instrumentalista dos fenômenos mentais e comportamentais. Percepção, memória, pensamento, afetividade, motivação, aprendizagem etc. são concebidos como processos orientados para a adaptação – conceito que na psicologia é suficientemente amplo para admitir as mais variadas interpretações, mas que em todas aponta para uma intencionalidade que pode ser consciente ou puramente objetiva, manifesta ou totalmente encoberta. Ao nível metodológico toda a psicologia de inspiração funcionalista e organicista se caracteriza pelas tentativas de produzir conhecimentos que integrem as análises funcionais, estruturais e genéticas.

Contudo, em decorrência da própria amplidão das suas manifestações no campo da psicologia, encontramos também uma enorme diversificação do legado funcionalista e organicista. O panorama torna-se sobremaneira confuso devido às influências cruzadas do funcionalismo com vestígios do mecanicismo e do atomismo, como ocorre, por exemplo, na psicologia da aprendizagem norte-americana, fazendo com que a dimensão estrutural, embora não seja eliminada, permaneça dissimulada e em segundo plano. Cabe, por isso, analisar quase que autor por autor, de forma a descrever com alguma fidelidade a versão de psicologia funcional que elabora. A seguir tentarei uma apresentação sintética das principais correntes da psicologia de inspiração funcionalista e organicista.

5.4 O movimento da psicologia funcional

A referência inicial e obrigatória é a chamada psicologia funcional[8] que se desenvolveu nos Estados Unidos no final do século XIX e início do XX. Representantes notáveis desta corrente são J. Dewey (1859-1952), J. Angell (1869-1949), J.M. Baldwin (1861-

---

8. Recomenda-se a leitura dos textos de James, Dewey e Angell, reproduzidos em HERRNSTEIN, R.J. & BORING, E.G. Op. cit., p. 754-756, 596-611, 394-399, 617-626.

1934) e, como grande precursor, William James (1842-1910). Nestes autores encontramos em estado puro os ingredientes fundamentais do funcionalismo biológico. Para eles, os seres vivos ao se comportarem exibem uma intencionalidade que pode ser objetivamente caracterizada: seus comportamentos distinguem-se claramente dos movimentos mecânicos dos seres inertes por serem articulados e hierarquizados visando uma meta e por estarem submetidos a sistemas de autorregulação que garantem a persecução da meta diante de resistências interpostas pelo ambiente. Os comportamentos não são movimentos – são *operações*. A mesma categoria se aplica aos fenômenos mentais: a consciência, por exemplo, é uma operação seletiva e autorreguladora das táticas comportamentais. Uma operação pressupõe um interesse e a identificação dos interesses corresponde à análise funcional dos processos psicológicos e comportamentais. Esta identificação reclama o estudo das funções em situação natural que é aonde os interesses podem se manifestar na produção de seus resultados adaptativos.

O estudo destas operações mentais e comportamentais se opõe à análise atomística proposta pela reflexologia e pelo elementarismo de Titchener e Mach. Esta forma de análise desagrega e descaracteriza os fenômenos psicológicos. A oposição ao atomismo – com a decorrente defesa de análises molares e sistêmicas – liga o pensamento dos funcionalistas à tradição estrutural derivada da filosofia de Kant. Aqui, porém, as estruturas transcendentais são naturalizadas e seu caráter apriorístico é matizado no sentido de que são interpretados em termos de estruturas orgânicas e epistemológicas, frutos de uma história natural e de uma experiência individual. A dimensão temporal das estruturas, no sentido da sua emergência ao longo da história da espécie, será objeto de uma psicologia comparativa tal como a praticada por um discípulo de W. James, E.L. Thorndike, de quem voltarei a falar. Já J.M. Baldwin propôs-se estudar o desenvolvimento das estruturas (hábitos) ao longo da vida de um indivíduo, criando uma psicogenética.

Encontramos assim, no conjunto do movimento da psicologia funcional, a interpenetração das análises funcionais, estruturais e genéticas que é uma característica metodológica básica da matriz funcionalista e organicista.

5.5 A psicologia comparativa

O estudo do comportamento animal com o objetivo de "conhecer o desenvolvimento da vida mental na escala filogenética e buscar a origem da inteligência humana", tal como se expressa Thorndike em 1898, foi iniciada por Darwin e continuada por Romanes (1848-1894), Morgan (1852-1936), Thorndike (1874-1949) e Jennings (1868-1947), para ficar apenas com os pioneiros[9]. A hipótese da continuidade evolutiva de Darwin é o pano de fundo deste projeto de psicologia comparativa, como se depreende do seguinte texto de Jennings: "Dos organismos mais baixos até o homem o comportamento tem um aspecto essencialmente regulador, e o que denominamos inteligência nos animais superiores é um desenvolvimento das mesmas leis que dão ao comportamento dos protozoários o seu caráter regulador". Todo o reino animal é assim unificado na base desta noção nitidamente funcionalista de regulação.

Nas obras de Thorndike e Jennings o modelo evolutivo darwiniano de variação e seleção é mimetizado pelo modelo de aprendizagem por ensaio e erro. Os ensaios bem-sucedidos mantêm-se, enquanto os fracassados desaparecem. A consequência da atividade desempenharia o papel de fator causal na aprendizagem do comportamento instrumental que é o comportamento que intervém no ambiente de forma a solucionar um problema. A grande contribuição de Thorndike no plano metodológico e técnico foi o delineamento dos experimentos em que a solução do problema por ensaio e erro podia ser observada e quantificada. A preocupação com a objetividade das observações e das interpretações, marcante na obra de Morgan e também presente na de Jennings e Thorndike, não impede que nenhum destes autores continue usando, de forma criteriosa e parcimoniosa, conceitos mentalistas. Jennings, por exemplo, afirma: "Geralmente não atribuímos à pedra consciência porque isso não nos ajudaria a compreender ou controlar o comportamento da pedra [...]. De outro lado, usualmente atribuímos consciência ao cão, pois isso

---

9. Recomenda-se a leitura dos textos de Thorndike e Jennings reproduzidos em HERRNSTEIN, R.J. & BORING, E.G. Op. cit., p. 583-594, 672.

é útil: do ponto de vista prático nos permite observar, antecipar e controlar suas ações muito mais facilmente do que faríamos de outro modo". O texto é precioso ao expressar o funcionalismo no plano da filosofia da ciência. Nesta, a ideia da utilidade – característica, de resto, de todas as ciências naturais – adquire uma posição de realce que coloca de lado a "procura da verdade". A consciência é atribuída, não é "descoberta" ou "analisada", quando esta atribuição torna-se conveniente, e ela se torna conveniente quando o ser cujo comportamento se estuda exibe a capacidade de autorregulação propositiva em suas interações com o meio.

A ênfase na consequência adaptativa do comportamento instrumental expressa-se já no nome da principal lei da aprendizagem, formulada e batizada por Thorndike: a Lei do Efeito. Esta diz que "das várias respostas a uma situação, as que forem acompanhadas ou seguidas de perto pela satisfação do animal ficarão mais firmemente conectadas à situação, de forma que, quando esta retorna, aquelas terão maior probabilidade de ocorrência". O contrário se dá quando uma resposta é seguida de desconforto. Na Lei do Efeito de Thorndike encontramos a influência cruzada do funcionalismo e do mecanicismo associacionista. A dominante, creio, é a do funcionalismo sustentando o modelo de um processo autorregulado sob o controle seletivo das consequências do comportamento. Esta formulação em estado puro, porém, só aparecerá bem mais tarde com Skinner. De acordo com ela, a aprendizagem torna-se essencialmente um processo de eliminação do erro (o que é sublinhado por Staddon e Simmelhag num artigo já clássico sobre aprendizagem e adaptação, e em toda a epistemologia evolutiva de Karl R. Popper)[10]. Em Thorndike, porém, a tradição associacionista engendra a noção de *stamping in,* que é um processo automático de conexão entre situação ambiente e resposta consequenciada. A consequência selecionaria respostas fortalecendo ou enfraquecendo associações entre complexos de estímulos (a situação-problema) e respostas particulares, por onde se introduz, parcialmente, o atomismo. Como estas

---

10. Cf. STADDON, J.E.R. & SIMMELHAG, V.L. "The superstition experiment: a reexamination of its implication for the principles of adaptive behavior". *Psychological Review*, 78, 1971, p. 3-43. • POPPER, K.R. *Conhecimento objetivo*, p. 41-107.

respostas, entretanto, não são concebidas na forma de movimentos simples e mecânicos, mas de ações, em que uma série de movimentos sucessivos se articulam para a produção de uma consequência, o enfoque estrutural subsiste ainda que de forma dissimulada. A coordenação dos movimentos num hábito motor remete necessariamente para a existência de um *organismo* que, ainda que não esteja claramente tematizado, permanece como condição de possibilidade da integração dos movimentos nas formas complexas da interação adaptativa. Em Thorndike, e com mais razão nos demais autores citados – todos biólogos de profissão –, a estrutura orgânica é um mecanismo de adaptação, embora seu funcionamento seja, em parte, concebido na forma de um mecanismo físico; vale dizer, em termos mecanicistas.

A dimensão temporal da análise se manifesta tanto no próprio projeto da psicologia comparativa – ao nível filogenético – como no estudo da ontogênese, em que se coloca a grande questão: inato ou aprendido? Instinto ou hábito? Na época, ao contrário do que veio a ocorrer mais tarde, estas questões não exigiam respostas unívocas, e mesmo autores como Thorndike, que são classificados entre os teóricos da aprendizagem, não negam a existência das reações instintivas nem sua participação no próprio processo de aprendizagem instrumental. Morgan, por sua vez, acreditava na continuidade entre instinto e hábito: o ato instintivo seria susceptível de ser influenciado pela experiência individual e ocorreria uma transição imperceptível entre o ato instintivo e o ato aprendido e racional. Num próximo capítulo abordarei detidamente esta problemática genética que sob a dominância do funcionalismo e do organicismo adquiriu uma importância decisiva nos quadros da psicologia contemporânea. Aqui importa apenas sublinhar mais uma vez a copresença dos enfoques estrutural, genético e funcional.

5.6 Os behaviorismos

O movimento da psicologia behaviorista que se organizou nos Estados Unidos a partir do início do século XX representou a influência conjunta de várias tradições filosóficas e científicas. O positivismo[11] se manifesta na condenação da pretensão em ir além do observável e da elaboração de leis empíricas; o pragmatismo é o reflexo filosófico do funcionalismo, na ênfase do caráter instrumental do conhecimento e na produção do conhecimento útil – ambas as tendências aparecem com clareza no pensamento de E. Mach.

As primeiras vítimas do ataque conjunto do positivismo e do pragmatismo foram a introspecção e a "vida interior", com o behaviorismo de Watson (1878-1958)[12]. Watson estabelece como objeto da psicologia o comportamento do organismo como um todo. O estudo das formas adaptativas da interação (instintos e hábitos) serviria a finalidades práticas de previsão e controle. Reconhecemos imediatamente o ideário funcionalista. Por outro lado, o ambiente é decomposto em estímulos (e não mais conceituado, como em Thorndike, "situação-problema") e os comportamentos são analisados em termos de respostas a estímulos (e não mais em termos de ações que transformam o ambiente para a solução de problemas). Reconhece-se aqui o ponto de vista atomicista e mecanicista. Watson supunha a total compatibilidade entre as unidades funcionais – hábitos e instintos – e as unidades moleculares – respostas discretas eliciadas por estímulos discretos. Com ele o enfoque funcionalista torna-se um quadro teórico muito compreensivo, mas nada explicativo. Em termos de explicação o modelo mecanicista prevalece e é assim que ele rejeita a Lei do Efeito, vendo nela um vestígio de mentalismo que o positivismo não podia admitir: a Lei do Efeito sugere uma intencionalidade que se revela na ação e que indica, para lá do observável, um universo de processos e mecanismos ocultos. O behaviorismo de Watson, embora esteja em mais condições de expor à observação pública os mecanismos associativos como os adaptati-

---

11. As relações do behaviorismo com a filosofia positivista são discutidas em MACKENZIE, B. "Behaviorism and positivism". *Journal of the History of the Behavioral Sciences*, 1972, p. 222-231. • MACKENZIE, B. "Darwinism and positivism as methodological influences on the development of psychology". *Journal of the History of the Behavioral Sciences*, 12, 1976, p. 330-337.

12. Recomenda-se a leitura do texto clássico de Watson: A psicologia tal como é vista pelo behaviorista. Reproduzido em HERRNSTEIN, R.J. & BORING, E.G. Op. cit., p. 626-636.

vos vinculados à seleção do comportamento pelo prazer e pela dor, procura na fisiologia do reflexo o respaldo científico que o legitime. A reflexologia e, em particular, a teoria do condicionamento reflexo representam a promessa de uma psicologia fundada em eventos observáveis e submetidos a leis puramente objetivas. Embora o interesse confesso seja o comportamento molar, o comportamento molecular parece mais próximo à análise empírica.

A opção elementarista e mecanicista marca de forma ainda mais acentuada a obra de outros behavioristas fisiologizantes, como Guthrie[13]. A referência funcionalista à adaptação aparece aí apenas como ornamento do discurso, porque, na prática, a análise se faz tendo como objeto o movimento molecular e a explicação se dá em termos de um processo automático baseado na pura e simples contiguidade entre estímulo e resposta. No caso do condicionamento pavloviano, convém assinalar, a contiguidade necessária é entre estímulos e resulta na aquisição por um deles de propriedades sinalizadoras e funcionalmente relevantes para a adaptação do indivíduo. Há, portanto, em Pavlov e Bechterev uma explicação funcional sobreposta à explicação causal – que é a determinante dos procedimentos analíticos e interpretativos – que falta completamente ao mecanismo postulado por Guthrie, em quem a coincidência assume um papel decisivo na direção da aprendizagem.

Hull (1884-1952) e Spence (1907-1956)[14] ocupam uma posição destacada na evolução do behaviorismo no rumo de uma purificação metodológica baseada numa opção funcionalista. Hull foi o principal responsável pela interpretação funcional do condicionamento e da extinção pavlovianas. Além disso, enfrentou ao longo da sua carreira com honestidade e coragem a tarefa

---

13. Acerca de Guthrie, bem como de Watson e Hull, cf. KITCHENER, R.F. Op. cit.• FIGUEIREDO, L.C. "História dos estudos da aprendizagem associativa". *Psicologia*, 6, 1980, p. 1-23. Nestes trabalhos encontram-se interpretações abrangentes acerca da história do behaviorismo, dando-se uma atenção particular à emergência e consolidação do enfoque funcional.

14. Ibid: o texto de Hull é extraído da sua obra magna *Principles of behavior*. Nova York: Appleton, 1943. Acerca do fator incentivo, cf. SPENCE, K.W. *Behavior*: Theory and conditioning. Yale: Yale University Press, 1956, cap. 5.

de oferecer uma explicação científica, empiricamente fundada e testável, do comportamento propositivo.

As marcas do funcionalismo em Hull e Spence vão além das afirmações acerca do caráter adaptativo das respostas. Para Hull, a força do hábito é função, entre outras coisas, do número de vezes em que ele é reforçado, e o reforçamento é concebido como um mecanismo homeostático de redução de *drive* ou impulso. Em outras palavras, a aprendizagem do hábito é um processo autorregulado em que o indivíduo aprende o que é útil para aliviá-lo da tensão produzida por um impulso biológico. Variações circunstanciais na frequência e na intensidade das respostas aprendidas levaram Spence a propor uma outra variável, de caráter motivacional: o incentivo. Este incentivo multiplica a força do hábito aumentando ou reduzindo o potencial de resposta. À ideia de um incentivo acrescenta-se a de impulso e a redução de *drive* para emprestar ao comportamento um caráter realmente propositivo e funcional. Contudo, diz Hull: "uma teoria idealmente adequada, mesmo do chamado comportamento propositivo, deveria começar com movimentos sem cor e impulsos sensoriais como tal para, a partir deles, construir passo a passo tanto o comportamento adaptativo como o desadaptativo". Este retorno do atomismo se manifesta, por exemplo, na interpretação do controle exercido pelo incentivo sobre o comportamento propositivo.

Hull elabora o conceito de resposta fracional antecipatória (rg), que é um fragmento da resposta inicialmente evocada apenas pelos estímulos, meta, e que passa a ser evocada antecipadamente pelos estímulos evocadores de cada uma das respostas instrumentais da sequência propositiva. A associação pavloviana dos estímulos extroceptivos com a resposta fracional antecipatória permite que desde o início da cadeia o organismo fique sob o controle parcial do estímulo produzido por esta resposta que lhe serve de guia e incentivo para a execução da sequência. Hull recorre ao mecanismo rg-sg (sg representando o estímulo proprioceptivo produzido por rg) para dar conta dos conceitos mentalistas de expectativa, propósito e previsão, enquanto outros hullianos estenderão o uso deste mecanismo para interpretar os conceitos de atitudes (Doob), significado (Morris e Osgood) e pensamento (ex.: Berlyne). O que se vê, portanto, é o retorno do elementarismo e do mecanicismo associacionista que, como em Watson, mas de forma mais sofisticada, recebem o encargo de responder à interrogação acerca da estrutura que o funcionalismo inevitavelmente se coloca.

5.7 O apogeu do funcionalismo behaviorista

Dois autores modernos assumiram integralmente, embora de formas muito diversas, o legado funcionalista: E.C. Tolman (1886-1959) e B.F. Skinner (1904-1990). Tolman é provavelmente quem mais contribuiu para o desenvolvimento de uma psicologia funcional na trilha deixada pelos grandes nomes do século XIX, ao trazer para o movimento a preocupação de rigor metodológico e a prática de experimentação[15]. O objeto da psicologia tolmaniana é o *comportamento-ato*, que ele distingue claramente do movimento. O comportamento-ato é uma unidade molar cujas propriedades emergentes exigem uma análise que respeite esta molaridade. O comportamento-ato é essencialmente propositivo e a intencionalidade é uma propriedade objetiva do comportamento que se manifesta na sua docilidade: a sensibilidade às resistências do meio e a persistência para vencê-las e alcançar a meta. O ambiente é representado cognitivamente na forma de um mapa cuja organização permite a estruturação do comportamento na forma da relação meio/fim, ou seja, na forma da instrumentalidade. Com Tolman, cuja obra exerceu na época (década de 30, principalmente) um efeito crítico sobre as formas mais mecanicistas do behaviorismo (cf., p. ex., o potencial crítico das suas demonstrações de aprendizagem latente em relação ao "quê" e "como" da aprendizagem), a estrutura é francamente tematizada na forma de variáveis intervenientes como a "expectativa" e o "mapa cognitivo". Tolman se aproxima, assim, do movimento que, por outros caminhos, dedicara-se ao estudo experi-

---

15. Acerca de Tolman, cf. KITCHENER, R.F. Op. cit., FIGUEIREDO, L.C. Op. cit. E, se possível, TOLMAN, E.C. *Purposive behavior in man and animals*. Nova York: The Century, 1932. As posições de Miller, Galanter e Pribram foram expostas em MILLER, G.A. et al. *Plans and the structure of behavior*. Nova York: Holt, 1960.

mental das estruturas cognitivas e comportamentais: o gestaltismo, de que falaremos adiante. A dimensão genética, contudo, ao contrário do que prevaleceu o gestaltismo, estava sempre em foco: uma das suas preocupações era descrever a aprendizagem, ou seja, a construções dos mapas, hipóteses, expectativas etc. a partir da experiência. Tolman, além de condensar e elevar a um nível superior todo o movimento da psicologia funcional, antecipou o movimento cognitivista americano. Podem-se mencionar, a propósito, os modelos cibernéticos como o Tote (Test-Operation-Test-Exit) de Miller, Galanter e Pribram, que introduziu na teorização psicológica o modelo dos sistemas abertos.

A solução mais original, contudo, foi elaborada por Skinner e batizada por ele de behaviorismo radical[16]. Não me proponho aqui dar conta do conjunto desta obra que, pela extraordinária riqueza e penetração, é uma das mais notáveis realizações intelectuais da nossa época. Do ponto de vista epistemológico e metodológico (o único de que me ocuparei), a ciência do comportamento skinneriana está assente no conceito de "operante". O operante é uma classe de respostas definida pelas relações funcionais do comportamento com suas consequências com o estado de motivação e com as condições ambientais presentes no momento em que a resposta ocorre. É importante assinalar que a consequência do comportamento não é uma determinação externa a ele, mas se incorpora à sua própria definição. Por outro lado, o controle

---

16. A bibliografia skinneriana é enorme: recomenda-se a leitura de SKINNER, B.F. *The behavior of organisms*. Nova York: Appleton Century Crofts, 1938, p. 3-60. • SKINNER, B.F. *Contingencies of reinforcement*. Nova York: Appleton Century Crofts, 1969, p. 75-132. • SKINNER, B.F. "Selection by consequences". *Science*, 213, 1981, p. 501-504. Este último trabalho expõe de forma sucinta e muito clara a posição de Skinner acerca da intencionalidade do comportamento e da explicação funcional em oposição à mecanicista. Acerca do skinnerianismo, cf. FIGUEIREDO, L.C. Op. cit. KITCHENER, R.F. Op. cit. BLACKMAN, D.E. Imagens of man in contemporary behaviorism. In: CHAPMAN, A.C. & JONES, D.M. (orgs.). Op. cit., p. 99-109. • BOAKES, R.A. & HALLIDAY, M.S. The skinnerian analysis of behavior. In: BORGER, R. & CIOFFI, F. (orgs.). *Explanation in the behavioral sciences*. Cambridge: Cambridge University Press, 1970, p. 345-374. • DAY JR., W.F. The historical antecedents of contemporary behaviorism. In: RIEBER, R.W. & SALZINGER, K. (orgs.). Op. cit., p. 203-262. O texto de Skinner de 1935 a que faço menção no decorrer da análise é The generic nature of the concepts of stimulus and response. *Journal of Genetic Psychology*, 12, 1935, p. 40-65.

ambiental antecedente é sempre essencialmente indutor de alterações de frequência das respostas; sua designação técnica – estímulo discriminativo – e sua definição – a ocasião em que a resposta ocorre – excluem a ideia de algo que force a resposta a ocorrer, resguardando assim a natureza "voluntária" do comportamento instrumental, vale dizer, resguardando a instrumentalidade deste comportamento. Este caráter é enfatizado quando Skinner afirma que o comportamento operante é emitido pelo organismo, e não eliciado por uma estimulação externa, como acontece com o comportamento reflexo. Em resumo: o operante é uma unidade intrinsecamente intencional.

A constituição das classes operantes e das relações entre elas, bem como sua identificação depois de constituídas, é acessível à análise experimental. Isto é muito importante, pois já em 1935 Skinner dizia que "a análise do comportamento não (pode ser) um ato arbitrário de subdivisão"; é a manipulação experimental que permite, mediante a variação sistemática das condições ambientais e dos estados de privação, descrever a estrutura do comportamento operante, identificando as dimensões do ambiente externo e interno e todas as dimensões do comportamento que compõem cada classe operante e como elas estão em cada caso correlacionadas. Vemos então, na prática experimental, as análises de estrutura e gênese confundirem-se com a análise funcional. A mesma unidade – o operante – está presente em todos os momentos analíticos.

É assim que Skinner pode prescindir de todo mecanicismo associacionista e de todo estruturalismo cognitivista ao enfocar a estrutura das atividades instrumentais do sujeito: a organização do comportamento não se localiza no sujeito, mas nas suas relações com o ambiente, o que se expressa no conceito de "contingência tríplice" (estímulo discriminativo/resposta instrumental/consequência reforçadora), que é apenas uma outra forma de se referir à classe operante.

Quanto à dimensão genética, Skinner, embora não negue a existência de uma organização prévia, seja na forma de um sistema de respostas reflexas, seja na forma de padrões instintivos e tendências inatas, modeladas pela seleção natural, considera que a maior parte das formas de adaptação ao meio nos organismos superiores organiza-se durante a vida do indivíduo. As atividades espontâneas generalizadas, no próprio processo de interação adaptativa do organismo, são submetidas à seleção por suas consequências reforçadoras e punitivas e vão, assim, organizando-se em classes e adquirindo um caráter teleológico: adquirem, simultaneamente, estrutura e função; organização e intencionalidade.

No próximo capítulo prosseguirei na exposição das repercussões da matriz funcionalista e organicista enfocando, então, as suas manifestações europeias.

6
MATRIZ FUNCIONALISTA E ORGANICISTA NA PSICOLOGIA EUROPEIA, NA PSICANÁLISE E NA PSICOSSOCIOLOGIA

6.1 Funcionalismo na etologia europeia

A matriz funcionalista e organicista e, em particular, a biologia evolutiva darwiniana comandaram a pesquisa sobre as formas de interação adaptativa específicas de cada espécie. Esta linha de investigação, que durante muito tempo apresentou-se como o "estudo do instinto", tornou-se a marca registrada da etologia comparada desenvolvida a partir da década de 30 por K. Lorenz (1903-1989) e continuada por N. Tinbbergen (1907-) e muitos outros[1]. Antes de Lorenz, vários autores haviam formulado o projeto de estudar o comportamento no contexto da evolução e com os métodos bio-

---

1. Há boas apresentações da etologia em termos históricos e sistemáticos, entre as quais recomendam-se as seguintes: TINBERGEN, N. "On aims and methods of ethology". *Zeitschrift fur Tierpsychologie*, 20, 1963, p. 410-419. • BEER, C.G. "Ethology – the zoologist's approach to behavior". *Tuatara*, 11, 1963, p. 170-177. • BEER, C.G. Species typical behavior and ethology. In: DEWSBURY, D.A. & RETHLINGSHAFER, D.A. (orgs.). *Comparative psychology* – A modern survey. Tóquio: McGraw Hill, p. 19. • LORENZ, R. The comparative method in studying innate behavior patterns. In: KLOPFER, P.H. & HAILMAN, J.P. (orgs.). *Function and evolution*: an historical sample from the pens of ethologists. Reading: Addison-Wesley, 1972, p. 3-36. Convém, caso haja interesse em aprofundar o conhecimento da etologia europeia, proceder a leitura nesta ordem, que corresponde à complexidade crescente da exposição. Os trechos de Tinbergen, Lorenz e Blurton Jones reproduzidos nesta seção foram extraídos, respectivamente, de: TINBERGEN, N. Behavior and natural selection. In: TINBERGEN, N. *The animal in its world*. Vol. 2. Harvard: Harvard University Press, 1973, p. 91-112. • LORENZ, K. "O todo e a parte na sociedade animal e humana". *Três ensaios sobre o comportamento animal e humano*. Lisboa: Arcádia, p. 79-191. • BLURTON-JONES, N.G. Growing points in human ethology: another link between ethology and the social sciences? In: BATESON, P.P.G. & HINDE, R.A. (orgs.). *Growing points in ethology*. Cambridge: Cambridge University Press, 1976, p. 427-450. Nesta coletânea acerca dos rumos atuais da etologia há vários artigos testemunhando a permanência e até mesmo a ênfase crescente no ponto de vista funcional.

lógicos. O próprio Darwin já o fizera no capítulo 8 do *The origin of species*, nos capítulos 3, 4 e 5 de *The descent of man* e em *The expression of the emotions in man and animals*. O projeto foi sintetizado com clareza pelo zoólogo americano C.O. Whitman em 1899 quando afirmou que "Instinto e estrutura devem ser estudados do ponto de vista comum da descendência filogenética".

A ênfase no caráter adaptativo do instinto desde Darwin, passando por Romanes, Morgan, McDougall, Craig, Heinroth, até os etólogos Lorenz e Tinbergen, unifica sobre uma base funcionalista esta área de pesquisa e teorização. Tinbergen, por exemplo, ao explicitar um princípio metodológico da etologia afirmou: "Ao enfrentar nosso problema comecemos com observáveis – isto é, com o comportamento. Mas ao invés de estudar suas causas, estudaremos seus efeitos [...]. O que perguntaremos é simplesmente: o animal seria menos bem-sucedido se não possuísse este comportamento? Precisamos examinar não apenas se um dado aspecto é vantajoso para o animal – devemos também descobrir como contribui para a sua sobrevivência".

Este texto revela o propósito de uma das orientações de pesquisa mais caracterizadamente etológicas. Com base numa série de técnicas comparativas – comparação entre espécies próximas relacionando suas diferenças às diferenças nos respectivos nichos ecológicos; comparação entre variantes de uma mesma espécie, de forma a medir seus respectivos sucessos reprodutivos; manipulações experimentais com animais em cativeiro ou livres, interferindo diretamente nas consequências naturais de seus comportamentos, de forma a identificar os efeitos da manipulação na sobrevivência e na reprodução etc. –, a etologia traz a um nível materialista e tangível o conceito de finalidade, esvaziando-o de toda conotação mentalista e vitalista. A "–finalidade" do comportamento, em que pesem as dificuldades técnicas, pode ser em princípio observada e até quantificada: o sucesso reprodutivo é medido pela taxa de propagação de gens de um indivíduo em relação a outros, ou seja, pela fertilidade relativa.

Assim como o vitalismo é superado, o mecanicismo é combatido pela sua incapacidade de apreender a intencionalidade do comportamento. O atomismo, por sua vez, perde, segundo os etólogos, a capacidade de lidar com as unidades funcionais significativas para a adaptação, reduzindo-as a um aglomerado de elementos. Ora, o sucesso do animal é assegurado, não pela mera existência destes elementos, mas por sua perfeita coordenação e hierarquização. O método comparativo deve, assim, ser aplicado na forma de uma "análise de frente ampla", conforme as palavras de Lorenz: "os elementos de um conjunto (estruturado) só podem ser compreendidos simultaneamente ou não se compreendem de maneira nenhuma".

A etologia, além de dedicar-se ao estudo do valor de sobrevivência, enfocou a dimensão genética no plano da evolução dos comportamentos (no que contribui para descrever o processo de especiação, onde o isolamento das espécies muitas vezes está baseado em diferenças comportamentais, e assim colabora na tarefa taxionômica) e no plano ontogenético, o que será comentado no próximo capítulo. A dimensão estrutural, igualmente, foi abordada e sempre com a dominância do ponto de vista funcional. A precedência lógica e heurística do ponto de vista funcional é muito bem definida por Blurton Jones, ex-discípulo de Tinbergen, ao afirmar que "é muito mais fácil estudar um mecanismo quando se sabe que ele existe. E provavelmente fica ainda mais fácil quando se sabe que efeitos ele deve produzir". É verdade que a etologia, no início, precipitou-se na especulação acerca de modelos de mecanismos pura e simplesmente calcados na funcionalidade, o que é hoje geralmente rejeitado. Do ponto de vista histórico e epistemológico, entretanto, como muitas vezes ocorre, o erro é esclarecedor: o transplante direto da análise funcional para a análise de mecanismos revela em toda a profundidade o compromisso metateórico da etologia. De acordo com Lorenz, e nisso a aproximação com a psicanálise freudiana se impõe, o organismo seria movido por impulsos instintivos que se acumulam e descarregam. O acúmulo de energias instintivas seria um processo endógeno que obrigaria o organismo a procurar (através de comportamentos apetitivos, finalistas, flexíveis, autorregulados) as situações ambientais adequadas (estímulos desencadeadores inatos) à sua liberação (mediante comportamentos consumatórios estereotipados ou padrões fixos de ação). Temos aqui um mecanismo muito parecido com o da redução de *drive*, proposto por Hull para explicar a aprendizagem por reforçamento. Quanto maior o acúmulo de impulso, menor precisaria ser a intensidade e adequação da estimulação ambiental necessária para a deflagração do comportamento consumatório e, a partir de um certo nível, a energia "transbordaria" na forma de comportamentos no vácuo (que seriam o correlato observável da alucinação). Na impossibilidade de descarga de energia através de sua via natural (por exemplo: no caso de bloqueio da energia agressiva por uma ameaça de punição da agressão), a energia seria parcialmente descarregada em comportamentos aparentemente irrelevantes – chamados "comportamentos deslocados" (note-se, aqui também, a semelhança com a psicanálise). Hoje, o chamado modelo hidráulico está completamente abandonado por ser incompatível com a fisiologia e pela existência de alternativas mais aceitáveis[2]. Estas alternativas, contudo, revelam maior afinidade com os estudos causais fisiológicos, não eliminam a dominância do ponto de vista funcional. O comportamento deslocado, por exemplo, já não é mais interpretado em termos da liberação de uma energia (que a fisiologia desconhece), mas de uma variação comportamental induzida pelo obstáculo e necessária à exploração do ambiente, seja para descobrir alternativas táticas, seja para se beneficiar dos outros reforços disponíveis, enquanto o acesso a um está bloqueado. O mecanismo a ser descrito será então o indutor de variações comportamentais e/ou de mudanças no estado motivacional[3].

6.2 Funcionalismo na psicogenética de Piaget

Ajudante de um zoólogo aos 11 anos de idade, aos 15 Jean Piaget (1896-1980) começou a publicar pequenos trabalhos ci-

---

2. Para uma crítica clássica aos modelos energéticos ou hidráulicos de motivação, cf. HINDE, R.A. Critique of energy models of motivation. In: BINDRA, D. & STEWART, J. (orgs.). *Motivation*. Harmondsworth: Penguin, 1971, p. 36-48.

3. Exemplos da procura de mecanismos indutores de variabilidades comportamental e motivacional funcionalmente adaptativas podem ser encontrados em McFARLAND, D.J. Time-sharing as a behavioral phenomenon. In: LEHRMAN, D.; HINDE, R. & SHAW, E. (orgs.). *Advances in the study in behavior*. Vol. 5. Nova York: Academic Press, p. 201-225. • STADDON, J.E.R. Schedule-induced behavior. In: HONIG, W.K. & STADDON, J.E.R. (orgs.). *Handbook of operant behavior*. Englewood Cliffs. Prentice-Hall, 1977, p. 125-152.

entíficos sobre adaptação em moluscos. Interessado em filosofia, estuda Bergson e William James e propõe-se escrever um livro sobre o neopragmatismo. Lado a lado, a formação biológica e a preocupação epistemológica conduziram, finalmente, Piaget à psicologia na busca de uma resposta que unificasse as duas áreas na forma de uma teoria científica do conhecimento que integrasse os fenômenos cognitivos ao contexto da adaptação do organismo ao meio. Na obra de Jean Piaget – um dos mais completos, consistentes e articulados representantes da matriz funcionalista e organicista em psicologia – ficam dissolvidos os limites entre filosofia, psicologia e biologia, mas serão os métodos e conceitos da última que dominarão ao longo de toda a sua fecundíssima carreira[4].

Na psicologia Piaget teve como precursores o americano J.M. Baldwin (já mencionado no capítulo anterior), criador de um projeto de psicogenética, o francês P. Janet (1895-1949) e o suíço E. Claparède (1873-1941), ambos igualmente dedicados ao estudo do desenvolvimento, tendo sido Claparède um pioneiro, na Europa, da definição funcional da inteligência. As primeiras obras de Piaget registram também a leitura e a influência de S. Freud. Dada sua formação biológica – o único título que tem é um PhD em zoologia, fora os honorários – é de se supor que estas "influências" tenham sido desde sempre filtradas e que tenham exercido mais a função de interlocutores do que uma função causal no desenvolvimento intelectual de Piaget.

---

4. A bibliografia piagetiana disponível para o leitor brasileiro é enorme e dispensa apresentações. Recomendam-se, porém, os seguintes textos acerca de Piaget: PENNA, A.G. *Introdução à história da psicologia contemporânea*. Rio de Janeiro: Zahar, 1978, p. 241-309. Neste capítulo há uma exposição clara e abrangente do pensamento de Piaget. Acerca da pré-história e da história da epistemologia genética, cf. PIAGET, J. *Ilusões da filosofia*. São Paulo: Difel, 1969, p. 11-43. • INHELDER, B. Genetic epistemology and developmental psychology. In: RIEBER, R.W. & SALZINGER, K. (orgs.). Op. cit., p. 315-327. • WOODWARD, W.R. "Young Piaget revisited: from the grasp of consciousness to 'décalage'". *Genetic Psychology Monographs*, 99, 1979, p. 131-161. Os trechos de Piaget reproduzidos ao longo da seção são extraídos das seguintes obras: Ilusões da filosofia – Genèse et estructure en psychologie. In: GANDILLAC; GOLDMAN & PIAGET. *Psicologia da inteligência*. Rio de Janeiro: Fundo de Cultura, 1961; Inteligencia y adaptación biológica. In: PIAGET et al. *Los procesos de adaptación*. Buenos Aires: Nueva Visión, 1977; Los procedimentos de la educación moral. In: PIAGET; PETERSEN WOEDEHOUSE & SANTULLANO. *La nueva educación moral*. Buenos Aires: Losada, 1967.

Dos seus estudos precoces em biologia – aonde evolução e desenvolvimento eram temas privilegiados – Piaget tira uma lição que determinará o rumo do seu trabalho posterior: "Eu tinha chegado, diz ele, a duas ideias centrais [...] e que nunca abandonaria depois. A primeira é que – todo organismo possuindo uma estrutura permanente que pode se modificar sob a influência do meio mas que não se destrói jamais – todo conhecimento é sempre assimilação de um dado exterior a estruturas do sujeito [...]. A segunda é que os fatores normativos do pensamento correspondem biologicamente a uma necessidade de equilíbrio por autorregulação".

Este pequeno texto merece alguns comentários. Assinale-se, em primeiro lugar, a já conhecida reunião da análise funcional – que corresponde à identificação de um interesse de equilíbrio por autorregulação – com a análise estrutural e com a genética – que aí comparece tangencialmente na afirmação da possibilidade de mudança nas estruturas. Em outras passagens Piaget será mais explícito, como por exemplo ao dizer: "Toda gênese parte de uma estrutura e chega a outra estrutura". "Reciprocamente toda estrutura tem uma gênese". É exatamente na explicação da passagem de uma estrutura a outra que intervém a análise funcional construída em torno dos conceitos de equilibração e reequilibração. O desenvolvimento das estruturas serve a uma finalidade adaptativa; só que, segundo Piaget, "este conceito ilusório (finalidade) dissimula as relações objetivas de utilidade funcional, de adaptação, de regulação antecipadora [...]. Existe hoje uma noção científica e não mais metafísica correspondente à finalidade".

Um segundo aspecto a destacar relaciona-se ao uso do termo assimilação, que virá a ser complementado por "acomodação". "Podemos chamar de assimilação a ação do organismo sobre os objetos que o rodeiam [...]. Com efeito, toda relação entre um ser vivo e seu meio apresenta este caráter específico que é o fato do ser vivo, ao invés de submeter-se passivamente ao meio, modificá-lo, impondo-lhe certa estrutura própria [...]. Reciprocamente, o meio age sobre o organismo e podemos designar (conforme o termo usado pelo biólogo) de acomodação a esta ação inversa". A imagem é a de um organismo ativo, cujo desenvolvimento – através de acomodações – é uma resposta aos problemas colocados por um ambiente que não se submete à estrutura em vigor: "o fenótipo (é) uma resposta do genoma às tensões do meio", dirá Piaget, caracterizando todo processo de desenvolvimento. E ainda: "[...] todo sistema pode sofrer perturbações que tendem a modificá-lo. Diremos que há equilíbrio quando estas perturbações exteriores são compensadas pelas ações do sujeito, orientadas no sentido da compensação".

Em absoluta consonância com o funcionalismo pragmatista americano, Piaget vê na ação concreta, motora, a origem de todos os níveis superiores de adaptação. A ação é sempre coordenada – o que decorre da própria estrutura orgânica do sujeito e tem uma lógica. A lógica da prática é que será axiomatizada na lógica formal e nas regras dedutivas da matemática pura. Na experiência devem-se analisar dois planos: "A experiência física consiste em atuar sobre os objetos para descobrir suas propriedades mediante uma abstração 'simples' a partir das percepções [...]. A experiência lógico-matemática consiste também em atuar sobre os objetos; mas ela tira sua informação não dos objetos como tais, mas, o que é muito diferente, das ações que se exercem sobre eles e que os modificam".

Assim como os funcionalistas americanos e Claparède dessubstancializaram os conceitos mentalistas (como se viu a propósito da "consciência" no capítulo anterior), Piaget dessubstancializa o conceito de "inteligência". No lugar de uma substância, temos um processo, ou, mais rigorosamente falando, uma operação: "Inteligência é um termo genérico que designa as formas superiores da organização ou do equilíbrio das estruturas cognitivas [...] a inteligência é essencialmente um *sistema de operações vivas e atuantes* [...] suas fontes se fundem com as da própria adaptação biológica". O termo, assim, já não se refere a uma entidade, mas a determinadas formas de proceder – ser inteligente é ser capaz de estabelecer com o meio uma interação equilibrada e autorregulada.

Embora o foco da obra de Piaget incida sobre o estudo das estruturas cognitivas, é necessário considerar que, como bom funcionalista, Piaget acredita na indissociabilidade dos fenômenos mentais e comportamentais do indivíduo. Para ele, o desenvolvimento das estruturas cognitivas ocorre paralelamente ao desenvolvimento das formas da afetividade e das formas da existência social e moral. Diz Piaget: "a afetividade constitui a energética das condutas [...]. Não existe, portanto, nenhuma conduta, por mais intelectual que seja, que não comporte, na qualidade de móveis, fatores afetivos, mas reciprocamente não poderiam haver estados afetivos sem a intervenção da percepção ou compreensão que constituem a sua estrutura cognitiva". O importante é que, tanto no plano cognitivo como no plano afetivo, como ainda no plano das formas de sociabilidade e moralidade, o desenvolvimento segue passos funcionalmente equivalentes: o rumo é o do aumento da capacidade de autocontrole. "Não se pode interpretar o desenvolvimento da vida afetiva e das motivações sem insistir no papel capital das autorregulações, cuja importância, aliás, sob nomes diversos, foi destacada por todas as escolas". "No que se refere à finalidade da educação moral podemos, pois, por uma legítima abstração, considerar que é o de constituir uma personalidade autônoma e apta para a cooperação [...]. Pode-se dizer com Foerster que a criança quer a expiação, mas também pode-se acrescentar que isto só ocorre quando está dominada por um certo tipo de relação social que a une ao adulto e que na medida em que se aproxima do ideal da cooperação e do autogoverno, preconizado por este autor (Piaget), separa-se da sanção expiatória para tender à pura reciprocidade". A ideia da reciprocidade funda-se no processo de decentração, uma espécie de revolução copernicana que em todos os planos do desenvolvimento da personalidade conduz a criança de um mundo indiferenciado e autocentrado à constituição de um universo de eventos, valores e normas de validade intersubjetiva e universal.

Os pontos de vista da fisiologia da autorregulação e da embriologia são os mais evidentes no pensamento de Piaget. Quanto à problemática evolucionista, ele assumiu uma posição que o distingue bastante dos demais autores funcionalistas, com exceção de Baldwin e de Morgan. No próximo capítulo a discussão da obra de Piaget será retomada para o aprofundamento deste aspecto.

6.3 Funcionalismo na psicanálise freudiana

A psicanálise, elaborada ao longo de investigações e reflexões ininterruptas de S. Freud (1856-1939) que se estendem da última década do século XIX à terceira do XX, apresenta tal riqueza e passou por tantas reformulações que vem admitindo as mais variadas leituras e sendo objeto de um trabalho exegético que muito se assemelha ao que os teólogos fazem em relação ao Livro sagrado. Algumas destas leituras sublinham e desenvolvem certos aspectos que revelam a presença de matriz funcionalista e organicista. Convém assinalar, porém, que a obra de Freud é tributária de diversas tradições. Há tradições filosóficas[5]; há tradições filológicas, teológicas e místicas (realçadas pela aproximação da psicanálise com a hermenêutica e com a linguística)[6]; e há tradições científicas, que são as mais explicitadas: "A psicanálise é uma ciência natural – o que mais poderia ser?", diz Freud em 1925. Entre as tradições científicas com que Freud se familiarizou durante sua formação de pesquisador e médico encontramos, lado a lado, uma fisiologia de índole mecanicista[7] e uma biologia funcionalista[8] (em particular a Teoria da Evolução). Cabe realçar o fato de que, em que pesem suas origens díspares e sua já comentada riqueza, a psicanálise nada tem de eclética – as diver-

---

5. As relações de Freud com a filosofia da ciência foram contempladas em ASSOUN, P.L. *Freud, a filosofia e os filósofos*. Rio de Janeiro: Francisco Alves, 1978. • ASSOUN, P.L. *L'épistemologie freudienne*. Paris: Payot, 1981.

6. As relações da psicanálise freudiana com as práticas interpretativas e a aproximação entre a psicanálise e a hermenêutica são discutidas em: BAKAN, D. *Freud ant the mystical jewish tradition*. Princeton: D. Van Nostrand. • HABERMAS, J. *Connaissance et intérêt*, p. 247-304. • RICOEUR, P. *O conflito das interpretações*. Rio de Janeiro: Imago, 1978, p. 87-176. • RICOEUR, P. *Freud: una interpretación de la cultura*. México: Siglo Veintiuno, 1970. Georges Politzer, em sua obra clássica *Crítica dos fundamentos da psicologia* (Lisboa: Presença, 1975), foi um dos que pioneiramente fizeram uma leitura de Freud identificando a psicanálise como uma ciência da interpretação e lamentando que Freud não tenha sido fiel a este projeto, recaindo numa posição cientificista e naturalista. A relação entre o naturalismo e a hermenêutica em Freud, analisada a partir de um ponto de vista antinaturalista (compreensivista e existencialista), foi objeto de uma série de trabalhos de L. Binswanger, reproduzidos em BINSWANGER, L. *Analyse existentielle et psychanalyse freudienne*. Paris: Gallimard, 1970, p. 123-237. Com esta lista de textos que se destinam a integrar e a discriminar a posição da psicanálise dentro da tradição das práticas interpretativas, quero deixar claro para o leitor que a inserção da psicanálise entre as ciências naturais e, em particular, sua relação com a biologia funcionalista, não esgota de forma alguma a riqueza da doutrina.

7. As relações da psicanálise com a ciência mecanicista do seu tempo foram minuciosamente estudadas por ASSOUN, P.L. *Introduction à l'épistemologie freudienne*.

8. Ibid.

sas inspirações foram integradas a um conjunto original, o que torna marcante o limiar entre sua história e sua pré-história, aonde as diversas origens conservam sua independência e ainda são passíveis de análises isoladas.

"Freud explica" é o retrato caricatural do determinismo absoluto de Freud. Nada ocorre ao acaso. Todos os fenômenos psíquicos estão, desta maneira, inter-relacionados, e o indivíduo é um todo cujas partes são indissociáveis – nenhuma se esclarece sem que se estabeleçam suas relações com o conjunto. O estudo independente das funções, de suas estruturas e desenvolvimentos, que caracterizava muitos autores funcionalistas, inclusive Piaget, ainda quando afirmassem a indissociabilidade do indivíduo, é com Freud realmente substituído pelo estudo da estrutura e do desenvolvimento da personalidade sob um ponto de vista funcional. A visão organicista é aqui assumida em sua inteireza[9].

O determinismo absoluto freudiano, em acréscimo, não é em primeiro lugar o determinismo mecanicista, mas o determinismo funcional. Não se elimina a ideia de uma causalidade mecânica onipresente, mas a explicação dos fenômenos psíquicos responde à questão: "Para que serve?" Tudo tem uma função, tudo tem um sentido. Todas as manifestações psíquicas e comportamentais "são elevadas pela psicanálise à altura do ato psíquico, que tem um sentido, uma intenção e um lugar na vida psíquica do indivíduo e se coloca, assim, acima da aparência de estranheza, incoerência e absurdo". Um esquecimento, uma troca de palavras, uma pequena e inconsequente mania, um sonho e um sintoma neurótico não tem nada de casuais e possuem um sentido a ser decifrado, uma função na dinâmica da personalidade; elas têm "sempre um sentido e uma tendência; eles estão a serviço de intenções deter-

---

9. O organicismo da psicanálise é sublinhado em RAPAPORT, D. *A estrutura da teoria psicanalítica*. São Paulo: Perspectiva, 1981. O determinismo funcional da psicanálise, que é discutido nesta seção, mereceu um estudo interessante em FLEW, A. Los motivos y el inconsciente. In: FEIGL, H. & SCRIVEN, M. (orgs.). *Los fundamentos de la ciencia y los conceptos de la psicología y del psicoanálisis*. Santiago: Universidad de Chile, 1967, p. 175-195. Todos os trechos de Freud reproduzidos ao longo desta seção foram extraídos de FREUD, S. *L'intérêt de la psychanalyse* (Paris: Retz, 1980) e Instincts and their vicissitudes. In: *Collected Papers*. Vol. 4. Londres: Hogarth Press, 1925.

minadas que, devido à situação psicológica momentânea, não podem se exprimir de outra forma". A decifração do significado insere-se numa velha tradição hermenêutica da mística, da teologia e da filologia – como se tem enfatizado recentemente; deve-se atentar, contudo, para o fato de que a tarefa interpretativa em Freud ocupa o espaço aberto pelo determinismo funcional totalitário. É o totalitarismo deste determinismo funcional que impõe uma decifração de sentido e uma identificação de intencionalidade, mesmo aonde os eventos parecem seguir uma causalidade mecânica ou ocorrer aleatoriamente. Nestes casos supõe-se uma intencionalidade inconsciente e um sentido encoberto (latente). A própria aparência de absurdo ou de causalidade mecânica, na verdade, deve ser enfocada pela ótica do determinismo funcional: "cada sonho tem um significado [...] sua aparência absurda é intencional"; "Em toda parte em que – até aqui parece reinar o capricho mais bizarro – o trabalho psicanalítico mostrou a existência da lei, da ordem e da conexão..." Até mesmo o aparentemente acidental merece este gênero de tratamento: "Numerosos acidentes graves que antes teríamos atribuído ao acaso revelam na análise a participação de um querer que, por outro lado, não se formula claramente".

O aspecto energético da conduta suposto, mas, em nível de análise, negligenciado por Piaget, está no centro da teoria psicanalítica. "[...] se nos aplicamos a considerar a vida mental de um ponto de vista biológico, um 'instinto' aparece como um conceito limítrofe entre o mental e o físico, sendo tanto o representante mental dos estímulos provenientes do organismo [...] como uma medida das exigências feitas à mente em consequência de sua conexão com o corpo. Estamos agora em condições de discutir certos termos usados em relação a instinto como, por exemplo, seu *impetus*, seu objetivo, seu objeto e sua fonte. Por *impetus* compreendemos seu elemento motor, a quantidade de força ou a medida de exigência de energia que ele representa [...]. O objetivo é sempre a satisfação que só pode ser obtida com a eliminação da condição de estimulação. Mas embora isto seja invariavelmente a meta de todo instinto, podem haver diferentes vias de acesso à mesma meta [...]. O objeto de um instinto é o algo através do que ele pode alcançar sua meta [...] ele pode ser mudado inúmeras vezes no curso das vicissitudes que o instinto experimenta durante a vida; uma parte muito importante é desempenhada pela capacidade de deslocamento do instinto [...]. Pela fonte de um instinto, refiro-me ao processo somático em um órgão ou parte do corpo de onde resulta um estímulo representado na vida mental por um instinto [...]. Eu propus que se podem diferenciar dois grupos de tais instintos primitivos: instintos autopreservativos ou instintos do ego e instintos sexuais". A energia é descrita numa linguagem propositiva: ela tem uma intencionalidade – tanto no sentido brentaniano[10] de um objeto como no sentido funcionalista de uma meta. A meta é a descarga, a liberação, a redução da tensão: "A psicanálise parte da ideia fundamental de que a função principal do mecanismo psíquico é a de livrar a criatura das tensões"; e ainda: "como motivo mais frequente de repressão de uma intenção, que é então obrigada a se contentar com uma representação (derivada), encontramos a esquiva do desprazer". "(Este princípio) domina o atuar humano até ser substituído pelo princípio melhor da adaptação ao mundo exterior". (Observa-se a semelhança com o mecanismo de redução de *drive* de Hull.) Esta meta (a redução da tensão) pode ser alcançada por vias transversas, umas das quais é o deslocamento da energia para outro objeto quando o objeto original do desejo é inacessível. (Observa-se a semelhança com o conceito de deslocamento dos etologistas.)

O desenvolvimento da personalidade, visto como um processo de diferenciação (o que coloca Freud na tradição da embriologia), é uma história de sofrimento e adaptação. Ao id – reduto do instinto e submetido ao princípio do prazer – superpõem-se o ego e o superego. O primeiro cumpre funções executivas: "o ego

---

10. Franz Brentano (cujas aulas foram assistidas por Freud) em sua obra *A psicologia do ponto de vista empírico* indicou como sendo "a peculiaridade discriminadora de todos os fenômenos psíquicos a sua inexistência intencional, sua relação a algo como um objeto". Toda consciência seria assim consciência de algo, estaria dirigida a um objeto. Mais informações acerca da intencionalidade da consciência no capítulo 11, sobre a fenomenologia.

representa o que se poderia chamar razão e prudência em contraste com o id que contém as paixões". O ego defende o organismo seja dos perigos externos como, principalmente, do perigo interno anunciado na ansiedade. Este perigo interno corresponde às pressões que o desejo exerce no sentido de uma satisfação imediata em detrimento da autoconservação e integração social do sujeito. O superego forma-se com a interiorização dos padrões de cultura e da vida social, mais particularmente com a internalização das figuras de autoridade. O superego funcionará como agente de autoavaliação e autocensura. A ele também o ego deve prestar contas. Esmagado entre as pressões do id, as exigências da realidade, e as repressões do superego, o ego pode ser incapaz de exercer eficientemente seu papel de administrador, o que se manifestará nas patologias que são como que o apito da panela de pressão. O significado dos fenômenos patológicos é exatamente a função que desempenham na liberação e no controle da pressão mediante a expressão do desejo através de formas intencionalmente deformadas e destituídas de sentido aparente. Embora a saúde perfeita, como a felicidade, sejam ideais inatingíveis, como ideias reguladoras apontam para as formas mais eficientes e integradas de compatibilizar as exigências instintivas e as construções do mundo natural e social. Estas formas realizariam parcialmente o estado de equilíbrio para o qual tendem ativamente todos os processos psicológicos seguindo uma racionalidade biológica e inconsciente.

Num aspecto, contudo, a psicanálise se afasta das manifestações mais típicas do funcionalismo: na ênfase sobre a existência do conflito. "A elucidação psicanalítica dos atos falhos traz consigo algumas ligeiras modificações da imagem do universo [...]. Nós encontramos, assim, o homem normal movido por tendências contraditórias muito mais frequentemente do que poderíamos esperar. [...] em toda parte está em jogo o conflito psíquico". Em primeiro lugar, o conflito entre forças pulsionais antagônicas; logo em seguida, o conflito entre as forças biológicas e as barreiras físicas e sociais à sua plena e imediata satisfação. Estamos distantes, como se vê, do organicismo funcionalista que enfatiza a harmonia e a complementaridade entre as partes de um sistema adaptativo[11]. Nesta medida é que as leituras puramente funcionalistas da psicanálise são acusadas de tendenciosidade e deturpação: eliminam o conflito como determinação essencial da vida psíquica.

Nos Estados Unidos a assimilação da psicanálise foi condicionada pela dominância do ponto de vista funcional[12]. Observa-se então um movimento no sentido de atribuir ao ego maior autonomia em relação ao id e uma maior ênfase sobre a adaptação do indivíduo. O conflito entre o "natural" e o "social", entre instinto e civilização – insolúvel segundo Freud – e que era reproduzido sob a forma intrapsíquica de um conflito entre o id, o ego e o superego, tende a dar lugar a uma dinâmica de ajustamento sob a regência do ego. Este movimento, associado a Hartmann e a Rapaport, facilitou a integração da psicanálise ao resto da psicologia funcionalista e até mesmo a procura de tradução e validação da psicanálise em termos de psicologia experimental. Dollard e Miller, por exemplo, partindo da psicologia de Hull, complementada com seus próprios trabalhos sobre aprendizagem de *drives* e respostas emocionais, dispuseram-se a explicar o comportamento em situação de conflito.

Freud aponta o deslocamento como uma das formas da energia reprimida encontrar uma saída, orientando-se para um outro objeto. Miller e Dollard lograram mostrar que – dada uma diferença na inclinação dos gradientes de generalização para respostas de aproximação e para respostas de esquiva – nas situações em que o objeto apetitivo torna-se também, mediante condicio-

---

11. A associação entre o ponto de vista funcionalista e a ideia de complementaridade foi apontada no capítulo anterior e voltará a sê-lo neste capítulo na seção acerca da psicossociologia funcionalista.

12. A introdução e (segundo alguns) deformação da psicanálise nos Estados Unidos são descritas em GREEN, M. & RIEBER, R.W. The assimilation of psychoanalysis in America. In: RIEBER, W.W. & SALZINGER, K. (orgs.). Op. cit., p. 263-304. Como exemplo da psicanálise americanizada e integrada à tradição funcionalista e adaptativa, cf. RAPAPORT, D. Op. cit. Os trabalhos de Dollard e Miller sobre deslocamento podem ser encontrados em DOLLARD, J. & MILLER, N.E. *Personality and psychotherapy*: an analysis in terms of learning, thinking and culture. Nova York: McGraw Hill, 1950.

namento, um objeto gerador de ansiedade, a maior frequência e a maior intensidade da resposta apetitiva se desloca para um outro objeto do contínuo de generalização. Quanto maior a ansiedade produzida pela aproximação da meta, para mais longe deve-se deslocar a resposta apetitiva, já que objetos muito semelhantes ao original também estarão controlando fortes respostas de esquiva. Posteriormente, explicação equivalente foi proposta por Whiting e Child, e testada por Wright em estudos transculturais, para dar conta da projeção – um outro mecanismo de defesa contra a ansiedade proposto por Freud.

A ênfase na adaptação e na harmonia caracteriza também a escola culturalista[13] que é claramente inspirada pelo funcionalismo americano, principalmente através da antropologia. A tensão entre prazer e civilização tende a se atenuar quando se afirma que, salvo variantes muito gerais e inócuas, como a "necessidade de afeto" em K. Horney (1885-1952), a vida psíquica é, literalmente, de cabo a rabo um produto do meio.

Não me cabe agora entrar no mérito destas tentativas de aproximar a psicanálise da psicologia geral e da antropologia, sobre o solo comum do funcionalismo, nem avaliar se esta integração se faz às custas da originalidade da psicanálise ou se, ao contrário, resgata a psicanálise da terra de ninguém epistemológica em que se originou para o terreno "seguro" das ciências naturais e/ou das ciências sociais. De qualquer forma elas reforçam a necessidade de incluir Freud neste capítulo, o que talvez tenha provocado o espanto de mais um leitor.

6.4 Funcionalismo na psicossociologia

Consideremos, finalmente, a presença da matriz funcionalista e organicista na psicossociologia e no senso comum acerca da vida social. O funcionalismo na sociologia e na antropologia está

---

13. Cf. p. ex. HORNEY, K. *A personalidade neurótica do nosso tempo*. Rio de Janeiro: Civilização Brasileira, 1959. Críticas contundentes aos culturalistas e a toda a psicanálise funcionalista e adaptativa podem ser encontradas em ADORNO, T.W. La revisión del psicoanálisis. In: ADORNO, T.W. & HORKHEIMER, M. *Sociológica*. Madri: Taurus, 1966, p. 127-149. • JACOBY, R. *Amnésia social*. Rio de Janeiro: Zahar, 1977, p. 34-87.

associado às obras de Durkheim, Malinowski, Radcliffe-Brown, Parson, Merton etc.[14] Grosso modo, pode-se caracterizar o modelo funcionalista da sociedade como estruturado em torno das noções de função e complementaridade. A sociedade é um organismo em que cada parte desempenha uma função complementar às demais, sendo esta complementaridade essencial à conservação e reprodução da vida social. Ora, num organismo biológico as partes são naturalmente assignadas às suas tarefas específicas; já no caso da sociedade, é necessário que o desempenho das funções seja submetido a um sistema normativo que forneça aos indivíduos e às organizações os motivos para a ação considerados legítimos e as regras aceitáveis para a persecução destes objetivos no contexto da vida social (padrões de interação).

Na psicologia social a Teoria dos Papéis (apresentada de forma sistemática por Sarbin e Allen no clássico manual de Lindzey e Aronson) condensa em termos psicológicos as principais lições da sociologia funcionalista[15]. A ênfase da Teoria dos Papéis é na institucionalização da ação de forma a assegurar a harmonia social. A socialização, momento estratégico da reprodução social, é vista como aprendizagem de papéis, o que envolveria, em primeiro lugar, a aquisição de claras expectativas acerca dos papéis a serem desempenhados no sistema em vigor. Cada um deve saber tanto o que esperam dele no desempenho de um papel como o que ele deve e pode esperar dos outros que desempenham papéis complementares. Além das expectativas, é necessário aprender habilidades cognitivas e motoras específicas para que o desempenho seja eficiente. Finalmente, o desempenho dependerá de quão aceitável seja o papel do ponto de vista da autoimagem do sujeito. Nesta medida, a socialização é também, e fundamentalmente, a aquisição de uma identidade social. Na Teoria dos Papéis Sociais a aquisição da identidade é contemplada a partir das obras de C.H. Coo-

---

14. Acerca da sociologia funcionalista, cf. SROUR, R.H. *Modos de produção*: elementos da problemática. Rio de Janeiro: Graal, 1978, p. 63-85.

15. Cf. SARBIN, T.R. & ALLEN, V.A. Role theory. In: LINDZEY & ARONSON (orgs.). *Handbook of social psychology*. Vol. 1. Nova York: Addenson Wesley, 1968.

ley e de G.H. Mead[16]. Cooley legou a ideia de uma natureza especular da identidade: o sujeito forma a sua autoimagem como reflexo das reações de outros sujeitos a ele. Esta linha de pensamento é desenvolvida por um dos grandes nomes do funcionalismo, da mesma estatura de Dewey, Baldwin e Angell, mas cuja obra foi mais valorizada na sociologia do que na psicologia: G.H. Mead (1863-1931). Mead estudou em Leipzig com Wundt, mas deste absorveu as lições de psicologia étnica, e não as de psicologia experimental. Através de Wundt, Mead familiarizou-se com o conceito darwiniano de "gesto". O gesto é uma ação recebida e interpretada por um outro organismo que, ao responder, estabelece um comércio de informações – uma conversação. O significado do gesto – Mead afirmará nas pegadas do pragmatista C.S. Peirce – é o comportamento que ele evoca no organismo que o interpreta. Alguns gestos são corporais e são apreendidos pela visão do outro, mas não pela do próprio emissor. Outros, contudo, são vocais e são apreendidos pelo ouvido. Neste caso, tanto o receptor como o emissor do gesto estão na mesma condição para captá-lo e interpretá-lo. Desta forma, o emissor, a partir da reação que produz no intérprete e da auto-observação do gesto vocal, adquire uma consciência reflexiva do significado do seu gesto e certo grau de controle sobre seu próprio comportamento. A partilha social dos significados emergentes no processo de comunicação é a raiz da autoconsciência. No início, todavia, esta consciência reflexiva está na dependência de significados compartilhados com cada um dos interatores do sujeito. Posteriormente, com o desenvolvimento da linguagem, o sujeito vem a ter a experiência efetiva e simbólica de outros papéis sociais, e isto o conduz à imagem de um "outro generalizado", que é a visão integrada das reações que os seus gestos podem evocar nos demais sujeitos da sua comunidade. O "outro generalizado" dá uma estabilidade aos significados compartilhados que permite a emer-

---

16. Acerca de Mead, cf. FARR, R.M. Homo socio-psychologicus. In: CHAPMAN, A.C. & JONES, D.M. (orgs.). Op. cit., p. 183-197. • MORRIS, C. *Foundations of the theory of signs.* Chicago: The University of Chicago Press, 1970, p. 29-38. • MORRIS, C. O falar e o agir humano. In: GADAMER, A.G. & VOGLER, P. Op. cit., vol. 7, p. 173-184.

gência de uma autoconsciência já não mais de cada um dos gestos do sujeito, mas dele enquanto personalidade total. Surgem assim, simultaneamente, como os dois polos de um mesmo processo de interação, " o outro generalizado" e a "identidade social", que é o "eu" tratado ao modo reflexivo: o "eu" convertido em objeto do discurso para o próprio sujeito que se vê e reage a si como sendo o outro generalizado. Esta identidade não exibiria, nem poderia exibir, a menor contradição com o sistema social, pois que a representação individual da sociedade e a representação social do indivíduo seriam as duas faces de uma mesma moeda. Ouçamos Charles Morris, seguidor de Mead: "Desde que o signo linguístico é socialmente condicionado, Mead, do ponto de vista de seu behaviorismo social, via a mente individual e o eu autoconsciente como aparecendo em um processo social, quando a comunicação gestual objetiva é internalizada pelo pensamento do indivíduo através do funcionamento dos gestos vocais. Assim, é através das realizações da comunidade, acessíveis ao indivíduo a partir de sua participação na língua comum, que o indivíduo pode ganhar uma mente e um *self* e utilizá-los em benefício de seus interesses. Ao mesmo tempo, a sociedade se beneficia, já que seus membros são agora capazes de controlar seus comportamentos em vista das consequências destes comportamentos para os outros [...]. Nestes níveis de complexidade semiótica, o signo revela-se como a principal agência no desenvolvimento da liberdade individual e da integração social".

A psicossociologia funcionalista, embora tome a sociedade como sendo essencialmente harmoniosa, não desconhece a existência de crises e o tema das disfunções sociais, que são caracterizadas como estados patológicos. Com a noção de patologia social, de uma certa forma, absolve-se o indivíduo pelos seus "maus comportamentos" e, no limite, a própria noção de doença mental desaparece sob a crítica sociologizante[17]. O problema não

---

17. A crítica à noção de doença mental e ao "modelo médico" da psiquiatria, a partir de um ponto de vista psicossociológico funcionalista, está presente tanto na chamada "modificação do comportamento" como na psiquiatria alternativa de T. Szasz, sendo que nesta é patente a influência do interacionismo simbólico derivado da obra de Mead (cf. SZASZ, T. *O mito da doença mental*. Rio de Janeiro: Zahar, 1979).

estaria dentro do desviante, do delinquente, do "doente mental", mas na trama das relações sociais conflitivas e ambíguas, e na ausência ou na incongruência das normas da ação social os comportamentos individuais antissociais ou bizarros seriam reflexos ativos desta rede de relações, pois seriam as respostas adaptativas do indivíduo à "patologia social". As "patologias sociais" seriam reproduzidas pelo processo de socialização e daí se transfeririam para os indivíduos. A socialização seria então incapaz de produzir as identidades sociais adequadas e/ou as expectativas e habilidades necessárias ao desempenho dos papéis exigidos pela reprodução social. É aqui que o psicólogo, com seus modestos recursos, mas uma enorme vontade de ajudar, procura assumir suas responsabilidades como agente de adaptação e reabilitação.

O modelo funcionalista de sociedade impregna hoje o senso comum. Para além das divergências teóricas, é o senso comum que fornece o ambiente favorável à aproximação de todas as escolas psicológicas e, com maior facilidade, daquelas inspiradas na matriz funcionalista e organicista. Creio que, efetivamente, um dos eixos da unificação eclética da psicologia seja o projeto de *controle e previsão do comportamento com propósitos adaptativos* que, às vezes, dissimula-se no projeto humanitário de *ajuda para a adaptação*.

Como se viu reiteradamente, a matriz funcionalista e organicista tem um dos seus focos na questão genética: qual a origem? como ocorre? o desenvolvimento das estruturas e funções. Na resposta a estas questões emerge uma clara divisão entre ambientalistas e nativistas, e esta divisão virá caracterizar teórica, metodológica e ideologicamente as manifestações da matriz na psicologia.

7
SUBMATRIZES
AMBIENTALISTA E NATIVISTA
NA PSICOLOGIA

7.1 O ambientalismo psicológico

No século XIX encontramos a inspiração ambientalista nos estudos da experiência sensorial. Podem-se dar como exemplos os estudos efetuados sob a ótica da psicofísica e a psicofisiologia de Helmholtz (1821-1894)[1]. Helmholtz sustentava o caráter aprendido da percepção dos objetos, inserindo-se na tradição que remonta ao empirismo epistemológico de Berkeley no século XVIII. "Apenas as qualidades da sensação é que devem ser consideradas como a sensação pura e real – afirma Helmholtz; no entanto a grande maioria das percepções do espaço é produto da experiência e treinamento". Os efeitos do hábito e da memória são produzidos através de processos inconscientes e automáticos que conferem às sensações puras uma estrutura que não pode ser atribuída apenas ao fenômeno sensorial. O hábito em lidar com objetos a partir de diferentes pontos de vista, por exemplo, ensina o sujeito a percebê-lo como um só e mesmo objeto, apesar das diferenças na imagem retiniana. Há, mediante uma *conclusão* inconsciente, para usar o termo de Helmholtz, a compensação das deformações que a

---

1. Acerca do empirismo na psicofisiologia, recomenda-se a leitura dos trechos de R.H. Lotze e de von Helmholtz reproduzidos em HERRNSTEIN-BORING. Op. cit., p. 166-171, 185-199. Trabalhos recentes fortaleceram a hipótese de que a experiência do indivíduo contribui criticamente não só na aprendizagem perceptiva como no desenvolvimento dos próprios mecanismos fisiológicos subjacentes (cf. p. ex.: GROBSTEIN, P. & CHOW, K.L. "Receptive field development and individual experience". *Science*, 190, 1975, p. 352-358. • SPINELLI, N. & JENSEN, F.S. "Plasticity: the mirror of experience". *Science*, 203, 1979, p. 75-78).

perspectiva impõe, obtendo-se assim uma constância de forma. Igualmente, as variações que as mudanças de iluminação acarretam na percepção pura das cores são compensadas pela aprendizagem, obtendo-se uma constância na apercepção da cor dos objetos. Devido ao caráter inconsciente dos efeitos da aprendizagem, torna-se sobremaneira difícil isolar numa apercepção o papel do presente e do passado de experiências. A aprendizagem perceptiva revela-se também na seleção dos elementos sensoriais relevantes na composição da imagem perceptual de um objeto. Nesta seleção impera o critério da conveniência, vale dizer, da adaptação: "[...] não temos o hábito de observar precisamente nossas sensações a não ser na medida em que são úteis para que possamos reconhecer objetos externos. Ao contrário, temos tendência a deixar de lado todas as partes das sensações que não têm importância para os objetos".

Como se viu em capítulos anteriores, ao final do século XIX a aprendizagem já não era apenas um recurso interpretativo na explicação filosófica ou fisiológica de outros fenômenos, mas passara a ser um objeto independente de pesquisa nas obras de Ebbinghaus e Thorndike. No século XX, no bojo do movimento behaviorista, a psicologia da aprendizagem recebeu o mais intensivo tratamento já dispensado a um tema de psicologia científica. Em Watson, de início, percebe-se uma posição equilibrada entre empirismo e nativismo: "A psicologia que eu tentaria construir consideraria como ponto de partida, em primeiro lugar, o fato observável de que os organismos, tanto humanos quanto animais, ajustam-se a seus ambientes através da bagagem hereditária e de hábitos". Ao longo dos anos, contudo, Watson se inclinou mais e mais para uma opção ambientalista radical, o que, aliás, reflete um movimento generalizado dentro da psicologia americana[2]. O conceito de instinto foi submetido a uma crítica severa. Isto ocorreu, em parte, por questões empíricas (demons-

---

2. O movimento anti-instintivista está associado ao nome do psicólogo americano Z.I. Kuo, de quem se pode ler, como peça representativa, "A psychology whithout heredity". *Psychological Review*, 31, 1924, p. 427-448. Ao lado dos behavioristas, quase sempre dedicados ao estudo da aprendizagem, também os etólogos americanos caracterizaram-se pela tendência ambientalista (cf. SCHNEIRLA, T.C. "Interrelationships of the 'innate' and the 'acquired' in instinctive behavior". *L'instinct dans le comportement desanimaux et de l'homme*. Paris: Masson, 1956, p. 387-452).

trou-se, por exemplo, que comportamentos supostamente instintivos sofrem um processo de desenvolvimento em que a interação com o ambiente – inclusive o intrauterino – é essencial), e em parte por questões metodológicas (a atribuição de caráter instintivo a um comportamento era vista como um bloqueio para a pesquisa dos fatores causais deste comportamento – era uma pseudoexplicação). Em parte, também, a opção ambientalista se firmou como uma manifestação teórica de posturas ideológicas e políticas cuja discussão será retomada ao final deste capítulo.

O avanço do ambientalismo significou um certo retraimento da importância atribuída ao organismo, uma certa negação do caráter ativo do sujeito do comportamento. A ênfase no controle ambiental pode, efetivamente, atenuar a imagem – essencialmente funcionalista – da autorregulação, resultando uma imagem do sujeito como mero *reagente*, destituído de espontaneidade e de direção. Foi, efetivamente, a radicalização do ambientalismo que criou as condições propícias àquelas combinações entre funcionalismo e mecanicismo que caracterizaram grande parte da psicologia nos Estados Unidos. A ênfase no controle ambiental, porém, não conduz necessariamente a estes compromissos, como o prova a obra de Skinner.

Em Skinner o ambientalismo/empirismo é nítido tanto no que é explícito como no que permanece encoberto, mas pode ser inferido do seu discurso ou da sua prática de pesquisa[3]. Há uma suposição de que os motivos primários da ação sejam em número muito reduzido. Skinner é bastante claro ao afirmar que na espécie humana a maior parte dos reforços são reforços condicionados, cultural e historicamente determinados. Com mais razão, as condutas adaptativas que colocam o sujeito em contato com es-

---

3. A caracterização de Skinner como ambientalista parece inevitável a quem quer que leia suas obras (cf. HERRNSTEIN, R.J. "The evolution of behaviorism". *American Psychologist*, 32, 1977, p. 593-603). Não obstante, Skinner, talvez para se livrar dos rótulos demasiadamente simplificadores e deixar emergir toda a originalidade de sua posição, sistematicamente vem negando, provocativamente, sua identificação com todo compromisso metateórico (cf. SKINNER, B.F. "Herrnstein and the evolution of behaviorism". *American Psychologist*, 33, 1977, p. 1.006-1.012). Os demais behavioristas americanos, muito menos sofisticados que Skinner, aceitavam naturalmente a identificação ambientalista.

tes reforços são aprendidas. Por outro lado, sua prática de pesquisa repousa, entre outros, nos conceitos de estímulos e respostas "representativas". A ambição de Skinner é elaborar leis empíricas que descrevam a dinâmica do comportamento em termos S^d-R-S^r com a suposição implícita de que estas leis seriam gerais e de que sua aplicação a casos particulares dependeria apenas de um ajuste de parâmetros. Supostamente, qualquer estímulo poderia tornar-se um estímulo discriminativo para qualquer resposta e qualquer reforço poderia exercer seus efeitos sobre qualquer resposta que lhe fosse antecedente. É a noção de *equipotencialidade* de estímulos e respostas. A suposição da equipotencialidade – que baseia todo o projeto científico de Skinner e sua crítica à "botanização" da psicologia, isto é, à redução da psicologia a uma pura descrição de comportamentos particulares em situações particulares – conduz à suposição de que a experiência, e mais concretamente as contingências ambientais, são os únicos determinantes da estrutura do comportamento. O comportamento tem uma estrutura, mas esta não refletiria a estrutura do organismo, mas a das relações do organismo com o meio. A estruturação da conduta adaptativa em classes (funcionais) de respostas operantes emergiria inteiramente da história do indivíduo. Tende-se a desconhecer a existência de classes (estruturais) que precedem e interferem com a própria formação das classes funcionais (assunto sobre o qual retornarei adiante). As classes estruturais são admitidas apenas no domínio das respostas reflexas e nega-se que condutas adaptativas complexas e de caráter instrumental estejam submetidas a uma estruturação puramente biológica e hereditária. Sobrevaloriza-se a plasticidade do comportamento: tudo pode ser aprendido; e sobrestima-se o caráter aleatório da variabilidade comportamental sobre a qual se aplica o efeito seletivo da consequência reforçadora; são minimizados, quando não negados, os efeitos dos estados motivacionais e dos estímulos ambientais na indução de determinados comportamentos, restringindo, assim, a faixa de variabilidade sujeita à seleção.

Apesar deste ambientalismo quase total – mas que ao longo dos anos vem sendo nuançando e mesmo renegado, como se verá adiante – Skinner nunca abandonou a imagem funcionalista do *or-*

ganismo ativo emitindo respostas, atuando sobre e modificando o seu ambiente. A originalidade de Skinner reside exatamente na lealdade simultânea ao funcionalismo e ao ambientalismo radical, o que o obriga constantemente a dizer que não é mecanicista – apesar de ambientalista – nem cognitivista – apesar de, como funcionalista, realçar a intencionalidade da conduta.

7.2 O nativismo psicológico

No século XIX as tradições racionalistas e nativistas revelaram-se na psicofisiologia de J. Muller (1801-1858) e de Hering (1834-1918)[4]. A contribuição de Muller foi a de postular "energias específicas dos nervos" que, acionadas pela estimulação externa ou interna, dariam as qualidades dos fenômenos sensoriais. Um mesmo estímulo – vamos dizer, uma pancada – pode produzir um som, se aplicada no ouvido, uma luminosidade, se aplicada no olho, ou uma mera sensação táctil, se aplicada numa outra parte do corpo. De evidências como esta, Muller concluía que a sensação é determinada fundamentalmente pelo que há de específico em cada via sensorial. Disto se pode deduzir que a noção de experiência merece ser submetida à crítica, pois há uma estrutura prévia, inata, condicionando-a. O apriorismo transcendental de Kant é assim naturalizado e convertido num apriorismo fisiológico. Hering afirma, também na trilha de Kant, que toda percepção externa se organiza segundo dimensões de espacialidade (altura, largura e profundidade) determinadas pela estrutura do aparato visual. A crítica da experiência transforma-se na crítica da noção de ambiente quando no século XX Jacob von Uexkull (1864-1944)[5], estudando o comportamento de diferentes espécies animais, percebeu que uma explicação destes comportamentos dependia do conhecimento da natureza do "mundo" de cada espécie. O ambiente de cada espécie não é aquele que as nossas ciên-

---

4. Acerca da psicofisiologia nativista, recomenda-se a leitura dos trechos de Muller e Hering reproduzidos em HERRNSTEIN & BORING. Op. cit., p. 32-40, 181-185.

5. Acerca da obra de von Uexkull e de estudos congêneres sobre a organização da experiência a partir da estrutura sensorial, cf. HINDE, R.A. *Animal behavior*. Tókio: McGraw Hill, 1970, p. 57-80, 120-123.

cias da física e da química descrevem, mas um conjunto articulado de estímulos com valor e significado para o animal. O conceito alemão *Unwelt* passou desde então a ser usado para designar o meio comportamental próprio de cada espécie, em oposição a *Umgebung*, que é o meio geográfico, e o *Welt*, que é o mundo tal como descrito pela ciência.

Na psicofisiologia contemporânea, trabalhos como os de Maturana[6] acerca da estrutura da experiência visual da rã como função da estrutura do olho deste animal inserem-se na tradição de Muller e von Uexkull.

Ao lado da crítica às noções ingênuas de experiência e ambiente que caracterizam muitas das respostas empiristas e ambientalistas, encontramos focos de resistência do instintivismo. McDougall (1871-1938)[7], um intrépido inglês, não contente em falar em instinto, num momento e num universo cultural marcadamente empiristas, estendeu o conceito até os comportamentos sociais do homem, formulando uma lista extremamente variada de 13 instintos gerais. McDougall foi acerbamente criticado, tanto pelo instintivismo algo delirante, como pelo mentalismo, que lhe parecia uma decorrência inevitável da intencionalidade funcional que observava nos comportamentos de todos os animais.

---

6. Cf. MATURANA, H.R. et al. "Anatomy and physiology of vision in the frog". *Journal of General Physiology*, 43, 1960, p. 129-175. Assinale-se, contudo, que estes trabalhos que demonstram o papel das estruturas sensoriais na organização da experiência, se, na continuação do trabalho de Muller, Hering, von Uexkull, Tinbergen e outros, corroboram a hipótese de que cada espécie animal vive num mundo próprio, do qual é o centro e no qual exerce suas atividades específicas, não se comprometem com o nativismo. Hubel e Wiesel, p. ex. (cf. HUBEL, D.H. & WIESEL, T.N. "Binocular interaction and functional architecture in the cat's visual cortex". *Journal of Physiology*, 160, 1962, p. 196-254), revelaram a existência e o funcionamento dos campos receptivos visuais no córtex do gato, ou seja, revelaram o substrato fisiológico da experiência visual organizada dos gatos; vários estudos posteriores com gatos, coelhos e macacos mostraram como a interação com o ambiente contribui para o desenvolvimento destas estruturas orgânicas (cf. GROBSTEIN & CHOW. Op. cit.).

7. A contribuição de McDougall e de outros autores na constituição do conceito de instinto pode ser encontrada em BURGHARDT, G.M. Instinct and innate behavior. In: NEVIN, J. & REYNOLDS, G.S. (orgs.). *The Study of Behavior*. Glenview: Scott/Foresman, 1973, p. 323-400. • LORENZ, K. "Sobre a formação do conceito de instinto". *Três ensaios sobre o comportamento animal e humano*, p. 9-76.

A recuperação do conceito de instinto dificilmente seria possível no mundo anglo-saxônico e, efetivamente, foi com Lorenz que o conceito retornou, mas agora livre do mentalismo[8]. Para Lorenz "um grande número de comportamentos de animais superiores caracteriza-se pelo fato de, numa cadeia homogênea de atos funcionais, quer dizer, orientados para uma única finalidade conservadora da espécie, sucederam-se, sem transição, elos instintivos inatos e elos adquiridos individualmente"; há portanto "uma fração finalizada e com a possibilidade de ser modificada pela experiência e, por outro lado, uma fração que não o é, adquirida uniformemente por todos os indivíduos de uma mesma espécie, pelos mesmos motivos que os órgãos corporais". "A própria ocorrência de um ato instintivo é a finalidade de um ato finalizado". Vemos nesta sucessão de citações como Lorenz está seguro de uma completa diferenciação entre comportamentos sujeitos à aprendizagem e comportamentos inatos. No homem o componente inato se retrai, mas não é jamais eliminado: "Quanto maiores são as capacidades mentais de adaptação de uma espécie, tanto melhor a realização do ato será confiada ao comportamento finalizado, até que o resultado – sempre instintivo – da cadeia de atos seja apenas uma situação afetiva ou emotiva". O estudo do comportamento instintivo supõe a possibilidade de separá-lo experimentalmente do comportamento aprendido, e com este objetivo Lorenz adotou o delineamento denominado experimento de privação. Neste tipo de experimento o filhote é criado longe do convívio com outros animais de sua espécie e em condições ambientais inadequadas para a exibição e treino dos comportamentos adaptativos mais típicos. Na idade adulta seu comportamento será observado e comparado com o dos demais, supondo-se que as semelhanças poderão ser seguramente atribuídas à hereditariedade. Aquilo que ocorre de forma padronizada independentemente de treino ou observação é o puramente instintivo, segundo a lógica do experimento de privação.

---

8. BURGHARDT, G.M. Op. cit. LORENZ. Op. cit.

O estudo da hereditariedade também foi conduzido através de estudos correlacionais a partir da obra de Galton, já mencionada no capítulo 3. De Galton para cá, vários outros autores como Burt, Jensen e Eysenck[9] desenvolveram com base em estudos psicométricos a tese de que há uma forte determinação genética na capacidade intelectual do indivíduo. O tema se ampliou com a entrada em cena da sociobiologia, a partir dos modelos de Hamilton e Trivers e da sistematização proposta por Wilson em 1975[10]. O que está em jogo agora não é apenas a determinação genética da inteligência, mas a determinação biológica dos comportamentos sociais, o que antes já merecera algumas considerações muito especulativas por parte de Lorenz e Morris, entre outros. Os sociobiólogos entram em cena com algo mais que observações e correlações: entram com o método hipotético dedutivo consubstanciado na formulação de modelos matemáticos que explicam a ocorrência dos mais variados comportamentos sociais, como o altruísmo, a distribuição de direitos e deveres entre os cônjuges, a luta entre gerações etc. em termos de custos e benefícios para a fertilidade direta ou indireta (através de parentes que compartilhem grande quantidade de gens) do indivíduo.

Uma última manifestação recente do nativismo será encontrada na psicolinguística de Chomsky e seus seguidores[11]. As ideias de Chomsky situam-se na tradição da linguística racionalista car-

---

9. Acerca do nativismo na psicometria, recomenda-se a leitura do trecho de Galton reproduzido em HERRNSTEIN & BORING. Op. cit., p. 510-522. Vários psicometristas entre os quais J. McKeen Cattel, Stanley Hall, Sir Cyril Burt, A. Jensen e H.J. Eysenck vêm sustentando o nativismo em formas mais ou menos radicais. Recentemente, depois de morto, Burt foi envolvido num enorme escândalo quando se descobriu que forjara dados que favoreciam sua posição, o que, embora nada prove em si mesmo, fortaleceu o ímpeto ambientalista e a suspeita de má-fé e "reacionarismo" que pesa sobre os nativistas.

10. Recomenda-se a leitura de DAWKINS, R. *O gene egoísta*. Belo Horizonte/São Paulo, Itatiaia/Edusp, 1979. Uma apresentação da sociobiologia através de exposições sintéticas e que dispensam uma formação especializada no leitor pode ser encontrada nos seguintes textos: WILSON, E. "Animal and human sociobiology". *Changing Scenes in Natural Science*, 12, 1977, p. 273-281. • WILSON, E. A consideration of the genetic foundation of human social behavior. In: BARLOW, G.W. & SILVERBERG, J. (orgs.). *Sociobiology*: beyond nature/nurture? Boulder: Westview Press, 1980, p. 295-306.

11. Cf. CHOMSKY, N. "Recent contributions to the theory of innate ideas". *Synthese*, 17, 1967, p. 2-11.

tesiana e do pensamento romântico organicista. O fenômeno linguístico essencial, segundo Chomsky, é o aspecto criativo da utilização da linguagem: a fala não está determinada pela associação fixa de palavras a estímulos externos ou a estados fisiológicos. O homem é capaz de emitir livremente frases nunca antes ditas e interpretar sem dificuldades enunciados absolutamente originais. Esta capacidade de inovar, em função de novas situações, elaborando um discurso perfeitamente coerente, seria a prova da impossibilidade de explicar o desempenho linguístico humano em termos mecanicistas e a aquisição da linguagem em termos empiristas. Supostamente, uma estrutura intelectual inata, atualizada no contato com a comunidade de falantes, condicionaria tanto a aprendizagem de uma língua particular, a partir de amostras reduzidas e frequentemente imperfeitas de fala, como a capacidade de falar e entender novos enunciados. Embora a posição a Chomsky tenha vindo recentemente contribuir para a polêmica "aprendido/inato" no campo da psicologia, forçoso é reconhecer que o autor não se insere na tradição funcionalista; muito ao contrário, representa o pensamento estrutural, proveniente da linguística, oriundo de uma problemática romântica e que será estudado dentro das matrizes compreensivas.

7.3 Os interacionismos

Não encontramos nunca as respostas ambientalistas e nativistas em forma pura e exclusiva. Esta pureza destruiria o que há de mais característico dos fenômenos vitais: "Quando consideramos a estrutura de um organismo e de seu ambiente [...] descobrimos que os elementos estruturais no organismo e no ambiente são coordenados, uns com os outros, de uma forma específica. O organismo é adaptado ao seu ambiente, e o ambiente, incluindo o ambiente interno, ao organismo de forma a manter a vida. O ambiente é assim expresso na estrutura de cada parte do organismo e vice-versa. [...] Destarte não podemos separar a estrutura orgânica da estrutura ambiental [...], não podemos defini-las como existindo isoladamente quando suas próprias existências expressam a mútua coordenação [...] Nós percebemos as relações entre as partes e o ambiente de um organismo como sendo de tal natureza que uma estrutura específica e normal é ativamente mantida. É esta manutenção ativa que chamamos vida". A citação do texto de Haldane[12] visa sintetizar uma compreensão da vida que em qualquer das disciplinas biológicas – incluindo-se a psicologia como ciência natural – veda a possibilidade de uma opção exclusiva, seja pelo controle ambiental seja pelo controle organísmico. Os próprios conceitos de "organismo" e "ambiente" não se podem definir senão em termos de interdependência. É natural, portanto, que exista uma terceira força entre o ambientalismo e o nativismo, tentando uma síntese capaz de apreender o organismo e o ambiente como elementos de uma totalidade autossustentada.

Baldwin, Lloyd Morgan e Poulton no final do século XIX, Waddington e Piaget no século XX são os autores cujas obras estão associadas à ênfase nas interações reciprocamente determinantes entre ambiente e organismo e entre a história do indivíduo e a história da espécie[13]. Como vimos, a ênfase na história do indivíduo implicava a supervalorização da aprendizagem e da experiência num ambiente determinado, enquanto a ênfase na história da espécie implicava a sobrevalorização do organismo na determinação do curso do seu desenvolvimento e na qualidade das suas experiências e das suas reações. Em 1896 Baldwin formulou o princípio que veio a ser denominado "princípio de Baldwin": "Este princípio garante a sobrevivência de certas linhas de variação filogenética nas direções de determinadas adaptações ontogenéticas de gerações anteriores [...]; novas adaptações desenvolvidas pelo indivíduo podem dar a direção da evolução sem a herança de caracteres adquiridos". No mesmo ano Morgan descreveu o processo de maneira mais clara e completa: além das estruturas e formas de reagir estereotipadas, um organismo herda uma certa plasticidade

---

12. O texto de J.S. Haldane foi extraído do seu livro *The philosophical basis of biology*. Nova York: Doubleday, Doran & Co., 1931, p. 13-14.

13. Acerca da posição interacionista em Baldwin, Morgan, Poulton, Waddington e Piaget, recomendam-se os seguintes textos: BRAESTRUP, F.W. "The evolutionary significance of learning". *Videnskabelige Medelelser Fra Dansk Naturhistorisk Forening*, 134, 1971, p. 89-102. • KLOPPER, P.F. & HAILMAN, J.P. *An introduction to animal behavior*. Englewood Cliff: Prentice Hall, 1967, p. 14-16. • PIAGET, J. Inteligencia y adaptación biológica. In: PIAGET et al. Op. cit., p. 75-92. • SMITH, J.M. Op. cit., p. 306-310.

inata (capacidade de aprender com a experiência); em situações estáveis o mais vantajoso é a estereotipia das formas, em situações variáveis o mais vantajoso é a plasticidade que permite modificações comportamentais originadas da experiência do indivíduo em um determinado ambiente; estas modificações não são transmitidas hereditariamente, como pensavam os lamarckistas, mas podem afetar o rumo da evolução da espécie, ao contrário do que se poderia imaginar em termos estritamente darwinianos; quando as condições ambientais se alteram sobrevivem apenas os organismos cuja plasticidade é adequada a esta mudança, facilitando a adaptação ontogenética; a partir daí variações geneticamente determinadas que facilitem ou mesmo dispensem as modificações ontogenéticas serão altamente vantajosas, ao contrário do que ocorria antes, quando estas mesmas variações eram eliminadas ou – não trazendo nenhum benefício – ocorriam em nível de acaso; desta forma aparece na população uma predisposição congênita, seja para uma rápida aprendizagem seja para o desenvolvimento, independente de aprendizagem, do comportamento em questão; "a modificação plástica conduz, e a variação germinal acompanha – uma pavimenta o caminho da outra". O aspecto relevante, desconsiderado tanto pelos lamarckistas como pelos darwinianos de estrita observância, é que a seleção natural atua sobre um material que se constitui na interação com o ambiente: o objeto da seleção é o fenótipo e não diretamente o genótipo. O que é selecionado, portanto, são linhas de desenvolvimento ontogenético. Ora, segundo Waddington, embriologista contemporâneo, "o desenvolvimento, tal como ocorre em organismos submetidos à seleção natural, é em geral canalizado, ou seja, é ajustado de forma a produzir o mesmo resultado final (adaptativo), apesar de algumas variações ambientais no seu curso". Esta canalização é ela mesma resultado da seleção natural. Por *assimilação genética* os melhores cursos de desenvolvimento passam a ser transmitidos hereditariamente de forma que um processo que inicialmente dependia de experiências específicas e/ou aprendizagem de alguns sujeitos, ao ser canalizado passa a ocorrer em todos os sujeitos independentemente (ou quase) de suas experiências: cada sujeito nasce preparado para exibir um caráter físico ou comportamental vantajoso com pouca ou nenhuma estimulação ambiental específica. O resultado do processo, contudo, não será necessariamente a rigidez fenotípica. Assim como Morgan, Waddington acredita que a plasticidade será mantida ou ampliada por seleção natural se e quando for condição de maior sucesso reprodutivo. Braestrup em 1971 cunhou o termo *modification steering* para denominar os fenômenos de interação entre ontogênese e filogênese descritos por Baldwin, Morgan, Poulton e Waddington em que a resposta adaptativa do indivíduo serve como guia para o processo evolutivo, indicando o genótipo a ser (indiretamente) selecionado.

Nenhum dos autores acima coloca-se como uma terceira posição, entre Lamarck e Darwin, mas como uma decorrência e desenvolvimento da teoria da seleção natural que permitia explicar em termos darwinianos fenômenos que pareciam militar a favor de Lamarck. Piaget, porém, alinha-se nesta mesma companhia, mas reivindica sua independência diante das alternativas clássicas. Desde seus precoces estudos malacológicos Piaget se interessara por fenômenos de adaptação ontogenética que tinham repercussão na filogênese. Toda a sua obra posterior expressa, em nível de estudo do desenvolvimento individual, como organismo e meio se determinam mutuamente. A simples aprendizagem e a simples maturação são superadas na direção de um estruturalismo genético, como se viu em capítulo anterior. Assim como a "terceira posição" nega que a variabilidade seja puramente aleatória, afirmando, ao contrário, que ela pode ser dirigida no sentido das adaptações ontogenéticas, ao nível ontogenético Piaget afirma que as reações do organismo não têm o caráter casual presumido nas teorias de ensaio e erro, mas obedecem a uma sistemática derivada da dimensão estrutural dos processos cognitivos, afetivos e motivacionais. Muito se teria a aprender acerca do desenvolvimento cognitivo, por exemplo, através da análise da história dos erros sistemáticos ao longo da infância e da adolescência.

Em Freud iremos encontrar um outro exemplo, menos explícito e mais ambíguo, talvez, da posição interacionista[14]. Neste pla-

---

14. Maria Jahoda conta que enquanto preparava seu livro sobre a psicanálise ocorreu-lhe de no mesmo dia ler um artigo apontando Freud como inatista e outro que o identificava como ambientalista. Cf. *Freud and the dilemmas of psychology*. Londres: The Hogarth Press, 1977, p. 3.

no, contudo, como em tudo o mais, a grande originalidade da psicanálise advém do caráter essencial que tem o conflito no pensamento de Freud. Natureza e ambiente – e em particular o ambiente social – não apenas estão indissoluvelmente associados como são polos de um antagonismo. O desenvolvimento individual reflete assim a luta entre o natural – o instinto – e as possibilidades oferecidas pelo ambiente físico e social à atualização da natureza (e estas possibilidades são restritivas). Na estrutura da personalidade do indivíduo concretizam-se os resultados do conflito de forma a torná-la essencialmente e simultaneamente natural e social. Desaparece na psicanálise a separação entre, de um lado, "influências" biológicas e, de outro, "influências" sociais. O indivíduo não existe como um dado prévio que possa vir a ser "influenciado". Ele se *constitui* exatamente no processo de luta – e encontro de soluções de compromisso – entre a natureza e a sociedade. Nesta luta e nestas soluções os dois polos revelam determinações essenciais um do outro: todo instinto visa um objeto, e esta intencionalidade brentaniana estabelece que a realização da vida instintiva passa por algo "fora" do impulso, algo que o nega; inversamente, objeto constitui-se pela intencionalidade do extinto: a realidade física transforma-se em realidade psíquica, dotada de significado e valor, através de um investimento de energias instintivas. O desenvolvimento do indivíduo é uma história das vicissitudes do instinto e ao mesmo tempo das metamorfoses do mundo.

Alguns discípulos de Freud, rompendo o equilíbrio dinâmico do mestre, deram uma independência que não se encontrava na obra original, seja aos "fatores" biológicos seja aos ambientais. A noção de inconsciente coletivo de Jung[15], por exemplo, refere-se a

---

15. A possibilidade de uma transmissão hereditária de imagens e fontes de repressão instintiva chegou a ser aventada pelo próprio Freud: "Aonde, dentro da civilização, o recalque se apresenta na ausência destes dois fatores (educação e exemplo) a hipótese faz compreender que uma exigência imemorial tornou-se finalmente o patrimônio organizado hereditário do homem. A criança que produz espontaneamente a repressão dos instintos não faria mais que repetir assim um fragmento da história da civilização. O que é hoje um entrave interior, foi outrora um entrave exterior" (FREUD, S. *L'intérêt de la psychanalyse*, p. 93). Em Jung a ideia é sustentada com toda a decisão e amplitude: "Em cada indivíduo, aparte das reminiscências pessoais, existem as grandes imagens 'primordiais' [...] são possibilidades de humana representação, herdadas na estrutura do cérebro e que produzem remotíssimos modos de ser" (JUNG, C.G. *El inconsciente*. Buenos Aires: Losada, 1976, p. 83).

uma camada de "reminiscências" constituídas ao longo da história da humanidade e transmitidas ao sujeito hereditariamente. Em contraposição, os culturalistas[16] enfatizam as "influências" sociais. Nos dois casos, mas principalmente no segundo, há uma diluição do conflito entre o natural e o ambiental, que é o traço mais característico da psicanálise freudiana.

Além de Piaget e Freud, que assumiram tão integralmente o ponto de vista interacionista que qualquer abandono deste ponto de vista corresponde a uma revisão básica de suas teorias, autores provenientes de áreas mais marcadas pelas opções extremas – ambientalista e nativista – acabaram por se aproximar da "terceira posição"[17]. Em 1953 D. Hebb e em 1955 F.A. Beach, em artigos que se tornaram clássicos, atacaram a dicotomização do comportamento em inato e aprendido mostrando que todo comportamento depende tanto de hereditariedade como de experiências. Beach, efetivamente, nega que o conceito de instinto tenha qualquer utilidade, enquanto for definido como "o que não é aprendido". Por outro lado, propõe a tese de que tanto o aprendido como o que não o é estão sob controle genético. Ao mesmo tempo, em ambos os casos o desenvolvimento do comportamento dependeria também de contato com o meio ambiente. Em 1970 D.S. Lehrman publicou um outro importante artigo em que, além de fazer uma revisão completa em toda a literatura favorável à superação da dicotomia clássica, efetua uma análise conceitual que mostra os diferentes significados dos termos inato e aprendido em diferentes contextos: no contexto da genética o termo inato vem sendo usado de forma correta para designar a possibilidade de prever a distribuição de um caráter morfológico

---

16. Cf. HORNEY, K. Op. cit., onde o ataque ao "biologismo" de Freud é explicitado no último capítulo, p. 203-209.

17. Cf. BEACH, F.A. "The descent of instinct". *Psychological Review*, 62, 1955, p. 401-410. • HEBB, D.O. "Heredity and environment in behavior". *British Journal of Animal Behavior*, 1, 1953, p. 43-47. • LEHRMAN, D.S. Semantic and conceptual issues in the nature/nurture problem. In: ARONSON, L.R. et al. (orgs.). *Development and evolution of behavior*. São Francisco: W.H. Freeman, 1970, p. 17-52. • SELIGMAN, M. "On the generality of laws of learning". *Psychological Review*, 77, 1970, p. 406-418. Cf. tb., como representativa da posição interacionista na psicometria, EYSENCK, H.J. The bio-social model of man and the unification of psychology. In: CHAPMAN, A.C. & JONES, D.M. Op. cit., p. 49-60.

ou comportamental na população a partir da distribuição deste traço nos ancestrais. Neste nível evolutivo nada se afirma acerca de uma suposta independência do desenvolvimento do referido caráter em relação ao ambiente ou de uma suposta impermeabilidade às pressões modeladoras da experiência. O conceito inato só deve e precisa ser evitado quando, no contexto dos estudos da ontogênese, passa a designar uma fixidez de desenvolvimento, em oposição à plasticidade comportamental. No plano da ontogênese, tanto o comportamento mais fixo como o mais plástico dependem de interações com o meio para se desenvolverem, enquanto no plano da evolução tanto a fixidez como a plasticidade são objetos da seleção natural e transmitidas por hereditariedade genética. No mesmo ano, 1970, M. Seligman, coroando uma série de trabalhos realizados na década de 60 por vários pesquisadores americanos, publicou um artigo questionando a generalidade das leis da aprendizagem e, particularmente, a suposição de equipotencialidade de estímulos e respostas. Ao invés da equipotencialidade passa-se a supor uma "preparação" da aprendizagem: há vários graus de facilidade de aprender, de solucionar problemas. Estes graus se distribuem nas diversas espécies de uma forma que torna impossível dizer se uma é mais ou menos "inteligente" que outra: há relações fáceis de aprender para um rato e difíceis para o ser humano. Destes fenômenos se infere a existência de aprendizagens privilegiadas em cada espécie – seriam relações entre eventos naturais ou entre comportamentos e consequências que, sendo críticas para adaptação dos indivíduos da espécie, colocam em posição muito vantajosa aquele que tenha mais rapidez e precisão na aprendizagem. Vê-se aí, claramente, um retorno ao "efeito de Baldwin" e ninguém menos que Skinner passa a admitir esta determinação genética da aprendizagem e mesmo a existência de padrões "instintivos" modelados apenas pelas contingências naturais que determinaram a evolução da espécie[18]. Em suas obras recentes há inúmeras referências à filogênese e o conceito de Waddington – assimilação genética – é expli-

---

18. Cf. SKINNER, B.F. "The phylogeny and ontogeny of behavior". *Contingencies of Reinforcement*. Nova York: Aplleton Century, 1969, p. 172-216.

citamente mencionado. Lorenz, por sua vez, superou numa obra da década de 60 a visão dicotômica em termos de natureza do comportamento (comportamento instintivo *versus* comportamento apetitivo finalizado) postulando uma outra divisão relativa agora às origens da informação que se expressa nos comportamentos adaptativos: informação filogenética – armazenada no dote genético e que atua na regulação das interações do organismo com o meio, determinando inclusive a forma e os resultados da experiência empírica – e informação ontogenética – adquirida pelo sujeito ao longo da vida[19]. Lorenz nega assim a possibilidade da aprendizagem ser interpretada apenas como efeito da experiência: o significado que a experiência tem como geradora de aprendizagem é determinado pela carga genética. Ficamos muito próximos da ideia de preparação da aprendizagem dos psicólogos comparativos americanos. versus

Em conclusão: sempre se manteve vivo e atuante o ponto de vista interacionista, mas hoje ele tende a se tornar o ponto de vista dominante, refutando o ambientalismo radical e o nativismo. Entretanto, estamos longe do enterro destas posições extremadas e convém procurar entender o contexto cultural que durante muito tempo lhes garantiu a dominância e ainda hoje assegura a sobrevivência.

7.4 Raízes socioculturais das submatrizes ambientalista e nativista

O apogeu do empirismo epistemológico está associado à luta antidogmática da nova ciência e à luta contra a autoridade não legitimada pela razão e pelo consenso. Nesta luta, a experiência do indivíduo era o tribunal, e o seu discernimento era sua capacidade de aprender e julgar, o juiz de todas as ideias acerca da realidade. O sujeito se tornava independente de toda sujeição e de toda tradição. Mas a dialética do empirismo, ao pôr em questão as ideias feitas, resultava no ceticismo que diluía a certeza acerca do mun-

---

19. Cf. LORENZ, K. *Evolución y modificación de la conducta*. México: Siglo Veintiuno, 1971.

do e a certeza acerca do próprio sujeito. Restavam apenas as sensações e os nomes inventados para designar conjuntos de sensações que porventura aparecessem juntas com certa regularidade. A noção de sujeito nada mais era que um desses nomes. O ambientalismo biológico, igualmente, resultava, como já se viu, na diluição do organismo: o ambiente exercia um poder absoluto de criar e modelar o organismo a partir de algumas propriedades simples e indiferenciadas da matéria orgânica, como a irritabilidade. No ambientalismo/empirismo psicológico unem-se traços progressistas e conservadores diretamente derivados de suas origens na teoria do conhecimento e na biologia. O ambientalismo faz uma profissão de fé igualitária: todos são iguais e todos podem aprender. Isenta, ainda, o indivíduo das responsabilidades de uma série de problemas que passam a ser atribuídos ao "meio". A transformação do meio segundo uma concepção de progresso e desenvolvimento torna-se para o ambientalista a solução necessária e definitiva dos males da sociedade e do indivíduo. Mas, por outro lado, se "sujeito" é apenas um nome que se dá a um conjunto de sensações e não tem qualquer realidade própria, se o organismo é criado e modelado pelo meio, desaparece qualquer possibilidade de tensão entre o indivíduo e a sociedade. Sempre que, eventualmente, aparece algum conflito, ele deve ser solucionado com a adaptação do sujeito. Ora, nesta medida o objetivo de transformar o ambiente não pode ficar a cargo dos sujeitos, que são eles próprios produtos do ambiente. O poder de transformação acaba então monopolizado por aqueles poucos que, não se sabe como, furtam-se ao controle ambiental: os tecnocratas, entre os quais, modestamente, o psicólogo. O ambientalismo, ao despojar o indivíduo de qualquer possibilidade de autodeterminação, legitima o poder monopolizado, a tecnoburocracia, a planificação autoritária. Não se pode dizer, contudo, que este poder seja do tipo fascista. Falta-lhe a ênfase elitizante, racista, truculenta, repressiva. Sobra-lhe em contraposição a ênfase progressista, igualitária, a pretensão de neutralidade técnica a serviço dos interesses coletivos. Trata-se, portanto, de um fenômeno cultural decorrente da dialética iluminista e, nesta medida, muito mais característico do totalitarismo de esquerda prevalente nos países comunistas.

Já o nativismo biológico esteve sempre associado à política de direita, ao racismo, ao colonialismo e ao elitismo. O racionalismo epistemológico, por sua vez, embora não estivesse originalmente comprometido com a reação – ao contrário, Descartes e Kant são arautos do progresso, e o último um admirador da Revolução Francesa – converte-se no século XIX através de Schelling e Schopenhauer em sustentação do subjetivismo irracionalista. Com Schopenhauer a filosofia passa a identificar o *a priori* transcendental com o inato, tal como Muller e Hering, na fisiologia, naturalizando o kantismo. Este inato condicionaria nosso conhecimento do mundo de forma a fazer do "mundo" apenas uma representação subjetiva destituída de qualquer necessidade e universalidade. O sujeito individual erige-se em fundamento e fim de todo conhecimento. Como fundamento do conhecimento, o sujeito atrela a si o objeto retirando-lhe toda existência autônoma – temos aí o idealismo subjetivo; como fim do conhecimento, o sujeito o constitui como expressão de uma vontade: "Todo conhecimento, seja racional ou intuitivo, provém assim da vontade [...], é um simples meio de conservação do indivíduo e da espécie [...] Estando originalmente a serviço da vontade para a realização de seus objetivos, o conhecimento lhe permanece sempre submetido". Temos aí o voluntarismo irracionalista. Na psicologia contemporânea o nativismo biológico e este subproduto da tradição racionalista, que é o subjetivismo irracionalista, ao enfatizar a relatividade do conhecimento, a consequente impossibilidade de consenso racional, as diferenças individuais e étnicas de ordem genética etc. têm militado a serviço da legitimação do autoritarismo nazifascista, da hierarquização da estrutura social que respeite a hierarquia das capacidades e valores individuais e étnicos, do uso da força e da repressão como formas de controle social, da violência como forma de solução de conflitos. Neste contexto merece menção o fato de que as duas manifestações mais recentes do nativismo em psicologia contribuem, de formas diferentes, para evitar este compromisso do nativismo com a política de direita. A sociobiologia tem se esforçado em explicar o surgimento e a manutenção, através da seleção natural, dos comportamentos pró-sociais de solidariedade, de reciprocidade, de altruísmo etc., mostrando assim que os fatores de coesão social também fazem parte da natureza animal. Isto, contudo, não impediu que os ambientalistas, principalmente os comunistas, assestassem suas baterias ideológicas contra a sociobiologia atacando-a como um renascimento do darwinismo social. Chomsky, por sua parte, ataca o ambientalismo em termos políticos denunciando-o – no que tem razão – como um progressismo autoritário. Segundo ele, contudo, apenas o que não tem apoio nos dados, sendo claramente uma ideologia teórica, pode e precisa ser denunciado e investigado em termos políticos. O seu nativismo, aparentemente, escaparia a este nível de análise. Com esta suposição bastante suspeita de uma separação absoluta entre ciência e ideologia, Chomsky furta-se assim à obrigação de defender sua posição no mesmo plano em que ataca a de autores ambientalistas, como Skinner.

Enquanto o ambientalismo e o nativismo radicais encaminham-se para a sustentação de concepções autoritárias de exercício do poder, a posição interacionista – representada exemplarmente em Piaget e em Freud – inclina-se para a legitimação do autocontrole e, nessa medida, contém um potencial crítico em relação às formas vigentes de sociabilidade. O fenômeno de autorregulação é um dos fenômenos essenciais da matéria orgânica; a autorregulação é um dos conceitos fundamentais da biologia. Vemos agora que apenas o ponto de vista interacionista é fiel e esta noção e o texto de Haldane com que iniciei a seção 4 deste capítulo poderia tornar a ser lido com proveito. É neste sentido que Piaget merece o título de o mais completo e perfeito funcionalista; a imagem de organismo e de indivíduo que se propõe no conceito de moral autônoma representa a quinta-essência do pensamento funcional. A autorregulação pela moral autônoma, recordemos, é o estado de equilíbrio entre o indivíduo e a sociedade em que ambos se coordenam e se mantêm. A moral da autonomia permite que o indivíduo se resguarde e alcance seus objetivos sem detrimento dos interesses coletivos – supõe-se que isto não apenas é desejável como possível. Creio que não seria inadequado afirmar que Piaget constrói sua obra sobre o fundamento da ideologia liberal, o que de maneira nenhuma significa colocá-la no nível de uma ideologia teórica, mas que a situa no espaço e no tempo da cultura e esclarece seus limites. Em Freud, porém, o interacionismo, além de corresponder à plena realização do ideal funcionalista e liberal, está integrado, numa combinação original, com uma teoria do conflito que rompe com a matriz funcionalista e organicista; mas rompe também, ao contrário do que pretendia Freud, com a concepção da psicologia como ciência natural. É chegado, então, o momento de olharmos para as alternativas que se oferecem naquilo que no capítulo 2 denominei de matrizes românticas e pós-românticas.

8
MATRIZ VITALISTA E NATURISTA

As matrizes românticas e pós-românticas não se articulam com um tronco comum, como sucede com as matrizes mecanicista e funcionalista em relação à nomotética e quantificadora. Não obstante, pode-se detectar entre elas uma certa afinidade na consideração da especificidade do objeto da psicologia e na denúncia da inadequação ou insuficiência dos métodos das ciências naturais para o estudo dos fenômenos subjetivos. Há em todas a preocupação com apreender a experiência do sujeito na sua "vivência concreta", anterior às abstrações e à objetivização promovidas pelas metodologias científicas adotadas nas ciências exatas e biológicas. Cabe agora enfocar cada uma dessas matrizes em sua especificidade.

8.1 O bergsonismo: um exemplo

A obra de Henri Bergson (1859-1941)[1] será objeto de alguns comentários que visam apresentá-la, não como inspiradora de linhas atuais do pensamento psicológico, mas como representati-

---

1. Várias obras de Bergson estão traduzidas para o português e recomenda-se a leitura de qualquer uma delas. No caso de Bergson, é imprescindível ler para entrar em contato com o estilo poético de sua retórica. Os diversos trechos de Bergson reproduzidos neste capítulo foram extraídos de *A evolução criadora* (Rio de Janeiro: Zahar, 1979). Acerca de Bergson recomendam-se as seguintes sínteses e comentários, facilmente acessíveis ao leitor brasileiro: RUSSEL, B. *História da filosofia ocidental*. Vol. 2. São Paulo: CEN, 1957, p. 359-381. • VERDENAL, R. A filosofia de Bergson. In: CHATELET, F. (org.). *História da filosofia*. Vol. 6. Rio de Janeiro: Zahar, 1974. Estes dois trabalhos são bastante críticos e pouco simpáticos a Bergson. O texto de Russel, um dos mais alentados capítulos sobre autores contemporâneos, da sua história da filosofia, é muito interessante pelo confronto do racionalismo liberal, agudo, crítico e equilibrado com o desvario estetizante e irracionalista – há passagens francamente hilariantes. Uma boa apresentação, curta, de fácil compreensão e simpática a Bergson, pode ser encontrada em WAHL, J. *Tableau de la philosophie française*. Paris: Gallimard, 1962, p. 115-138.

va de determinadas orientações intelectuais e afetivas presentes nestas linhas e, particularmente, em algumas formulações ecléticas e de senso comum.

Bergson inicia sua reflexão filosófica como psicólogo – introspeccionista – e mantém-se sempre atento às informações, impressões e sentimentos que lhe chegam por esta "via privilegiada": "A existência de que estamos mais seguros e que melhor conhecemos é incontestavelmente a nossa", afirma Bergson justificando o ponto de partida (cartesiano) para a elaboração de toda a sua cosmologia. Seus primeiros trabalhos versaram sobre os dados imediatos da consciência e sobre a memória. Na metafísica de *A evolução criadora* é ainda a introspecção que fornece a Bergson a imagem mais nítida dos fenômenos vitais, caracterizados pela dimensão temporal. (Observe-se como, contrariando um dos pilares do cientificismo, que mantém diante do sujeito uma posição desconfiada, quando não francamente hostil, Bergson imerge na subjetividade para depois estender sua reflexão a toda existência natural.) Vida é mudança; é transição contínua entre qualidades sensoriais, volitivas, afetivas, mnemônicas, irredutíveis umas às outras; nada permanece nem se repete; nada se oferece espontaneamente à consciência introspectante enquanto coisa com contornos e limites precisos: "Indagamos que sentido exato nossa consciência dá à palavra 'existir' e verificamos que, para um ser consciente, existir consiste em mudar, mudar amadurecendo, amadurecer criando-se infinitamente a si mesmo". "A duração é o progresso contínuo do passado que rói o futuro e infla ao avançar". "Onde quer que alguma coisa viva, haverá aberto em alguma parte um registro aonde o tempo se inscreve". Em seguida, Bergson argumenta contra o mecanicismo e contra o finalismo radicais alegando que nenhum dos dois respeita a natureza absolutamente original da evolução criadora. Mecanismo e finalismo reduzem a evolução ao desdobramento inexorável e determinado de algo já dado uma vez por todas na forma de uma causa primeira ou de uma finalidade última. A evolução, contudo, seria essencialmente imprevisível e indeterminada. Contrastando a filosofia bergsoniana com as diferentes formas de oposição entre a ordem e o tempo, pode-se observar como Bergson mantém-se cativo desta antinomia, invertendo, contudo, os sinais valorativos:

a ordem é desprezada em benefício do tempo, cuja natureza é a de destruir a ordem num processo contínuo de criação. Bergson reconhece, entretanto, alguma verdade nos esquemas macanicistas e finalistas característicos das ciências físicas e biológicas (no caso destas Bergson tem em mente o evolucionismo de Spencer que na verdade era uma ideologia científica e não uma teoria científica da evolução; Bergson, aparentemente, nunca entendeu Darwin, nem percebeu que aquilo cuja possibilidade ele negava – uma ciência natural dos fenômenos temporais, livre do mecanicismo e do finalismo metafísico – já existia). Estes esquemas correspondem ao modelo da ação tecnológica da qual se originam e à qual prestam serviço. O ser vivo para se adaptar deve ser capaz de estabelecer com a matéria inorgânica uma interação mediada por instrumentos práticos – ferramentas – e teóricos – conceitos e lógica – (de onde derivaria o esquema mecanicista); esta interação deve estar orientada por metas e planos de ação (de onde derivaria o esquema finalista). No homem, o intelecto teria se desenvolvido com vistas à adaptação através de uma ação instrumental voltada para previsão e controle da matéria inorgânica: "nossa inteligência no sentido estrito da palavra destina-se a garantir a inserção perfeita de nosso corpo em seu meio ambiente, a representar-se as relações das coisas externas entre si, enfim, a pensar sobre a matéria". O intelecto concebe, nos esquemas mecanicistas e finalistas, as formas das relações espaciais entre corpos de maneira a orientar o trabalho humano: o *homo sapiens* é essencialmente *homo faber*. Por seu formalismo, o intelecto é de ampla e universal aplicabilidade aos eventos espaciais. Em contrapartida, pela universalidade formal paga o preço da incapacidade de apreender a realidade enquanto processo, ou seja, apreendê-la "de dentro", no constituir-se, em que importa, não as formas das relações espaciais e lógicas entre coisas, mas o conteúdo íntimo da coisa em sua temporalidade intrínseca. Para Bergson, a apreensão dos conteúdos particulares e concretos – mas por isso mesmo carentes de universalidade – é obra dos instintos. Inteligência e instintos são as duas grandes linhas evolutivas do reino animal e representam formas divergentes de manifestação da mesma *força vital*. Entre inteligência e instinto não há diferença de grau, mas de natureza; um não é melhor que o outro – são diferentes: "A inteligência, encarada no que parece ser seu empenho original, é a faculdade de fabricar objetos artificiais, sobretudo ferramentas, de matéria inorgânica [...].O instinto acabado é uma faculdade de utilizar e mesmo construir instrumentos orgânicos; [...] se encararmos no instinto e na inteligência o que ambos encerram de conhecimento inato, verificamos que esse conhecimento inato recai sobre as coisas no primeiro caso e sobre as relações no segundo; [...] a inteligência é caracterizada por uma incompreensão natural da vida; [...] pelo contrário, no próprio molde da vida é que se forma o instinto; [...] enquanto a inteligência trata as coisas mecanicamente, o instinto age organicamente [...]" Nas diferentes espécies domina ora instinto ora inteligência, mas nunca com exclusividade, e é isso que permite ao homem – em quem o foco luminoso da inteligência está cercado por uma franja de instintos incipientes – buscar uma forma superior de "conhecimento", que é a *intuição*. A passagem do instinto à intuição e suas novas relações com a inteligência são expostas por Bergson da seguinte forma: "Instinto é comunhão; se essa comunhão pudesse estender seu objeto e também refletir sobre si mesma, ela nos daria a chave das operações vitais [...], a inteligência, por intermédio da ciência que é sua obra, acabará por nos revelar paulatinamente o segredo das operações físicas; da vida ela não nos dará, nem aliás pretende dar, senão uma tradução em termos de inércia. Ela gira em volta, tomando de fora o maior número possível de ângulos [...]. Mas ao próprio interior da vida é que nos conduziria a *intuição*, quero dizer, o instinto que se tornou desprendido, consciente de si mesmo, capaz de refletir seu objeto e de o ampliar infinitamente". A intuição não nos proporcionará conhecimento propriamente dito, informações comunicáveis em termos precisos, num discurso racional (conceito e lógica são produtos e servos da inteligência e da ação instrumental); "a intuição, contudo, poderá fazer-nos captar o que os dados da inteligência têm de insuficiente [...], ela nos deverá sugerir pelo menos o sentimento vago do que é preciso pôr no lugar dos esquemas intelectuais".

Vemos em Bergson instaurar-se a mística da fluidez e da indeterminação que tem a pretensão de representar uma posição metacientífica: mais precisamente, com a pretensão de constituir-se na "verdadeira ciência" da vida. A mística, efetivamente, procura apresentar-se como fundada numa leitura e interpretação fiel da biologia do século XIX e são inúmeros os pontos de contato entre Bergson e os pragmatistas americanos: a mesma perspectiva de conceber as funções psíquicas no contexto dos fenômenos vitais, a mesma subordinação dos processos intelectuais às necessidades da ação adaptativa. A grande e fundamental divergência é que, enquanto os pragmatistas e funcionalistas americanos encontram na biologia a legitimação naturalista da ciência natural, incluindo a psicologia, Bergson – sem negar a relevância da ciência natural no terreno da matéria inorgânica (ao contrário, é mais confiante que os pragmatistas no potencial gnosiológico da ciência) – estabelece uma interdição ao estudo naturalista dos fenômenos vitais e, em particular, à psicologia. A ciência, produto do intelecto, não entende nada da vida. Neste caso a psicologia científica seria um contrassenso. A promessa de previsão e controle seria uma farsa. O que se pode esperar, então, de uma psicologia que renuncia voluntariamente ao *status* de ciência e se apresenta como metafísica, que se recusa a usar as faculdades intelectuais, que denuncia a lógica e o conceito, colocando a própria comunicação discursiva de conteúdos psicológicos numa situação periclitante. A resposta para esta questão parece decorrer da apreciação de Bergson acerca da experiência estética. Tentando justificar a viabilidade de uma apreensão intuitiva dos fenômenos vitais, Bergson afirma que "um esforço deste gênero não é impossível, como o demonstra a existência no homem de uma faculdade estética ao lado da percepção normal (estruturada de acordo com as necessidades da ação sobre os sólidos que se dispõem no espaço). Nosso olho percebe os traços do ser vivo, mas justapostos uns aos outros e não organizados entre si. A intenção da vida, o movimento simples que corre através das linhas e que liga umas às outras e lhes dá uma significação, escapa-lhe. Esta intenção é que o artista visa captar, colocando-se no interior do objeto por uma espécie de comunhão, abaixando por um esforço de intuição a barreira que o espaço interpõe entre ele e o modelo". Vista deste ângulo, a psicologia metafísica não é um corpo doutrinário e muito menos um arsenal de técnicas e instrumentos. É uma arte delicada e sutil da qual a própria ideia de utilidade deve ser cuidadosamente afastada sob o risco de perversão. Mas se não tem utilidade, ela tem um interesse: o de promover a comunhão entre o indivíduo e o fluxo vital de que faz parte e que o constitui. É este o interesse, aliás, que atravessa toda a obra de Bergson e que o leva a uma estetização generalizada no plano das ideias e no plano do estilo. É impossível separar a metafísica bergsoniana da sua prosa artística; é impossível entendê-lo sem lê-lo. Sem os ornamentos do estilo, a obra de Bergson pode, inclusive, ser percebida como um amontoado incoerente, pobre, mas inócuo, de baboseiras. No presente contexto, porém, não cabe a discussão de Bergson (o que aliás já foi feito admiravelmente por Politzer)[2], mas apenas a exposição de um pensamento que, no início do século XX, antecipava diversas correntes da psicologia contemporânea que, a rigor, nem ao menos mencionam o nome de Bergson como precursor.

8.2 O humanismo romântico

Naturalmente, a institucionalização da profissão de psicólogo não é compatível com a noção bergsoniana de psicologia, que supõe uma prática mais semelhante à dos grandes inspirados e inspiradores – artistas, santos, heróis – do que à dos pedestres profissionais liberais. Entretanto, uma boa parte das seitas psicológicas que proliferam diariamente nas grandes metrópoles culturais, e que diariamente são importadas para o Brasil, estão marcadas por estas imagens diáfanas e sublimes do psicólogo/mago/guru da comunhão universal[3]. Vestígios do discurso estetizante encontram-se nos autores autoproclamados humanistas. "Cura", "reeducação", "solução de problemas" etc., todo o elenco dos projetos naturalistas é substituído pela promessa e pela

---

2. Cf. POLITZER, G. "El bergsonismo: fim de um alarde filosófico". *Psicologia concreta*. Buenos Aires: Jorge Álvarez, 1965, p. 141-224.

3. Talvez seja necessário novamente esclarecer que não há relações diretas entre Bergson e os autores que serão nomeados neste capítulo. Na filosofia bergsoniana estão reunidos, isto sim, temas e atitudes que caracterizam muito do senso comum psicológico e que se encontram dispersos em várias orientações, escolas e seitas contemporâneas. Nenhuma delas, todavia, pode ser apresentada como uma "psicologia bergsoniana" e em muitas há também vestígios de outras matrizes.

esperança da fruição estética do sujeito por ele mesmo, pela entrega do sujeito à corrente da vida, impetuosa, criativa... "um barato"! São nítidas também as manifestações da mística da liberdade, da autorrealização ininterrupta e do vitalismo energetista. A noção de uma força criativa, de um impulso vital, de um motivo de autorrealização e crescimento, ou de uma energia cósmica, como o *Orgon*, aparece de forma mais ou menos metafórica (como nos humanismos de Maslow e Rogers), ou mais acentuadamente fisicalista (como na bioenergética de Lowen, inspirada nas sandices do último Reich). O objetivo da terapia seria libertar esta energia, dar-lhe campo para atualizar-se na criação. Para que tanto haveria que abolir as constrições sociais que se incorporam na rigidez do caráter, na máscara, nas defesas. À uniformidade do que é modelado e submetido pela sociedade deve-se opor a diversidade do autêntico, do individual. Como em Bergson, o misticismo da criação e da indeterminação se associa ao intuicionismo e à desvalorização da lógica e do pensamento conceitual: o autêntico é o pré-simbólico, o incomunicável, a experiência absolutamente pessoal e intransferível. A linguagem é posta na berlinda e as intervenções não ou antiverbais conquistam uma grande simpatia. Seria no e pelo corpo, no e pelo gesto, nos movimentos viscerais que se expressam os motivos autênticos, os sentimentos genuínos.

8.3 O irracionalismo conformista

O intuicionismo irracionalista e o vitalismo não são exclusividade de Bergson entre os filósofos modernos. Contudo, com ele é que vejo as maiores afinidades do discurso do antirracionalismo psicológico que, em diferentes versões, compõem uma espécie de contracultura de senso comum. Ao contrário de Schopenhauer e de Nietzsche, ao contrário de Kierkegaard e dos existencialistas – com os quais, equivocadamente, é muitas vezes associada – a contracultura de senso comum assemelha-se a Bergson na eliminação de toda virulência crítica, de toda negatividade. O irracionalismo daqueles autores é sombrio, suas filosofias da vida ou da existência são agressivas e, embora talvez permaneçam prisioneiros do universo cultural que se propõem destruir, não se lhes pode negar o valor enquanto momentos de crítica eloquente ao cientificismo e ao totalitarismo da razão administrativa e do espírito de sistema. Nesta crítica a subjetividade individual se contrapõe ferozmente a todos os limites e condicionamentos, reivindica a mais absoluta independência e a total responsabilidade por seus atos. Bergson (como Maslow, Rogers, a terapia gestáltica, a bioenergética) divulga uma visão otimista e positiva da condição humana. A inteligência é limitada, mas felizmente a intuição é possível, sem que seja necessário negar a imensa utilidade da inteligência e os grandes benefícios materiais que ela nos proporciona. A libertação da energia vital, a atualização dos motivos autênticos de crescimento e de criação não dependem de nenhuma transformação das condições de existência, mas de uma nova atitude (cuja emergência é a meta da terapia) que abra para o indivíduo o campo maravilhoso da sua própria subjetividade, até então encarcerada pela lógica, pelas obrigações da ação eficiente e pelos compromissos sociais. O sujeito autoatualizado, segundo Maslow, percebe melhor a realidade e se relaciona melhor com ela; aceita melhor a si e aos outros; é espontâneo; tem autonomia; é dado a experiências místicas; é criativo; tem senso de humor etc. Para Rogers, a psicoterapia deveria facilitar a emergência de indivíduos abertos à experiência, receptivos, sem defesas; indivíduos capazes de funcionar como participantes e observadores dos processos vitais, sem tentar exercer o controle sobre eles; indivíduos confiantes nos próprios sentimentos; indivíduos completamente engajados ao processo de ser e tornar-se, descobrindo, na sua mais profunda intimidade, que esta é naturalmente pró-social. A autoatualização identifica-se com a genuína integração na vida comunitária, assim como para Bergson a vivência autêntica da subjetividade identifica-se à imersão na corrente criadora do *élan vital*.

O retorno ao subjetivo, pelo atalho da intuição, com vistas a uma pretensa libertação das forças vitais que nele jazem amortecidas, é um projeto de tal forma banalizado e incorporado ao senso comum da prática psicológica – especialmente, preenchendo um vácuo teórico e dando uma certa consistência às atividades profissionais, entre os "ecléticos" – que se impõe uma tentativa de analisá-lo em sua dimensão ideológica. Para tanto devemos investigar quais as práticas sociais que são legitimadas por este tipo de romantismo aguado.

A suposição subjacente ao bergsonismo e a muitas versões humanistas, bem como à terapia gestáltica, a outras terapias corporais, como a de Feldenkrais, e à bioenergética, é que a realidade psíquica tem uma existência pré-simbólica e mesmo antissimbólica. Contudo, em momento algum supõe-se que a libertação destes conteúdos vitais profundos venha a comprometer a vida em sociedade. Supõe-se, assim, uma compatibilidade entre a autêntica realização do indivíduo e a felicidade coletiva, enquanto que no plano do conhecimento supõe-se a complementaridade entre o discurso racional e a intuição dos processos vitais. Esta harmonia pode ser acidentalmente prejudicada, mas neste caso uma reforma intelectual (valorização do instinto e da intuição que estariam sendo preteridos devido ao excesso de intelectualismo racional) e uma reforma psicológica (reconquista da fluidez, da liberdade etc.) reconduziriam as relações entre indivíduos e sociedade, entre natureza e cultura ao seu nível ótimo. A natureza é sempre boa, é sempre positiva, é uma fonte inesgotável de criações e prazeres; a sociedade pode não ser tão boa, mas nada impede que se torne, e isto dependerá essencialmente da transformação do indivíduo, que nada mais é que a sua autêntica realização, que a atualização infinita do potencial de vida que habita cada sujeito. Tais concepções, naturalmente, legitimam o projeto de "autocurtição" e a autocomplacência, ao mesmo tempo que desautorizam qualquer projeto de crítica racional e transformação da realidade. Não deixa de ser suspeito que o indivíduo se descubra como dono inalienável de um tesouro – que é sua própria vida – no momento que sua produção, seu consumo, seu trabalho, seu lazer, seus motivos e suas emoções são medidos, previstos e programados de forma a se integrar docilmente à dinâmica da cultura de massas. O subjetivismo de Bergson é um subjetivismo anêmico, incapaz da menor resistência efetiva contra a massificação, a estereotipia, a repressão: o próprio irracionalismo bergsoniano é muito bem comportado e não compromete ninguém com a crítica radical da racionalidade estreita e reduzida à pura instrumentalidade. Enquanto o funcionalismo – principalmente nas suas versões interacionistas que superam a visão de ambiente e organismo como fatores independentes – parece representar o velho liberalismo burguês em sua forma viril e progressista, o vitalismo naturista parece corresponder à forma magoada e "feminina" do liberalismo. O vitalismo historicamente representara uma resistência ao imperialismo mecanicista e atomista e, neste contexto, desempenhara uma função crítica ao reducionismo físico-químico. Ao final do século XIX contudo, com a biologia florescendo e enfrentando cientificamente seus desafios teóricos e metodológicos, o vitalismo reduz-se a uma pura ideologia sem qualquer valor cognitivo. Enquanto ideologia parece identificar-se como uma reação à maré montante das ideologias pós-liberais e autoritárias e ao cientificismo positivista. Mas é uma reação inconsequente porque, ao simplesmente inverter os valores dos termos em oposição – ordem e história, razão e vida –, renega a racionalidade e o impulso crítico. No plano do conhecimento: nenhuma ambição de rigor, mas a intuição delicada dos sentimentos, das qualidades cambiantes, das sensações caleidoscópicas que habitam o seio da subjetividade. No plano das formas: o estilo gentil e entusiasmado, transpirando as melhores intenções. No plano político: a "política do corpo", a meditação, os orientalismos, a "autoatualização" e outras tolices do gênero. A nenhuma das outras matrizes cabe tão bem o conceito "romântico" na sua acepção mais vulgar de belo, fantasioso e suave.

9
MATRIZES COMPREENSIVAS: O HISTORICISMO IDIOGRÁFICO E SEUS IMPASSES

9.1 Desdobramentos e diferenciações do Iluminismo

O conceito de Iluminismo, na acepção ampla que recebeu na obra seminal de Horkheimer e Adorno[1], designa a tradição cultural que se define pela postura crítica e pelo combate a todas as tradições. Seu objetivo é libertar o sujeito para o desempenho, sem entraves, do seu poderio técnico-manipulatório sobre a natureza, domando-a e submetendo-a a suas próprias finalidades. Todos os temores das forças obscuras engendradas pela fantasia, toda a sujeição à autoridade legitimada e mantida por estas crenças fantasmáticas devem ceder ante a crítica livre e racional, de cujo exercício espera-se a quebra de todos os bloqueios que, fora do homem ou dentro dele, limitam o progresso do seu domínio teórico e prático. O Iluminismo, neste processo impiedoso, promove incessantemente a separação entre o sujeito (sujeito do poder e sujeito do conhecimento) e seus objetos. Sujeito e objeto são idealmente purificados, abstraídos de suas mútuas e recíprocas determinações no fundo comum da experiência, para se defrontarem como entidades autossubsistentes e antagônicas, no contexto das práticas produtivas e dos procedimentos científicos. Como vimos no primeiro capítulo, na Idade Moderna o Ilu-

---

1. Cf. HORKHEIMER, M. & ADORNO, T.W. *Dialética del Iluminismo*, p. 17-19. Convém, talvez, assinalar que embora use o termo com esta acepção ampla e acompanhe os autores em muitos pontos da análise, não encampo o enfoque pessimista, aterrorizante e algo obscurantista de Horkheimer e Adorno.

minismo chega a um ponto culminante, trazendo a exaltação do sujeito, como senhor do universo, mas também como precondição para o exercício do poder, a exaltação do objeto. Frente a frente se opõem a referência subjetiva do conhecimento (conhecimento produzido pelo e para o sujeito) e a sua "objetividade". No plano da epistemologia, o pensamento de Kant[2] corresponde ao momento derradeiro em que as duas vertentes do Iluminismo podiam-se conter numa unidade contraditória e estática: de um lado o sujeito transcendental, com as suas categorias *a priori* que criam o conhecimento na medida do homem, o conhecimento fenomenal; de outro, a coisa em si, objetiva mas incognoscível. A partir de Kant, se deixamos de lado Hegel e Marx, cujas contribuições para o desenvolvimento da psicologia e das demais ciências empíricas foram negligenciáveis, encontramos, em linhas independentes de evolução, o objetivismo cientificista e os subjetivismos. Nesta cisão, as diversas variantes do cientificismo epistemológico se projetarão como as "verdadeiras filosofias das ciências naturais", procurando refletir o avanço destas ciências no século XIX (em particular, a biologia, a física da eletricidade e do magnetismo, a termodinâmica e a química atômica). Nesta vertente, a representação do conhecimento oscila entre as imagens de passividade reflexa e as de atividade instrumental. As primeiras são divulgadas pela teoria do conhecimento empirista e associacionista e derivam da matriz mecanicista contemplada no capítulo 4. As últimas são divulgadas pelas diversas versões do pragmatismo, derivadas, por seu turno, da matriz funcionalista. Nesta oscilação, vê-se que a própria vertente cientificista está cindida numa tradição ultraobjetivista – a do conhecimento-cópia, ou reflexo – e numa em que a subjetividade emerge como uma determinação decisiva do conhecimento, pondo em risco, inclusive, em alguns casos, a própria noção de verdade objetiva, como ocorre no pragmatismo de W. James.

---

2. "Estes objetos (objetos do conhecimento) não são absolutamente representações das coisas tais como são em si mesmas e como o entendimento puro as conheceria, mas são intuições sensíveis, isto é, fenômenos cuja possibilidade se funda sobre a relação de certas coisas em si mesmas desconhecidas com outra coisa, a saber, nossa sensibilidade" (KANT, E. Op. cit., p. 49).

A oposição ao cientificismo objetivista no pensamento psicológico decorreu, efetivamente, ou da metafísica bergsoniana – cujas limitações foram comentadas no capítulo anterior – ou de uma posição crítica bem mais radical ao Iluminismo – o Romantismo dos séculos XVIII e XIX. Foi, como se verá, no contexto da problemática romântica e assumindo muitas das suas propostas que a vertente subjetivista do Iluminismo foi incorporada às tradições do pensamento psicológico.

9.2 Caracterização do Romantismo

O Romantismo no século XVIII e início do XIX ocupou um grande espaço na cultura europeia, mas foi na Alemanha que vamos encontrar suas realizações mais completas e sistemáticas. Em todos os planos – no ontológico, no epistemológico, no metodológico e no político – o Romantismo opõe-se ao Iluminismo. Sua caracterização deve, assim, abarcar todos estes aspectos, tal como tentarei a seguir.

Na segunda metade do século XVIII a dominância do Iluminismo era incontestável, o que significava a dominância da matriz teórica atomista e mecanicista que, na época, representava o ponto culminante do pensamento científico. No capítulo V vimos os limites desta matriz para o estudo dos seres vivos. O grande poeta alemão J.W. Goethe, embora identificado com o impulso progressista do Iluminismo, não aceitava suas limitações e procurou desenvolver uma nova forma de ciência que, mais tarde, veio a exercer notável influência na formação do ideário romântico[3]. Goethe se empenhou na constituição de uma ciência antinewtoniana e seus esforços concretizaram-se numa obra sobre a metamorfose das plantas e noutra sobre a teoria das cores. Uma ideia central nos trabalhos científicos de Goethe, claramente derivada da sua práti-

---

3. Acerca da posição de Goethe quanto à teoria do conhecimento e à metodologia científica, há um excelente ensaio de HELLER, E. "Goethe and the idea of scientific truth". *The Disinherited mind*. Harmondsworth: Penguin, 1961, p. 3-29. Os trechos reproduzidos neste capítulo foram extraídos desta fonte. Embora, por estar em inglês, possa dificultar o acesso do aluno, deveria ser um dos textos lidos e discutidos para complementar este capítulo.

ca artística, é a ideia de *forma*. A forma dos corpos, em particular dos seres vivos, é para Goethe um dado imediato da experiência que não deve ser ultrapassado ou negado pela ciência. Seus estudos morfológicos pretendem "reconhecer *as formas vivas como tais*, ver no contexto suas partes visíveis e tangíveis, percebê-las como *manifestações de algo dentro* e assim apreendê-las, numa certa medida, em sua totalidade mediante uma *visão concreta*" (grifos meus). Contrapondo-se explicitamente à metodologia analítica, afirma: "esta maneira dissecadora de lidar com a natureza provavelmente não atrai o leigo. Eu arguo que esta maneira pode ser inadequada mesmo para os iniciados e que, talvez, haja lugar para um outro método, um que não ataque a natureza dissecando e particularizando, mas a mostre viva e operante, manifestando-se em sua totalidade em cada parte do seu ser". Esta apreensão global da coisa viva não apenas deve partir "da própria experiência", como não deve transpor os limites do mundo em que o homem realmente vive, o universo de visões, sons, cheiros, paladares etc., significativos para o homem. O aprofundamento científico na natureza deve ir apenas até o ponto, sem superá-lo, em que o cientista ainda está em contato com as formas naturais e além do qual perder-se-ia o vínculo concreto do ser humano com o mundo que o cerca. Sua tarefa, afirma Goethe, enquanto cientista, é "libertar o fenômeno da obscuridade da câmara de tortura empírico-mecânico-dogmática" e o nível adequado é, para Goethe, o do *Urphänomen*, o fenômeno primitivo. No caso das plantas, por exemplo, Goethe identifica uma *Urpflanze*, uma forma de planta primitiva da qual todas as demais derivariam. Escrevendo a Herder, afirma: "[...] devo-lhe confidenciar que estou muito perto de descobrir o *segredo da criação e organização* das plantas [...]. A *Urpflanze* é a mais extraordinária criatura do mundo; a própria natureza a invejará. A partir deste modelo será possível inventar plantas *ad infinitum* e todas serão consistentes, isto é, todas poderiam existir, ainda que de fato não existam; elas não seriam meros sonhos ou sombras poéticas ou figuradas, mas possuiriam uma *verdade interna* e uma necessidade" (grifos meus). A este modelo gerador, a esta ideia matricial não se chegaria, contudo, através de abstrações, mas por uma intuição em que a verdade e a beleza se fundem. Esta ideia, por outro lado, não é uma mera categoria lógica, mas uma potência interna de criação de formas: "O que determina a forma viva é o seu núcleo mais íntimo", e este núcleo é o *Urphänomen*. "Somos capazes de imaginar um entendimento que, não sendo discursivo como o nosso, mas intuitivo, começa com uma visão universal do mundo e desce daí para o particular", dissera Kant, referindo-se à mente divina. Goethe pondera: "Creio que aqui o autor refere-se à divina intuição; entretanto, se nos é possível na esfera moral, como Kant admite, nos elevarmos a uma região mais alta mediante a fé em Deus [...] talvez o mesmo possa ocorrer na esfera intelectual e possamos, pela contemplação da natureza *incessantemente criativa, participar* intelectualmente nesta criatividade" (grifos meus). Esta possibilidade é dada, segundo Goethe, pela identidade entre sujeito e objeto: "Se eu não trouxesse, por antecipação, o mundo dentro de mim, eu permaneceria cego com os olhos abertos e toda a busca e experiência seriam um esforço vão [...] A verdade é uma revelação que emerge no ponto em que o mundo interno do homem encontra a realidade externa". Neste ponto emergem, simultaneamente, a verdade e a beleza: "A beleza – diz ele – é a manifestação das leis secretas da natureza", vale dizer, verdade e beleza confundem-se na manifestação da forma original dos fenômenos, do fenômeno primitivo e gerador das infinitas variantes fenomenais. No caso das cores, o fenômeno primitivo é um conflito: o conflito entre o claro e o escuro; as diferentes cores correspondem às diversas formas do conflito. A teoria das cores, propostas por Goethe, ao contrário da newtoniana, é próxima à experiência imediata das cores, é intuitiva e serve tão bem ao discurso científico como à sua poesia.

Da obra científico-poética de Goethe os românticos herdarão os seguintes aspectos principais: no plano ontológico, herdam a noção de forma e a ideia da natureza como uma potência criadora e transformadora, dotada de uma temporalidade imanente; este processo incessante de criação estaria submetido às formas primitivas, de tal modo que todos os fenômenos naturais seriam, em certa medida, expressivos, isto é, manifestações da forma matricial; os românticos resgatam e enfatizam, ainda, a ideia do conflito entre forças antagônicas como substrato dos fenômenos naturais. No plano epistemológico os românticos herdam, acentuando, a identidade do sujeito com o seu objeto, identidade que não deve ser rompida pelos métodos objetivizadores das ciências naturais iluministas. No plano metodológico será o antielementarismo da apreensão globalizante das formas, o antimecanicismo das explicações dinâmicas da criação e das metamorfoses dos seres vivos e a ênfase na experiência imediata como ponto de partida e de chegada da prática científica que ocuparão o centro das teorias românticas.

Estas posturas e noções não exercerão, praticamente, nenhuma influência duradoura nos rumos das ciências naturais do século XIX. Em contrapartida, elas estarão no cerne de muitas das ciências morais ou humanas e também das reflexões estéticas e metafísicas. Em todos estes casos a oposição ao Iluminismo se revelará radicalmente e a oposição política virá coroar e, de uma certa forma, denunciar o caráter essencial do Romantismo. Vamos encontrar o ideário romântico, por exemplo, na Escola do direito histórico, promovida por Savigny[4], que se opunha ao direito racional. Uma ideia básica de Savigny, que também se encontra em outros românticos, é a de que o código jurídico deve ser a manifestação natural do espírito do povo e que, portanto, o legislador não pode legislar assente numa pretensa razão universal, mas, ao contrário, deve fazê-lo no contexto de uma tradição cultural. Ao invés de uma reforma jurídica baseada na crítica esclarecida e objetiva à tradição, a partir de um ponto de vista racional, o que se requer é a fidelidade à tradição em que se manifesta o espírito popular-nacional, uno, *sui generis*, orgânico, natural. O jurista deve ser antes de tudo um intérprete da sua cultura e um porta-voz do seu povo, identificado visceralmente com ele. A historiografia e a política românticas, da mesma forma, valorizarão as manifestações culturais como expressões do espírito comunitário, opor-se-ão à destruição, pelos avanços do capitalismo, dos vínculos orgânicos, característicos das sociedades tradicionais, tentarão identificar na história os grandes eixos do desenvolvimento cultural autêntico para orientar a luta pela restau-

---

4. Acerca da ideologia política romântica, cf. ROMANO, R. *Conservadorismo romântico* – Origem do totalitarismo. São Paulo: Brasiliense, 1981. Sobre a escola do direito histórico, cf. KOLAKOWSKI, L. Las Principales..., p. 102-105.

ração da autenticidade, isto é, da verdadeira natureza que, no caso, corresponderia à sociabilidade comunitária, cimentada pelos sentimentos, pelas relações pessoais, pela tradição, pela religião etc. Os românticos opõem-se fundamentalmente a todo revolucionarismo progressista que pretenda subverter a ordem natural da sociedade, rompendo com suas origens e tradições. A filosofia de Schelling condensa toda a temática romântica, e todas as soluções românticas e antirracionalistas numa grande cosmovisão e numa teoria do conhecimento[5]. Shelling constrói uma filosofia da totalidade, que é aí dotada de um movimento próprio, criativo e autônomo no qual o espírito, através da intuição, reconhece sua própria atividade criadora. O motor deste movimento é o conflito. O resultado da intuição é a superação da distância entre sujeito e objeto. O modelo desta superação, que significa a comunhão entre dois sujeitos, mais que uma relação sujeito/objeto, é o da fruição estética. Não é a toa que muitos dos ideólogos românticos (para não falar de Goethe) foram renomados poetas, como Novalis[6].

Cabe neste momento estabelecer algumas distinções importantes entre o Romantismo Alemão, o funcionalismo e o intuicionismo de Bergson, com os quais o Romantismo aparenta alguma semelhança. Como o funcionalismo, o Romantismo é antielementarista, erigindo a noção de organismo como o centro de sua ontologia. O organismo funcionalista, contudo, é um objeto conceitual e, portanto, analisável, ainda que a análise se subordine ao conceito de sistema e se oriente para unidades significativas dentro do contexto estrutural. Além disso, o organismo estaria subordinado, segundo a biologia funcionalista, a uma racionalidade instrumental, voltada para a autoconservação. Para o Romantismo, o antielementarismo se justifica pela noção de totalidade que seria um objeto puramente intuitivo e inacessível aos procedimentos analíticos; a natureza desta totalidade (organismo, comunidade, nação, espírito popular, ou que outro nome receba) é tal que não a subordina às leis da sobrevivência e da adap-

---

5. LUKÁCS, G. Op. cit., p. 109-165. GARAUDY, G. Op. cit., p. 152-159.

6. Cf. ROMANO, R. Op. cit.

tação, antes exibindo um caráter essencialmente produtor e criativo. A totalidade se expressa em cada uma de suas partes e, em última instância, é uma geradora de símbolos. Enquanto o organismo funcional é um sistema de partes complementares com uma história de adaptação ao meio, a totalidade, romântica, ao contrário, é movida pelo conflito e não pela busca de cooperação e equilíbrio entre as partes do todo.

Em relação a Bergson, deve-se considerar que, para ele, a intuição é a via de comunhão com a natureza, com os fenômenos vitais. Para o Romantismo, principalmente nas suas manifestações nas ciências humanas e na estética, a intuição é uma forma de *comunicação* entre as formas naturais e culturais em que o espírito se expressa. O Romantismo, de fato, é antes de tudo uma filosofia da expressão, da representação simbólica. Assim, enquanto a intuição de Bergson se move numa imediaticidade natural que visa unir o sujeito à vida pré-simbólica, dissolver o indivíduo no *élan vital*, a intuição romântica procura apreender a imediaticidade simbólica estabelecendo uma relação empática entre formas expressivas e comunicativas. Ora, esta apreensão imediata de uma forma expressiva, esta compreensão dos símbolos exige um esforço intelectual desconhecido tanto de Bergson como de todas as matrizes cientificistas: o esforço de interpretação. Também os românticos, é certo, renegam o indivíduo independente, racional e crítico, em favor da coletividade. A integração na comunidade, porém, pressupõe e promove a comunicação entre particulares e não a sua pura aniquilação.

9.3 O Romantismo e as humanidades

Se o Romantismo não proporcionou nenhuma solução metodológica às ciências naturais (no que compartilha a sorte de Bergson), inspirou uma série de ciências morais que tiveram no século XIX – principalmente na Alemanha – uma enorme projeção.

A história da cultura, da arte e da literatura, a linguística e a filologia (incluindo a hermenêutica literária, jurídica e teológica), ao lado da arte historicista, nacionalista e folclórica, sofreram uma influência decisiva do ideário romântico. Para estes estudos humanísticos, o Romantismo forneceu tanto conceitos como orientações, tanto temas como, fundamentalmente, um enfoque epistemológico mais adequado do que o que lhe poderiam dar as ciências da natureza. Nestas disciplinas afirma-se o primado da identidade entre sujeito e objeto e, simultaneamente, instala-se o problema da comunicação e da interpretação. As humanidades têm como objeto fenômenos espirituais e culturais em que o pesquisador de alguma forma se reconhece; nestes estudos parece não ter sentido buscar a neutralização do sujeito em prol da objetividade absoluta, senão que, ao contrário, toda a subjetividade do pesquisador deve ser mobilizada, toda a sua sensibilidade – a natural e a educada –, todo o seu lastro cultural, todo o conjunto orgânico dos valores e significados que a sociedade lhe forneceu são requisitados para a tarefa de dar ouvidos e elucidar as mensagens que chegam de outros homens, outras épocas e outras civilizações. Destes estudos não se espera, ademais, apenas o esclarecimento das mensagens, mas a edificação do pesquisador: este conhecimento não se acumula e arquiva como o conhecimento natural e muito menos se converte em tecnologia – ele se integra à vida de quem o produz, reproduz ou assimila, transformando-a, enriquecendo-a com novos valores e significados, ampliando seus horizontes. Enfim, as ciências morais, ao invés de repousar sobre e acentuar a separação entre sujeito e objeto, supõem e promovem a aproximação entre eles, superando as distâncias de espaço e de tempo, as diferenças de costumes e de linguagem, as singularidades dos indivíduos. Para esta problemática – a da comunicação – os conceitos românticos de organismo ou totalidade eram essenciais: eles enfatizam a natureza estrutural, holística dos fenômenos da cultura: as cosmovisões, as mitologias, as obras de arte, os códigos jurídicos etc. só se deixam apreender quando tomados molarmente. Todos estes fenômenos, enquanto formas expressivas e enquanto estruturas, revelam uma semelhança ou identidade com os sistemas linguísticos e não será por acaso que, após uma série de peripécias da razão, a linguística virá a se tornar para alguns o paradigma da razão compreensiva. Mas antes devemos acompanhar o processo de tomada de consciência das ciências morais através do qual são explicitados os fundamentos epistemológicos e os procedimentos metodológicos que as caracterizam.

9.4 A crítica da razão compreensiva

A preocupação em definir uma metodologia para as ciências morais manifestou-se durante todo o século XIX[7], sobressaindo as contribuições de Schleiermacher para a arte da compreensão – a hermenêutica – aplicada à filosofia e à teologia e as de historiadores como Ranke e Droysen. Foi, entretanto, o filósofo Wilhelm Dilthey (1833-1911) quem se propôs a desempenhar em relação às ciências morais o papel que Kant havia representado no âmbito das ciências naturais do século XVIII: o de explicitador das condições de possibilidade do conhecimento histórico. Como em Kant, não se encontram nas obras de Dilthey, fundamentalmente, orientações metodológicas precisas – receitas de procedimentos – como as que, sob a influência do positivismo, o leitor moderno habituou-se a procurar nos trabalhos acerca das ciências. Trata-se, antes, de uma reflexão crítica que define a natureza do sujeito e do objeto e, principalmente, das relações entre sujeito e objeto peculiares a esta forma de conhecimento. Estamos assim no reino da ontologia e da epistemologia, e não no da metodologia.

Retomando uma distinção que já se vinha insinuando no espírito do tempo, Dilthey postula uma diferença radical entre as ciências naturais e as ciências históricas. Esta diferenciação marca o repúdio tanto do Romantismo como do cientificismo iluminista que procuravam, cada qual à sua maneira, englobar todas as práticas científicas num mesmo arcabouço epistemológico. Realmente, as ciências naturais durante o século XIX não apenas não se deixaram influenciar em profundidade pelo Romantismo, como haviam gerado novas soluções metodológicas dentro da tradição iluminista, superando as limitações da sua versão mecanicista, seja com a biologia funcionalista seja com os avanços na física e

---

7. O leitor brasileiro conta com boas introduções à história das tentativas de fundamentação epistemológica da hermenêutica: CORETH, E. *Questões fundamentais da hermenêutica*. São Paulo, EPU/Edusp, 1973, p. 5-22. • RICOEUR, P. *Interpretação e ideologias*. Rio de Janeiro: Francisco Alves, 1977, p. 18-29.

na química que corroíam o universo de Newton. A emergência da biologia, as novas formulações que decorriam da dificuldade de aplicar o esquema mecanicista aos fenômenos elétricos e magnéticos, as contribuições de Faraday, Maxwell e Hertz na elaboração da noção de campo e na descrição das suas propriedades, o progresso da teoria atômica em química etc. enterraram definitivamente as pretensões românticas de unificar as ciências históricas e as ciências naturais sobre o terreno comum da "vida" e sob a visada da "intuição intelectual". O Romantismo, contudo, sobrevivera e se consolidara nas ciências morais. Ora, esta afirmação simultânea das ciências da natureza e das ciências históricas do espírito, se, por corresponderem a diferentes orientações epistemológicas destruía a pretensão romântica e abalava seriamente a pretensão cientificista de fornecer a base de todo empreendimento científico, exigia a legitimação da duplicidade. Esta exigência pode ser bem avaliada se consideramos que a ideia de um saber verdadeiro sempre carregara consigo a suposição de unicidade. Mesmo quando se admitem várias formas de acesso à verdade, costuma-se presumir uma hierarquia que garanta para uma das formas um saber mais profundo e absoluto. Em Bergson, por exemplo, embora a inteligência conceitual da ciência seja legitimada e tenha sua ação circunscrita a um terreno a que se pode aplicar com todo o direito, a intuição metacientífica da vida ocupa obviamente uma posição de destaque, já que o objeto do intelecto é ele próprio uma derivação degenerada do fluxo vital. A intuição visa a vida, o movimento ascendente e produtor; o intelecto concebe a matéria, o movimento descendente, a morte. Ora, ao contrário de Bergson, Dilthey defende a independência das ciências históricas em relação às ciências naturais, sem, por outro lado, procurar de alguma forma inverter suas posições. Legitima-se verdadeiramente a duplicidade, há duas ciências igualmente adequadas a seus objetos e rigorosas.

Dilthey define as ciências naturais como ciências explicativas – ciências que procedem elaborando leis gerais e explicando os acontecimentos particulares subsumindo-os a estas leis. Para a elaboração das leis que descrevem as regularidades universais na ocorrência dos eventos materiais cumpre controlar e, parcialmente, anular a subjetividade. A "natureza", objeto das ciências naturais, é construída a partir desta atitude intelectual que exclui grande parte do subjetivo. Abstraída de quase toda contaminação subjetiva, ela é o conjunto de eventos a que se aplicam as leis gerais. Permanecem de subjetivo apenas as operações efetivas ou simbólicas, mas sempre controladas, de observação, mensuração e experimentação. As demais formas de interação com o mundo são abstraídas e fica a subjetividade reduzida ao que, supostamente, há nela de universal e pode, portanto, servir de base ao consenso intersubjetivo.

As ciências morais ou históricas são ciências do espírito: sua meta não é a explicação, mas a compreensão dos seus objetos. O desenvolvimento destas ciências responde ao interesse de comunicação, e não ao de previsão e controle. Nesta medida, seus objetos não são jamais alvos de um processo objetivador nem seus sujeitos passíveis de uma autoneutralização, como ocorre nas ciências naturais. Quem fala em comunicação fala em emissores e receptores de mensagens, e estas – objetos de interpretação e compreensão – não têm qualquer existência independente do próprio processo de interação, independente das intenções comunicativas de quem as emite e das intenções compreensivas de quem as recebe. A positividade dos objetos das ciências morais remete, assim, necessariamente, à subjetividade constitutiva da própria situação comunicativa. A comunicação é assim não apenas o objetivo, mas o quadro transcendental constitutivo da positividade dos objetos das ciências históricas.

Compreender é, de alguma forma, elucidar a experiência vivida que se manifesta pelos ou nos atos comunicativos. Ora, os atos comunicativos são sempre atos de um indivíduo historicamente e culturalmente datados, articulados ao conjunto estruturado da biografia individual que, por sua vez, integra-se ao sistema total das formas culturais. É só nesta articulação com o conjunto da vida do indivíduo e da sociedade que o ato adquire um *sentido*. O sentido será então compreendido como momento e expressão de uma totalidade histórico-biográfica. Os fatos da história, seja a de um homem seja a de uma coletividade, tornam-se atos dotados de significado e, portanto, objetos de uma ciência compreensiva, quando são apreendidos como produtores de mensagens, quando se lhe reconhece uma intencionalidade que estabelece no encadeamento histórico um princípio distinto da causalidade física. Concluindo: nas ciências do espírito os objetos são os sentidos que os sujeitos atribuem ao mundo, as vivências que fazem do mundo e que se expressam em seus atos comunicativos. Nos produtos formais ou informais destes atos deve-se procurar o sistema de valores e significados que estruturam a experiência do sujeito.

A questão metodológica, contudo, torna-se desde então relevante: como devem proceder as ciências compreensivas. Schleiermacher[8] falara em compreensão divinatória e compreensão comparativa. A divinatória só ocorreria entre espíritos aparentados, cujas vivências se aproximam o bastante para permitir uma empatia quase automática. Contudo, esta compreensão é de utilidade muito limitada nas ciências morais, já que estas se exercitam exatamente aonde inexiste a comunidade espiritual. Uma ciência da compreensão se justifica apenas quando a comunicação está bloqueada, quando a adivinhação do sentido é impossível ou perigosa, pois corre o risco de deturpar o sentido original da vivência alheia pela intromissão acrítica dos pontos de vista do intérprete. À compreensão comparativa caberia a tarefa de, apoiada numa multiplicidade de objetivações, de mensagens, decifrar o significado delas mediante a *comparação sistemática* – é a metodologia da decodificação dos textos cifrados. Dilthey, enfrentando também o problema de comunicação que aparece quando a divinatória falha, propõe de início uma revivência simpática através de um processo algo obscuro e irracional: "Em toda compreensão há um dado irracional, assim como na própria vida ela não pode ser representada por fórmulas de operações lógicas. E a certeza última, embora de natureza totalmente subjetiva, que dá esta reflexão sobre o vivido, não pode ser substituída pelo exame do valor de conhecimento das deduções lógicas nas quais pode ser representado o processo de compreensão". O objetivo seria apreender o significado da vi-

---

8. Recomenda-se a leitura e discussão de DILTHEY, W. "Origine et dévelopment de l'herméneutique". *Le monde de l'esprit*. Paris: Aubier, 1947, p. 320-340. A posição de Dilthey é discutida em profundidade em HABERMAS, J. *Conaissance et intérêt*, p. 175-219.

vência que se expressa no ato cujas objetivações são apenas sugestivas do que lhe ficou por trás. O método seria o "psicológico" – a mobilização da afetividade do cientista, necessária para a grande proeza de penetrar intuitivamente no universo simbólico alheio. Sob a crítica ao psicologismo, Dilthey (que nunca superou completamente esta posição) encaminhou-se para uma metodologia interpretativa em que a questão já não é a de reviver a experiência do outro, mas a de realmente interpretar suas mensagens. Nesta tarefa podem-se descobrir significados que jamais foram acessíveis aos emissores das mensagens: pode-se entender o outro melhor do que ele mesmo se compreendia ou compreende. Toda a vivência se objetiva em atos no contexto e através dos recursos simbólicos. A intenção do ato é sempre mediatizada pelo sistema simbólico que rege a produção das mensagens. Mesmo na autocomunicação – no autoconhecimento – é o sistema simbólico que estabelece as formas da consciência de si. Não há existência humana pré-simbólica. Mas nem todas as objetivações do espírito – verbais, gestuais e expressivas – são transparentes, no sentido de deixarem entrever a intencionalidade que as anima. Nestes casos – frequentes na história, na etnologia e na psicopatologia – torna-se imperiosa a necessidade de regras de decifração. Contudo – e aqui reside o grande problema – como fazer com que estas regras sejam suficientemente genéricas para garantir um consenso interpretativo e como levar em cada individualidade, em cada época histórica, em cada civilização? Ademais, se o limite do psicologismo é o irracionalismo, o limite do historicismo é o ceticismo: este próprio conjunto de regras interpretativas – caso viesse a ser elaborado e resolvesse a contradição entre a exigência de universalidade e a de singularidade – não seria ele também um produto histórico? Em outras palavras, o historicismo postulando a diferença como uma dimensão essencial dos elementos das ciências do espírito – só há comunicação e, mais particularmente, só aparece o problema da compreensão quando os sujeitos diferem –, para ser consequente deve aplicar a si o ponto de vista relativista e comparativo a partir do qual visa todas as demais formas de objetivação do espírito. Com isso se solapam as bases das ciências do espírito na medida em que a interpretação já não pode visar a verdade das mensagens.

9.5 Interpretação e verdade

A preocupação com a verdade não costuma ser muito acentuada em vários arraiais psicológicos, e, desta maneira, variantes do discurso diltheyano aparecem com frequência na psicologia clínica. Os chamados humanistas, por exemplo, usam e abusam desta terminologia (compreensão, significado etc.), reduzindo quase sempre estes conceitos no mesmo nível de Bergson, ao vitalismo pré-crítico. Mas a crítica a estas correntes não esgota absolutamente o assunto. Há diversas variantes do historicismo idiográfico na psicologia e na psiquiatria em que o problema da verdade da interpretação foi enfrentado com rigor. Em quase todas a exigência de verdade era compatibilizada com a prática interpretativa, mediante a negação do caráter histórico do conhecimento, ou seja, mediante a pretensão de se haver encontrado um conjunto de categorias universais comuns a todas as formas de existência psicológica e histórica. As formas de existência seriam históricas, mas as leis de formação seriam atemporais.

Uma solução para o problema foi proposta por autores que na sociologia e na psicologia aderem a um enfoque compreensivo e, para efeito de análise, recorrem aos "tipos ideais"[9]. Max

---

9. Uma solução tipológica para o problema da compreensão decorre em certa medida do que era preconizado por W. Dilthey. Em seu texto fundamental *Contribution a l'étude de l'individualité* (Op. cit., p. 247-317) pode-se ler: "Em toda vida psíquica individual há um conjunto estrutural que se esforça por instaurar uma disposição mental satisfatória, e a consciência de ter um valor íntimo e autônomo é, em consequência, inseparável do sentimento que todo indivíduo tem por si. Disso resulta que o centro de gravidade das ciências morais não reside no que existe de comum em todos os homens, abstração feita de suas diferenças, mas se desloca para o grande problema da individuação" (p. 271. Este singular, porém, deveria ser apreendido articulado com o que há de universal, no que Dilthey se afasta do idiografismo radical de Windelband: "é precisamente na combinação do geral e do individual que reside o que as ciências morais sistemáticas têm de mais característico; elas procuram as relações de causalidade que condicionam a individuação, as nuanças, as famílias e os tipos de vida humano-histórica" (p. 263). A arte representativa consegue a apreeensão concreta e plástica do universal individualizado no *típico*: "A arte representativa oferece mais que reproduções da vida humana. A visão e a representação do típico, é a sua maneira de captar no real a lei que o determina. Na visão do típico igualmente, a compreensão artística e a compreensão científica se reencontram" (p. 283). Quanto à formação do tipo, Dilthey esclarece: "na sua apercepção, a associação dos diferentes traços se efetua a partir de um centro impressivo intuitivamente sentido que condiciona as omissões e as ênfases [...] o que dirige o próprio centro impressivo é determinado, em última análise, pela relação que existe entre uma realidade viva qualquer e a minha; eu me sinto

Weber e E. Spranger (1882-1940) seguem este caminho. Os tipos ideais de Weber são os elementos cuja combinação específica definem as totalidades históricas. O tipo ideal fixa a constelação de motivações e padrões comportamentais e cognitivos que constituem as formas de existência social no que têm de mais essencial. Os tipos são ideais no sentido de que têm uma realidade puramente racional e supra-histórica. Contudo são os instrumentos conceituais necessários para compreender as configurações sociais historicamente determinadas. Spranger[10], igualmente, visando uma psicologia compreensiva que tenha como objeto a vivência individual, estruturada segundo valores e significados culturais historicamente determinados, supõe a existência de leis universalmente válidas de doação e interpretação de sentido: "assim como a natureza se edifica em nosso espírito como um todo ordenado, em virtude das leis que regem os atos de conhecimento (cuja ramificação estrutural já antecipa *a priori* o plano da natureza objetiva), assim também nosso saber do e nossa participação

---

intimamente tocado, na totalidade de minha substância viva, por qualquer coisa que atua em uma natureza exterior à minha. É em função deste centro vital que eu compreendo os traços que convergem para formar a imagem. Assim nasce o tipo" (p. 286). Nesta concepção do típico como fusão do universal e do singular numa imagem concreta, sendo assim uma categoria central à arte e às ciências morais, reconhece-se a posição de Goethe para quem a beleza e a verdade também se fundiam na forma original do fenômeno primitivo, a que não se chegava por abstrações, mas pela intuição concreta. A posição de Dilthey merece alguns comentários: em primeiro lugar observa-se nela uma aproximação entre a arte e as ciências do espírito – o que caracterizava o ideário romântico; nesta aproximação é a arte que recebe uma função cognitiva positiva (ele fala sempre de arte representativa). Não é portanto a ciência que se irracionaliza na intuição do inefável, mas a arte que se apresenta como uma via de conhecimento com sua racionalidade própria concretizada na representação do típico. A formação do tipo, por outro lado, não exclui, antes exige a subjetividade do artista (ou do cientista) – a intuição do típico resulta da comunicação entre duas subjetividades. Nesta medida, a tipificação está sempre histórica, cultural e psicologicamente condicionada ("[...] a representação da individuação tem sempre condições subjetivas, isto é, pessoais, nacionais e históricas", Op. cit., p. 286). Parece então que, embora o tipo reúna numa representação concreta o singular e o universal e, assim, supere o impasse do idiografismo radical, não escapa do círculo hermenêutico. Vale dizer, não alcança o nível de validação intersubjetiva e transistórica (próprio ao conhecimento científico) que assegure a verdade de uma interpretação contra interpretações alternativas. É exatamente aqui que se propõe como solução a construção dos tipos ideais. Sobre o conceito de "tipo ideal", cf. BRUYNE, P.; HERMAN, J. & SCHOUTHEETE, M. *Dinâmica da pesquisa em ciências sociais.* Rio de Janeiro: Francisco Alves, 1982, p. 180-183. • SCHUTZ, A. *Fenomenologia e relações sociais.* Rio de Janeiro: Zahar, 1979, p. 261-289.

10. Acerca de Weber, cf. WEBER, M. (Op. cit.) a introdução de H.H. Gerth e C. Wright Mills, p. 64-94; as citações de Spranger são de *Formas da vida.* Rio de Janeiro: Zahar, 1977.

no mundo espiritual, que são inerentes ao sujeito individual, repousam sobre leis do comportamento espiritual que são inerentes ao sujeito individual como constantes ideais de orientação e dominam os atos da sua imaginação produtiva do mesmo modo que os atos do comportamento espiritual real. É em virtude dessa estrutura de leis espirituais que vemos atuantes no interior do eu que compreendemos as criações espirituais, ainda que tenham surgido sob condições históricas inteiramente diversas e a partir de almas organizadas de um modo historicamente divergente. Note-se bem: é somente o arcabouço fundamental do espírito que é assim prefigurado *a priori* [...]". Estas estruturas fornecem as normas que regem a criação das formas e sua compreensão. "De tudo isso resulta agora para a psicologia entendida como ciência do espírito o seguinte: é preciso pensar a alma individual como uma interconexão significativa de funções, na qual diferentes orientações axiológicas estão relacionadas entre si através da unidade da consciência do eu. As direções axiológicas são determinadas através de leis de valor normativas específicas que correspondem às diferentes classes de valor [...]. Na medida, em que indagamos pela estrutura das interconexões dos resultados históricos, encontramo-nos sobre o terreno da ciência geral (descritiva) do espírito. Na medida em que dirigimos nosso interesse tão somente às leis axiológicas normativas, praticamos uma ética cultural geral. Na medida, porém, em que colocamos as vivências de sentido e os atos do indivíduo em primeiro plano, não importando se concordam ou não com as normas ideais, praticamos uma psicologia entendida como ciência do espírito". Spranger distingue seis orientações axiológicas fundamentais, ou, dito de outra forma, seis tipos ideais: o homem teórico, o homem econômico, o homem ético, o homem social, o homem do poder e o homem religioso, a que se acrescentam os tipos complexos e os historicamente condicionados ("os fenômenos espirituais são condicionados ou *envolvidos temporalmente*; o conteúdo espiritual, sua estrutura conforme a lei é *intemporal*"). Os atos cognitivos do homem teórico são dirigidos à essência universal idêntica dos objetos, ou melhor, àquilo que retorna nos fenômenos concretos a título de essencialidade universal e pode ser submetido a princípios ideais universais; os atos estéticos são primariamente dirigidos àquilo que não pode ser inteiramente esgotado de maneira intelectual – o sensível, o concreto, o imagístico; nos atos espirituais econômicos reconhece-se ou fundamenta-se uma relação de utilidade entre o objeto e o sujeito; atos religiosos consistem na referência de quaisquer vivências particulares ao valor total da vida individual; os atos sociais podem se caracterizar como atos de dominação (com a vivência correlata de dependência) e atos de simpatia, orientados à solidariedade comunitária. A cada classe de atos corresponde uma classe de objetos, ou seja, às formas específicas do eu correspondem formas particulares do mundo. Com a descrição preliminar dos diversos tipos ideais ou, o que vem a dar no mesmo, das diferentes orientações axiológicas, Spranger pode retornar ao problema metodológico da compreensão estabelecendo suas distâncias em relação ao psicologismo intuitivista. "[...] Enquanto a vida e as exteriorizações de uma outra pessoa não estiverem ligadas de maneira significativa para mim, não a compreenderei. Mas para compreender tampouco basta atribuir-lhe minha interconexão vital subjetiva. Compreender é mais que um 'colocar-se dentro' [...]. Ora, se o ato de compreender entendido teoricamente não pode ter sua objetividade simplesmente no fato de reproduzir o mundo interior de vivências [...] pergunta-se, em que condições poderemos dizer da compreensão que é 'verdadeira' [...]. O enigma da compreensão torna-se mais claro se admitirmos que, na imaginação que se dedica a uma interpretação cognitiva, encontram-se atuantes as mesmas leis fundamentais que também determinam a consciência daquele que deve ser interpretado [...]. O eixo da compreensão encontra-se, pois, na lei valorativa do espírito".

A afirmação de Spranger de haver encontrado as leis universais da produção e da interpretação do sentido não encontrou muito eco no desenvolvimento posterior da psicologia. Contudo, em resposta à mesma problemática – a da interpretação verdadeira – encontraremos uma outra solução – igualmente neokantiana – no movimento estruturalista que se difundiu da linguística para a antropologia e para a psicologia. Este será o tema do próximo capítulo.

10
MATRIZES COMPREENSIVAS: OS ESTRUTURALISMOS

10.1 A problemática estruturalista

Como foi mencionado no capítulo anterior, a noção de organismo que era central à matriz funcionalista aparece também no ideário romântico. Em ambos os casos ela traz consigo o enfoque antielementarista, globalizante e sistemático. Na biologia, contudo, a noção de organismo está indissociavelmente ligada à de complementaridade: as partes do todo adquirem um significado funcional ao se ajustarem umas às outras complementando-se harmoniosamente na tarefa de promover a interação adaptativa do organismo com seu meio externo e manter seu meio interno dentro da faixa de variação compatível com a conservação da vida. No pensamento biológico, o disfuncional – o patológico – é um fenômeno puramente negativo: é o acidental em oposição ao essencial, e é a desintegração em oposição à cooperação orgânica entre as partes componentes do todo.

No romantismo as noções de "organismo", totalidade ou forma supõem a interdependência, mas não a complementaridade, e não excluem o conflito. O organismo é uma totalidade expressiva, uma linguagem natural ou cultural em que se podem ler as mensagens produzidas pelas forças da natureza e do espírito frequentemente em luta umas com as outras. Enquanto mensagem, o "organismo" deve ser decifrado, e diante da tarefa compreensiva e interpretativa as diferenças são ressaltadas e adquirem uma imensa importância metodológica: a hermenêutica, como vimos, adota amplamente o método comparativo. Simultaneamente desaparece o privilégio do "organismo normal" sobre o anormal, do são sobre o doente, do funcional sobre o disfuncional. Todos os organismos, enquanto formas simbólicas, são igualmente merecedores do trabalho interpretativo e comparativo. E mais: no ideário romântico, o "patológico" constitui-se em material particularmente adequado à expressão e à compreensão das forças vitais e espirituais em suas camadas mais profundas, em suas manifestações mais poderosas e autênticas. O romantismo é uma estética, antes de ser uma epistemologia, e é a estética do exagero, da exaltação, da melancolia, da obscuridade, da monstruosidade, do dilaceramento, das formas... cuja expressividade é sublinhada *sobre e contra* a funcionalidade.

Vimos também, no capítulo precedente, que, se no campo das ciências naturais o romantismo nunca tomou assento, no campo das ciências morais ele frutificou, passando por sérias transformações. Estas transformações dizem, fundamentalmente, respeito à atividade crítica autorreflexiva que procurava oferecer às ciências morais um terreno epistemológico seguro. A autorreflexão definia as condições de possibilidade da compreensão e da interpretação das totalidades simbólicas, e estas eram objeto das ciências morais: as visões do mundo, as línguas nacionais, as mitologias, os sistemas jurídicos, as teologias, as personalidades históricas etc. A grande dificuldade era encontrar para estas ciências critérios positivos cuja aplicação discriminasse o verdadeiro do falso. Os estruturalismos nasceram no contexto desta problemática e formam o conjunto de soluções mais rigoroso, do ponto de vista metodológico. As totalidades simbólicas são submetidas a uma investigação imanente que as objetiviza e desprende tanto das conexões subjetivas, que as constituíram (intenções comunicativas), como das que as interpretam (intenções compreensivas). A neutralização do sujeito caracteriza o ideal científico dos estruturalismos e os coloca como uma espécie de positivismo das ciências humanas. Esta índole cientificista, a preocupação metodológica com a demarcação entre o verdadeiro e o falso, o delineamento de procedimentos analíticos bem definidos e formalizados trazem as ciências humanas estruturalistas para bem próximo das ciências naturais. Distinguem-se, contudo, pela persistência em considerar as noções de "significado" e de "sistema simbólico" como definidoras de seus objetos específicos. Não excluem, porém, antes alimentam, a esperança de, no futuro, unificarem-se todas as ciências sobre o terreno comum e sob o modelo das ciências naturais.

Antes de entrarmos na consideração mais detalhada dos estruturalismos convém indicar em linhas gerais a solução proposta ao problema epistemológico. A dificuldade residia – estamos lembrados – na exigência de apreender um significado individual: a revivência psicológica (interpretação divinatória) mostrava-se quase sempre impossível, além do que imprestável para finalidades científicas; a reconstrução do sentido pressupunha um sistema de interpretação que não podia ser universal e prévio – para não violar a exigência de individualização – nem podia ser totalmente *ad hoc* – para evitar a completa arbitrariedade da interpretação. No capítulo anterior vimos a solução tipológica de Spranger. Já os estruturalistas reterão da velha problemática compreensiva as noções de significado e sistema, mas acrescentarão a noção de código. Este (que receberá diversos nomes dentro das abordagens estruturalistas) é um conjunto de regras que orientam a elaboração das mensagens e sua decifração. O código tem ele mesmo um caráter sistemático e produz fenômenos também dotados de forma e significado. Há assim dois níveis de organização: um, empírico, em que a organização aparece nas interconexões das ocorrências do mundo fenomenal, nas formas que se oferecem à consciência; um outro, teórico e construído (jamais vivenciado) em que a organização se manifesta no processo de dotação de forma e sentido. É a este nível – *profundo e inconsciente* – que se voltam preferencialmente os estruturalismos, ainda quando, como ocorre na psicologia da gestalt, as formas fenomenais da vivência espontânea dão o fio da meada para a investigação científica.

Em aliança com as velhas filosofias racionalistas, as ciências humanas estruturalistas sustentam que os códigos são universais, caracterizando todos os processos de dotação e decifração de sentido – vale dizer, de comunicação simbólica – na espécie humana. Convém aqui salientar que a aliança do racionalismo com o nativismo biológico produz um resultado que, com frequência, é confundido com o da sua aliança com o enfoque estrutural no estudo das formas simbólicas. No primeiro caso trata-se de reforçar um dos polos da oposição "inato" *versus* "aprendido"; no segundo, trata-se da oposição entre universal *versus* particular. Não há qualquer garantia de que o universal seja "inato". O "aprendido", por seu turno, tanto pode ser particular como universal. No entanto é comum vermos o universalismo de um dado comportamento ser exibido como prova de seu caráter "inato". Se considerarmos, ademais, que a oposição tradicional entre "inato" e "aprendido" carece de sentido, salta aos olhos a impropriedade de confundi-la com a oposição entre a universalidade e a particularidade das estruturas profundas das formas simbólicas.

Se os códigos são universais é possível, mediante regras de transformação, explicar a partir de um conjunto finito e unitário de regras e de elementos básicos a diversidade infinita das formas. A compreensão das diferentes formas simbólicas, das mais semelhantes às mais afastadas do universo comunicativo do intérprete, torna-se possível – sem perda da individualização da mensagem nem da cientificidade da interpretação – quando se reconstrói o sentido a partir da estrutura profunda que a gerou e esta é compartilhada por toda a espécie humana. Nos casos de incompreensão faz-se necessário, mas torna-se uma tarefa exequível, elaborar conceitualmente, com toda a objetividade, formalização e testabilidade desejáveis, hipóteses acerca desta estrutura profunda que, atuando e existindo no nível inconsciente, permite a separação entre sujeito e objeto e que até agora era regalia das ciências naturais. Desta maneira os estruturalismos julgam também superar a oposição entre compreender e explicar. Compreende-se uma mensagem quando se aplica a ela, de forma mais ou menos automática, mais ou menos exploratória, mais ou menos consciente, a "gramática" que a gerou, ou, dito de outro modo, quando se é capaz de reproduzi-la. Ora, esta reprodução, mesmo quando automática e inconsciente, equivale a uma dedução da mensagem da estrutura profunda. Nesta medida uma compreensão científica e rigorosa corresponde à sua explicação.

10.2 Origens dos estruturalismos: a psicologia da forma[1]

Nas origens da matriz estruturalista encontramos movimentos intelectuais que no final do século XIX e no início do XX revolucionaram a psicologia, a teoria da literatura e a linguística. No campo da psicologia foi a chamada psicologia da forma, ou da gestalt, que ofereceu a mais consistente alternativa europeia à velha psicologia elementarista, associacionista e introspeccionista (nos Estados Unidos coube ao funcionalismo e ao behaviorismo esta missão). Iniciando-se com o estudo da percepção, o gestaltismo rapidamente progrediu para outras áreas de estudos psicológicos, com particular ênfase nos processos cognitivos – percepção, memória e solução de problemas –, mas sem perder de vista os fatores motivacionais e os comportamentos. Expandindo-se ainda mais, a psicologia da gestalt chegou a se converter numa verdadeira filosofia da ciência psicológica, elaborando – paralelamente a uma teoria sistemática dos fenômenos mentais e comportamentais – uma metateoria legitimadora dos procedimentos metodológicos e dos fundamentos epistemológicos da disciplina. Ampliando ainda mais o foco de suas preocupações, o gestaltismo se projetou como uma filosofia geral das ciências e como uma fundamentação da ética e da estética. Grande parte desta imensa contribuição foi sistematizada nos *Princípios da psicologia da gestalt*, redigidos por K. Koffka (1886-1941) na década de 30. Outros nomes de primeiro plano são os do pioneiro Max Wertheimer (1880-1943), o de Wolfgang Koehler (1887-1949) e o de Kurt Lewin (1890-1947).

O reconhecimento da natureza complexa dos fenômenos da experiência imediata já fora de certa forma antecipada por W. Wundt[2] com o conceito de "síntese criadora". Segundo Wundt, a associação

---

1. Uma excelente introdução à psicologia gestáltica pode ser encontrada em PENNA, A.G. Op. cit., p. 156-240. Recomendam-se, ainda, KOFFKA, K. *Princípios de psicologia da gestalt*. São Paulo: Cultrix/Edusp, 1975, p. 15-79. • SANDER, F. Estructura, totalidad de experiencia y gestalt. In: KOEHLER, W.; KOFFKA, K. & SANDER, F. *Psicología de la forma*. Buenos Aires: Paidós, 1963, p. 94-127. Este último texto é muito claro, objetivo e pertinente para o tipo de enfoque que venho dando ao assunto. Uma ótima apresentação e crítica do gestaltismo é encontrada em MERLEAU-PONTY, M. *A estrutura do comportamento*. Belo Horizonte: Interlivros, 1975.

2. Cf. HERRNSTEIN & BORING. Op. cit., p. 491-500.

de elementos básicos não é um processo mecânico e meramente aditivo. Há a emergência de um produto novo e irredutível a suas partes constituintes. Ao lado do conceito de "síntese criadora", os de "apercepção" e "causalidade psíquica" já apontavam em Wundt para a superação do elementarismo com o qual, porém, ele não rompia inteiramente na medida em que ainda concedia aos elementos uma realidade própria, independente dos conjuntos a que se integravam. Esta realidade justificava a aplicação de um método analítico destinado a identificar estes elementos básicos e prévios ao processo de combinação e síntese que, apesar de criativos, não definiam a própria natureza de seus ingredientes.

Ora, é esta suposição que será vigorosamente questionada na obra de von Ehrenfels que em 1890 apontará para a existência de qualidades formais ou configuracionais: são dimensões dos elementos que só existem no contexto dos conjuntos estruturados de que fazem parte. São qualidades, portanto, que pertencem à configuração e não a cada uma de suas partes. Seria possível, inclusive, alterar todos os elementos de uma totalidade conservando as qualidades configuracionais, como quando se muda de tom, mas se continua cantando e reconhecendo a mesma melodia.

Ao lado das qualidades configuracionais de von Ehrenfels, o elementarismo associacionista foi também atacado por autores da chamada escola de Wurzburg[3]. Usando ainda a introspecção – mas de forma mais livre, menos rigorosa e mais ambiciosa que a preconizada por Wundt e Titchener – descobriram a existência do "pensamento sem imagens" que indicava a inadequação de conceber a corrente mental em termos apenas de uma simples associação entre conteúdos ou ideias. As sequências mentais pareciam obedecer a uma "tendência determinante", ou seja, a uma força que dirigia e organizava o pensamento, subordinando os seus elementos a uma estrutura cognitiva e motivacional.

---

3. Cf. PENNA, A.G. Op. cit., p. 26-32. É também muito instrutivo o texto de DANZIGER, K. "The history of introspection reconsidered". *Journal of the History of the Behavioral Sciences*, 16, 1980, p. 241-262, no que concerne à metodologia da escola de Wurzburg.

Os autores gestaltistas (escola de Berlim) assumiram integralmente as críticas ao elementarismo, negando a realidade independente dos elementos, como von Ehrenfels, e estendendo a ideia de uma estrutura organizadora a todos os níveis e a todas as áreas da experiência. As mais decisivas tendências à estruturação da experiência ocorreriam fora do foco da consciência e, nesta medida, ao invés de serem introspectadas, deveriam ser inferidas e reconstruídas a partir da experiência própria ou alheia. O dado básico da psicologia da forma é a experiência imediata. Só que, ao contrário de Wundt, ao invés de dissecar esta experiência para identificar as suas unidades mínimas e, em seguida, reconstituir os fenômenos complexos, tratava-se para os gestaltistas, antes de mais nada, de descrever e compreender os fenômenos que espontaneamente se ofereciam na experiência dos sujeitos e dos seus observadores. Esta descrição e compreensão ingênuas deveriam guiar a procura das explicações a serem encontradas em termos das leis gerais que determinam a organização da experiência espontânea. Ora, na experiência imediata os fenômenos tais como se expõem à percepção, tais como reaparecem na lembrança, tais como se articulam diante da inteligência são formas dotadas de significado. Veem-se coisas, objetos, figuras e não linhas, pontos, manchas. Só por esforço de abstração as figuras podem ser desmembradas e cada um de seus elementos considerados individualmente. Mas, desde então, estes elementos já teriam perdido os aspectos decisivos que lhes vêm apenas da configuração, vale dizer, do campo organizado em que se situam em relações precisas com todos os demais elementos. Com esta valorização da experiência imediata, com a assunção do caráter intrinsecamente subjetivo dos fenômenos que se dão nesta experiência e com a suposição da indivisibilidade das formas estamos claramente na tradição romântica. Mas os gestaltistas vão além. Se a análise do mundo fenomênico, ou meio comportamental, nos revela que o comportamento do homem está sempre inserido num conjunto organizado de formas e significados, cabe à ciência procurar compreender este comportamento a partir do mundo assim estruturado. Esta tarefa científica seria inviável se a organização do campo fosse arbitrária e idiossincrática. Segundo os gestaltistas, aceitar a natureza estritamente individual e "inventada" dos meios comportamentais bloquearia a prática científica mantendo-a no nível dos estudos compreensivos próprios às humanidades. Os psicólogos da forma, contudo, estão convencidos de que é possível superar o nível da pura compreensão e elaborar leis gerais explicativas. Na base desta convicção estão as crenças na existência de leis universais da organização dos campos e no isomorfismo psicofísico.

Experimentos engenhosos nas áreas da percepção, da memória e da solução de problemas permitem "observar", sem recorrer a nenhuma introspecção, como os sujeitos organizam seus campos. Via de regra, esta estruturação ativa é mais bem observada em situações em que o ambiente físico-geográfico oferece poucas orientações quanto às formas que devem ser geradas: figuras ambíguas, figuras incompletas, problemas abertos com múltiplas soluções ou com soluções pouco estruturadas etc. Nestes casos de estimulação deficiente ou desorganizada, revelam-se claramente as contribuições do sujeito na estruturação do campo. Essas contribuições poderiam ser formalizadas como o sistema das regras que seriam "inconscientemente" aplicadas de maneira universal. A sua universalidade asseguraria a viabilidade da tarefa científica de descrever objetivamente e explicar o comportamento alheio. As leis do espírito e do comportamento – como a "lei da boa forma" que se refere à tendência estetizante dos processos cognitivos que se dirigem sempre para a estruturação mais equilibrada e agradável do campo – não seriam, ademais, distintas das leis fisiológicas. A tese do isomorfismo sustenta a completa equivalência estrutural entre os processos psicológicos e os processos fisiológicos; e mais, apontam-se na matéria inorgânica estruturas físicas análogas às estruturas espirituais. O conceito de gestalt passa a unificar todos os reinos da natureza e do espírito, todos os objetos das diversas ciências. O isomorfismo psicofísico cumpre assim a missão de expulsar a subjetividade que se havia introduzido inicialmente através da descrição e compreensão da experiência imediata. Nesta tese se consuma o rompimento da psicologia da forma com as ciências morais ou do espírito e, em que pesem as muitas verbalizações em contrário, revela-se a índole positivista do gestaltismo[4]. Curiosamente, entretanto, na tentativa de reunificar as ciências sobre a base de um conceito que emergiu no campo das ciências do espírito e na arte, o conceito de forma, reconhece-se o velho projeto romântico.

10.3 Origens dos estruturalismos: os formalistas russos[5]

Enquanto a noção de forma contemplada pelos gestaltistas exerceu notável influência sobre a teoria das artes plásticas, simultaneamente desenvolvia-se na Rússia uma teoria da literatura também formalista e estruturalista. Para os formalistas russos colocava-se a tarefa de proceder a uma leitura das obras literárias que, pondo de parte o psicologismo e o sociologismo, visasse a obra mesma de maneira a captar nela, não as intenções do autor ou o efeito das pressões sociais, mas a sua estrutura imanente e os seus procedimentos constitutivos. Para os formalistas a obra literária é fundamentalmente uma forma: a forma não "deixa transparecer" uma ideia ou conteúdo – ela é o conteúdo em sua manifestação sensível, que é a única em que este conteúdo pode subsistir.

Na análise da forma importa detectar seus princípios de organização, as técnicas construtivas. Na forma da obra de arte, e da poesia, encontram-se operantes técnicas que produzem um rompimento com a percepção automatizada: a linguagem poética é necessariamente obscura, difícil, repleta de obstáculos. A estranheza da forma artística é necessária para permitir uma revisão, fresca e original da realidade, encarcerada nas formas rotineiras da percepção e do pensamento. É, em outras palavras, uma forma expressiva e antifuncional, no que se identifica facilmente um elemento do ideário român-

---

4. Merleau-Ponty pergunta se é possível conservar a *originalidade* das estruturas biológicas e psíquicas fundamentando-as, como faz a teoria da gestalt, sobre as estruturas físicas. O que se deveria perguntar, e é o que faz Merleau-Ponty em sua obra *A estrutura do comportamento*, é que espécie de ser pode pertencer à forma. Este autor insiste em que é preciso compreender a matéria, a vida e o espírito como *três ordens de significação* e que ao não abandonar os postulados realistas a gestalt só pode cair ou no materialismo ou no espiritualismo que queria justamente ultrapassar. Cf. MERLEAU-PONTY, M. Op. cit. Belo Horizonte: Interlivros, 1975.

5. Cf. *Théorie de la literature*. Paris: Du Seuil, 1965. Desta antologia de textos dos formalistas russos recomendam-se: EIKHENBAUM, B. *La théorie de la "méthode formelle"*, p. 31-75. • PROPP, V. *Les tranformations des contes fantastiques*, p. 234-262.

tico. Mas esta poética neorromântica (futurista) é contraditada pela tendência cientificista de isolar a obra de suas conexões subjetivas para enfocá-la objetivamente como uma entidade autossubsistente e definida apenas pelas relações internas de interdependência entre seus elementos. A redução da obra à trama de determinações internas e a um conjunto de regras e procedimentos constitutivos se explicita mais claramente quando se aplicam os métodos da análise formalista a objetos cujo valor estético é secundário em relação ao valor "cultural", como é o caso dos fenômenos folclóricos. É o que ocorre, por exemplo, nos estudos de Propp sobre os contos fantásticos da literatura popular. Propp inicialmente identifica os elementos universais dos contos fantásticos e os princípios de organização destes elementos. A partir daí torna-se possível descrever formas fundamentais e derivadas e uma matriz comum a todos os contos fantásticos. Desta matriz, mediante a aplicação de regras de transformação, podem ser derivadas as formas do conto fantástico, e, nesta medida, inventados uma infinidade de contos fantásticos. (A matriz é, para usar a terminologia de Goethe, o *Urphänomen* dos contos fantásticos, como a *Urpflanze* o era dos vegetais. Trata-se, contudo, de um objeto construído e não de um objeto da experiência imediata, alvo da intuição concreta.

10.4 Origens dos estruturalismos: a linguística de Saussure[6]

Na mesma época em que na Alemanha se desenvolvia a psicologia da forma e na Rússia a teoria formalista da literatura, o universo cultural francês sofria o impacto da obra do linguista suíço F. de Saussure. Embora a repercussão imediata dos ensinamentos de Saussure tenha sido muito modesta, coube à sua linguística estrutural o maior peso na formação do estruturalismo moderno. A ela se ligaram os linguistas russos que fundaram a fonologia científica (em primeiro lugar N. Trubetzkoy) e, após a

---

6. Acerca da linguística de Saussure e de fonologia, cf., como introdução: MALMBERG, B. *Les nouvelles tendances de linguistique*. Paris: PUF, 1966, p. 51-81, 116-150. • BENVENISTE, E. "Saussure après un demisiècle". *Problèmes de linguistique génerale*. Paris: Gallimard, 1966, p. 32-45. • JAKOBSON, R. & HALLE, M. Phonologie e phonétique. In: JAKOBSON, R. *Essais de linguistique génerale*. Paris: De Minuit, 1963, p. 103-149. Este último texto é consideravelmente mais técnico. Aconselha-se, também, a introdução do *Cours de linguistique génerale* de F. de Saussure (Paris: Payot, 1967, p. 13-43).

emigração, desenvolveram esta disciplina, juntamente com linguistas tchecos, no chamado Círculo de Praga, já na década de 30. Um dos grandes nomes da teoria formalista da literatura – Roman Jakobson – é simultaneamente um dos líderes da linguística estrutural e da fonologia.

A contribuição de Saussure deu-se no plano conceitual e metodológico. Saussure distingue *langue* e *parole*, ou seja, o sistema linguístico e fala. A língua forma um sistema no sentido de que nela valem as relações formais entre seus elementos e não as propriedades físicas, materiais, intrínsecas a cada elemento. Diante da língua estamos diante de uma entidade que, por formar um sistema que define o valor de seus elementos, exige uma abordagem sistemática – sincrônica, no sentido de captar de forma integrada todo o campo contemporâneo dentro do que os elementos adquirem valores diferenciais. Esta totalidade, contudo, não exclui um certo tipo de procedimento analítico. Com isso a linguística abole a interdição que o romantismo estabelecia para a análise das totalidades. Porém a análise linguística se afasta da análise elementarista, já que a identificação dos elementos não é anterior à descrição do sistema, mas, ao contrário, o sistema é que determina o que é e o que não é um elemento básico da língua. Afasta-se também da análise estrutural funcionalista. Nesta, a análise se destina à identificação das funções e das suas articulações internas que asseguram a sobrevivência e a reprodução da totalidade. Estas funções, já o vimos, são complementares. Na análise estrutural da língua trata-se de identificar as unidades expressivas, ou significativas – as unidades que definem diferentes significados ou podem ser usadas para diferenciar os componentes da comunicação. A comunicação será possível apenas quando os elementos das mensagens diferirem uns dos outros. Nesta medida, o sistema linguístico não está baseado na complementaridade, mas na diferença. O sistema define seus elementos determinando quais as diferenças pertinentes – que distinguem dois ou mais elementos – e quais as diferenças irrelevantes – que somente distinguem variantes de um mesmo elemento sem acrescentar qualquer informação. As unidades significativas são os signos, que devem ser decompostos num significante e num significado. O sistema de signos estabelece equivalência entre: uma série de diferenças entre significantes e uma série de diferenças entre significados. Para as relações entre significantes e para as relações entre significados Saussure reserva o termo diferença, enquanto que as relações entre signos são denominadas oposições. Um signo opõe-se a todos os outros presente na sequência verbal que o precedem e o sucedem (dimensão sintagmática) e a todos os outros ausentes a que se poderia chegar por associação e, eventualmente, poderiam ocupar seu lugar na sequência (dimensão paradigmática). O estudo da língua envolve a descrição do conjunto de regras (código) de diferenciação e oposição.

A fonologia inicia o estudo da unidade mínima de diferenciação de sentido, o fonema, adotando como técnica o ensaio de comutação: são fonemas diferentes as variações de som que alteram o sentido da palavra em que se integram; para saber se estamos lidando ou não com uma diferença pertinente devemos tentar uma comutação, substituindo um som por outro; caso o sentido não se altere a diferença não é pertinente e não define um fonema. Trubetzkoi propôs uma taxionomia de oposições pertinentes de forma a descrever as regras que inconscientemente o falante e o ouvinte usam na interpretação e na emissão de uma mensagem. R. Jacobson procurou mostrar que estas regras são em grande parte universais e que há, no desenvolvimento da criança, uma sucessão regular de estágios em que diferenciações progressivamente mais sutis vão se acrescendo a diferenciações mais básicas. Inversamente, nos casos de afasia progressiva, observa-se uma sequência regular de perda da capacidade de diferenciação.

10.5 Novos rumos para os estruturalismos: a gramática gerativa[7]

Nos Estados Unidos, na década de 50, veio a se desenvolver uma corrente de estudos linguísticos liderada por Noam Choms-

---

7. Como introdução à gramática gerativa, cf. LEMLE, M. O novo estruturalismo em linguística. In: CHOMSKY. *Tempo Brasileiro*, 15-16, 1967, p. 55-69. As origens históricas e os parentescos teóricos da gramática gerativa são explicitados por CHOMSKY, N. *Cartesian linguistics*: a chapter in the history of rationalist thought. Nova York: Harper and Row, 1966. As implicações principais e mais gerais da linguística de Chomsky para a psicologia são discutidas em CHOMSKY, N. *Language and mind*. Nova York: Harcourt, Brace & World, 1968, p. 58-85.

ky e que é conhecida pelo nome de "Gramática Gerativa Transformacional". Chomsky critica a linguística estruturalista por ter permanecido em um nível demasiado empírico e descritivo, tornando-se com isso incapaz de dar conta da mais importante e original característica da linguagem humana – a sua criatividade: é possível inventar e entender uma quantidade ilimitada de novas mensagens. Esta criatividade fica mais em evidência na linguagem poética, mas existe como possibilidade em todo sistema linguístico e se atualiza mesmo no uso quotidiano. A criatividade da natureza, do espírito e, particularmente, da língua fizera parte do ideário romântico e a linguística tardo-romântica de W. von Humboldt a levara em consideração, conjugando-a com o caráter estrutural da linguagem. O conceito de "forma interna" da língua de Humboldt refere-se (de um modo um tanto obscuro) ao fato de que a linguagem é *energeia* e não *ergon*, é uma força criadora de forma, mais do que um modelo rígido, algo produtivo mais que produzido (novamente aqui nos defrontamos com um *Urphänomen* goethiano). Há, portanto, sob a forma do discurso, por debaixo da estrutura da mensagem, uma outra forma – mais decisiva: a forma criadora de formas. Para Chomsky a linguística estruturalista tomara como objeto principalmente a forma aparente, quando uma teoria completa da linguagem deveria se voltar exatamente para a "forma interna" que será chamada por Chomsky de estrutura profunda. A estrutura profunda envolve unidades básicas e regras de combinação de tal maneira que, de um conjunto finito de unidades e regras (fonológicas, semânticas e sintáticas) pode ser inventado um número infinito de palavras, conceitos, frases e discursos. Esta estrutura gerativa e transformacional, que *não pode ser vivenciada nem observada, deve ser inferida e reconstruída* pelo linguista assumindo o *status* hipotético de um mecanismo que atua inconscientemente na produção e na compreensão da fala. Chomsky enfatiza, destarte, a distinção proposta por Saussure ente *langue* e *parole* propondo a distinção entre competência e desempenho. A competência é o resultado da emergência e/ou aquisição do conjunto de unidades e regras da estrutura profunda da língua. Essencial à teoria de Chomsky é a tese de que a competência linguística é universal: a estrutura profunda de todas as línguas é semelhante (variando apenas as regras de transformação), o que permite a tradução de mensagens de uma língua para outra. Neste ponto Chomsky se associa ao racionalismo dos séculos XVII e XVIII e se afasta do romantismo que enfatizava, ao contrário, o particularismo dos sistemas linguísticos. Os linguistas estruturalistas americanos E. Sapir e B.L. Whorf[8] foram quem, no século XX, herdaram este aspecto historicista e culturalista do romantismo e que se manifestou nas ciências compreensivas do século XIX na suposição de incomensurabilidade e irredutibilidade das línguas nacionais e das visões de mundo a elas associadas. Chomsky, ao contrário, adere à posição oposta resolvendo assim o velho problema das ciências compreensivas que é o de fornecer uma interpretação verdadeira de fenômenos culturais, históricos ou psicológicos estranhos ao universo do intérprete.

10.6 Estruturalismo na antropologia e na psicologia

Todos os linguistas estruturalistas facilitaram a importação por outras ciências humanas dos conceitos e métodos linguísticos quando inseriram suas disciplinas claramente nos contextos mais amplos destas ciências. Saussure é explícito ao situar a linguística dentro da semiologia que teria como objetos todos os sistemas simbólicos e processos de comunicação operantes na trama da vida social. Estava aberto o caminho para as tentativas de adotar esta metodologia – que compatibilizava o rigor com os conceitos de sistema e significado – no estudo de outras formas de comunicação (como o sistema de parentesco) e de outras representações simbólicas (como as mitologias); foi o que fez o antropólogo Lévi-Strauss. Enquanto isso, Chomsky situou a gra-

---

8. Cf. WHORF, B. The relation of habitual thought and behavior to language. In: ADAMS, P. (org.). *Language in thinking*. Harmondsworth: Penguin, 1972, p. 123- 149. A. Schaff (*Lenguaje y conocimiento*. México: Grijalbo, 1967, p. 87-138) faz uma bela apresentação da hipótese do relativismo linguístico de Sapir e Whorf relacionando-a às suas origens em Herder e von Humboldt. Em Humboldt e Herder originou-se também a filosofia da linguagem de Weisgerber (cf. WEISGERBER, L. O alcance antropológico do estudo energético da linguagem. In: GADAMER, H.G. & VOGLER, P. Op. cit., vol. 7, p. 121-148).

mática gerativa no campo da psicologia – dando a esta uma direção claramente mentalista. Efetivamente, tem sido grande nos anos recentes a influência desta versão da matriz estruturalista nos estudos da chamada "psicologia cognitiva" e também na psicologia social.

"No conjunto das ciências sociais, a que indiscutivelmente pertence, a linguística ocupa um lugar excepcional: ela não é uma ciência social como as outras, mas a que, de longe, realizou os maiores progressos; a única, sem dúvida, que pode reivindicar o nome de ciência e que chegou a formular um método positivo e a conhecer a natureza dos fatos submetidos à sua análise." Dentro da linguística, é à fonologia que Lévi-Strauss[9] atribui uma função paradigmática e isto porque "a fonologia passa do estudo dos fenômenos linguísticos conscientes à sua infraestrutura inconsciente; recusa tratar os termos como realidades independentes, tomando, ao contrário, como base de análise suas relações; ela introduz a noção de sistema [...] enfim, ela visa a descoberta de leis gerais". Lévi-Strauss percebeu no sistema de parentesco uma realidade passível do mesmo tipo de análise: "como os fonemas, os termos de parentesco são elementos significativos; como os primeiros, eles só adquirem significado sob a condição de se integrarem a sistemas; os sistemas de parentesco, como os sistemas fonológicos, são elaborados pelo espírito no nível do pensamento inconsciente; enfim, a recorrência, em regiões distantes do mundo e em sociedades profundamente diferentes, de formas de parentesco, regras de casamento e atitudes semelhantemente prescritas entre certos tipos de parentes etc. faz crer que num caso como no outro os fenômenos observáveis resultam do jogo

---

9. Acerca da antropologia estrutural de Lévi-Strauss recomendam-se: LÉVI-STRAUSS, C. A análise estrutural em linguística e em antropologia. O lugar da antropologia entre as ciências sociais e os problemas colocados pelo seu ensino. A noção de estrutura em etnologia. Critérios científicos nas disciplinas sociais e humanas. Os três primeiros ensaios estão em *Antropologia estrutural*. Rio de Janeiro: Templo Brasileiro, 1967. O último em *Antropologia estrutural II*. Rio de Janeiro: Tempo Brasileiro, 1976. Recomendam-se também, para uma apresentação crítica do estruturalismo, RICOEUR, P. "Estrutura e hermenêutica". *O conflito das interpretações*. Rio de Janeiro: Imago, 1978, p. 27-54. • BONOMI, A. *Implicações filosóficas na obra de Claude Lévi-Strauss*. Rio de Janeiro: Tempo Brasileiro, 1967 (15/16): 197-219.

de leis gerais encobertas". E ainda: "O conjunto das regras de casamentos observáveis nas sociedades humanas não devem ser classificadas [...] em categorias heterogêneas [...], elas todas representam diversas maneiras de assegurar a circulação de mulheres no seio do grupo social [...]" Enquanto o sistema linguístico garante a coesão social fazendo circular informação, o sistema de parentesco cumpriria o mesmo papel fazendo com que circulem dentro de um sistema socialmente instituído, de forma a garantir a reciprocidade e os vínculos de afinidade, o principal bem natural da comunidade: as filhas e as irmãs.

Se a metodologia da linguística se aplica a este sistema de comunicação social que marca a passagem do natural ao social, com mais razão se aplicará aos sistemas simbólicos mais independentes da natureza, mais obviamente convencionais e arbitrários, como as mitologias, os rituais, as religiões e a arte. A antropologia se constitui, imperialisticamente, como a superdisciplina que engloba todas as manifestações da faculdade simbólica. Uma das ambições da antropologia seria assim a totalidade: "ela vê na vida social um sistema em que todos os aspectos estão organicamente ligados [...], quando o antropólogo procura construir modelos tem sempre em vista descobrir uma forma comum às diversas manifestações da vida social". A forma comum (encoberta) tem a natureza geradora e criativa que Goethe atribuía aos fenômenos primitivos, que Humboldt atribuía à forma interna da língua e que Chomsky identifica na gramática gerativa. Esta estrutura encoberta deve ser descoberta objetivamente. A principal ambição da antropologia estrutural é ser objetiva: "[...] não se trata apenas de uma objetividade que permita àquele que a pratica fazer abstração de suas crenças, de suas preferências e preconceitos [...], pois tal objetividade caracteriza todas as ciências sociais sem o que elas não poderiam aspirar ao título de ciências (quão próximo estamos do cientificismo e quão distantes do romantismo! LCMF); não se trata apenas de se elevar acima dos valores próprios do observador e de seus métodos de pensamento, mas de atingir uma formulação válida e objetiva; não somente para um observador honesto, mas para todos os observadores possíveis". Esta exigência pode ser satisfeita apenas se o antropólogo visar, não as formas variadas da cultura no que têm de *sui generis* e particular, mas a estrutura encoberta, inconsciente e universal. Esta objetividade passa a ser a condição, e não mais o obstáculo, entretanto, para a apreensão dos sistemas simbólicos diferentes e para a compreensão da vivência coletiva e individual no seio destes sistemas. Isto é muito importante porque na antropologia "esta procura intransigente de uma objetividade total *não pode se desenvolver senão a um nível em que os fenômenos conservam uma significação humana e permanecem compreensíveis – intelectual e sentimentalmente – para uma consciência individual* [...]" (grifo meu). A este respeito a antropologia se reaproxima das ciências humanas e da ciência de Goethe. Ela se pretende ciência semiológica, e situa-se resolutamente no nível da significação. Que esta antropologia seria aquela semiologia em que Saussure situara a sua linguística é o que não faz segredo Lévi-Strauss. O *status* desta ciência – intermediária entre as ciências naturais, exatas e explicativas e as ciências morais (humanas, históricas) compreensivas – permanece algo ambíguo, mas o certo é que são as primeiras que fornecem a Lévi-Strauss os critérios de avaliação e os ideais de cientificidade e também é com elas que ele gosta de enterter as relações mais íntimas. Ainda que tenha como objeto a experiência humana concreta dentro de um mundo de significados, a metodologia recomenda – e nisto a herança romântica, ainda presente na psicologia da forma, é totalmente superada – um afastamento do pesquisador em relação à vivência concreta, uma recusa da experiência tal como se dá na consciência imediata, um voltar-se na direção do universo abstrato e puramente conceitual das estruturas subjacentes e inconscientes.

Na antropologia estruturalista forja-se uma nova imagem do homem. Este é um ser simbólico e simbolizante, no sentido de que está sempre imerso num mundo de significados e incessantemente estruturando seu universo num sistema significativo. A antropologia estrutural é, por isso, aproximada do kantismo, só que no lugar das formas da sensibilidade e das categorias do entendimento do sujeito transcendental estão as leis do inconsciente. Este inconsciente é, fundamentalmente, cognitivo e racionalista, ao contrário do inconsciente de Freud, pulsional e dinâmico. Trata-se de um kantismo sem sujeito transcendental e de um freudismo sem sujeito desejante. Em resumo: sacrifica-se, em favor do rigor metodológico, o sujeito enquanto agente, fonte e centro de irradiação de ações e atribuições de sentido. Em muitas das manifestações do estruturalismo no pensamento psicológico esta anulação do sujeito será atenuada ou elimidada. Mas isto será sempre fruto da inconsistência e do ecletismo. O estruturalismo rigoroso de Lévi-Strauss explicita bem claramente sua índole objetivizante que, no contexto das ciências compreensivas, o coloca na vertente positivista das matrizes românticas.

Algumas das repercussões do estruturalismo na psicologia estão vinculadas a desdobramentos da psicologia da forma e, em particular, à influência exercida por Kurt Lewin[10]. Lewin foi um dos criadores da psicologia social introduzindo na área os conceitos de campo e sistema de tensões, conferindo à existência dos grupos uma realidade e descobrindo nela uma dinâmica que não tinha lugar dentro das tentativas de estudar os comportamentos sociais segundo a ótica elementarista e individualista. Lewin tentou elaborar os conceitos que se mostravam necessários para apreender a natureza essencialmente relacional dos fenômenos sociais e formalizar uma teoria compreensiva e explicativa destes fenômenos.

Na trilha de Lewin encontramos F. Heider[11] com sua teoria das relações interpessoais baseada numa dinâmica orientada pelo balanceamento, ou seja, pela tendência à congruência, ao equilíbrio, à "boa forma" no campo das interações sociais. Em seguida a Heider, e já se unindo à inspiração funcionalista, está a teoria da dissonância cognitiva de L. Festinger[12], uma teoria racionalista da motivação que atribui ao sujeito a tendência a buscar a compatibilidade entre suas representações, atitudes e sentimentos. Diante de inconsistências entre itens da sua experiência psicológica, o sujeito reagiria mediante alterações (involuntárias e

---

10. Cf. LEWIN, K. Fronteiras na dinâmica do grupo. In: LEWIN, K. *Teoria de campo em ciência social*. São Paulo: Pioneira, 1965, p. 213-266.

11. Cf. HEIDER, F. *The psychology of interpersonal relations*. Nova York: Wiley, 1958.

12. Cf. FESTINGER, L. *A theory of cognitive dissonance*. Stanford: Stanford University Press, 1957.

inconscientes) das representações dissonantes de forma a reduzir – com o menor custo e a maior rapidez – a dissonância. Assim, na teoria de Festinger conjugam-se elementos provenientes das noções funcionalistas de homeostase e equilibração com as noções estruturalistas de boa forma, campo de tensão etc.

De outra parte estão os reflexos do estruturalismo, oriundos da antropologia estrutural e da gramática gerativa, no pensamento psicológico recente. Pode-se apontar, em termos gerais, a presença da matriz estruturalista na ênfase racionalista e universalista, em oposição ao ambientalismo e ao particularismo (culturalista ou historicista); e na ênfase no estudo da competência, em oposição ao estudo do desempenho. A exemplo da competência linguística, propuseram-se os estudos das competências cognitivas e da competência social. Em todos os casos, a competência envolveria o conjunto de regras de natureza gerativa subjacente ao exercício das habilidades em exame. Enquanto se reservaria o desempenho das habilidades e comportamentos à análise funcional, caberia à análise estrutural a construção dos mecanismos hipotéticos responsáveis pela geração das condutas manifestas. No último capítulo retornarei com mais detalhes a estas questões – extremamente atuais – no contexto da consideração das alternativas teóricas e metodológicas da psicologia contemporânea.

10.7 Romantismo, estruturalismo e psicanálise

Uma das influências registradas e reconhecidas por Freud, tendo-o levado inclusive à faculdade de medicina, foi a de um ensaio de Goethe sobre a natureza, que ele ouvira numa conferência ainda na adolescência. Porém, a relação da psicanálise com a filosofia da natureza romântica e com a problemática romântica da expressão e da compreensão vai muito além deste primeiro encontro[13]. Como se viu no capítulo anterior, uma das categorias essenciais do ideário romântico era a de conflito: as totalidades têm movimento próprio que é gerado pelas oposições que abrigam. A ideia de forças naturais em conflito foi uma das poucas

---

13. Cf. ASSOUN, P.L. *Introduction...*, p. 203-211.

que, embora derivadas do romantismo, haviam sido assimiladas, desde o modelo herbartiano, pelo cientificismo alemão, mecanicista e/ou funcionalista. Brucke, o grande fisiólogo, mestre de Freud, foi um dos porta-vozes desta concepção. A noção de conflito recebeu na psicanálise freudiana um desenvolvimento que, embora pretendesse o reconhecimento pela comunidade científica da época e, para isso, tivesse sublinhadas suas dimensões físicas, energéticas e mensuráveis, está mais próxima do romantismo do que Freud estaria disposto a admitir. Consideremos, fundamentalmente, que em Freud o conflito de forças ou tendências constitui-se num mecanismo gerador de símbolos: as forças em conflito são obrigadas a se manifestar em formas derivadas e representativas: "a estranheza dos sonhos (por exemplo) provém das deformações empreendidas para a expressão do seu sentido [...]". E ainda: "foi justamente um triunfo do trabalho psicanalítico conseguir demonstrar quão significantes são todas as ações compulsivas, mesmo as mais fúteis, como elas refletem os conflitos vitais, o combate entre as tentações e os obstáculos morais". Os fenômenos psíquicos são, enfim, totalidades expressivas a serem compreendidas e interpretadas. A originalidade freudiana reside, em grande parte, na demonstração de que existe uma funcionalidade subjacente à expressão, ou, inversamente, uma expressividade funcional, compatibilizando, assim, os enfoques romântico e funcionalista, as noções de forma expressiva e forma adaptativa. Nesta síntese, todavia, ambas as noções são profundamente transformadas, num processo que já transpõe o nível de análise das matrizes do pensamento psicanalítico.

Quando Freud vai apontar o interesse que pode ter a psicanálise para as demais ciências, a primeira a ser contemplada é a linguística, e ele o faz com as seguintes palavras: "Eu ultrapasso certamente a significação habitual quando postulo o interesse do filólogo pela psicanálise. Por linguagem não se deve compreender apenas a expressão dos pensamentos em palavras, mas também a linguagem dos gestos e *toda outra atividade psíquica*, como a escrita. Neste caso, pode-se considerar que as interpretações da psicanálise são de início a *tradução* de uma modalidade de expressão estranha a nós numa maneira que nos é familiar" (grifos meus). E ainda: "[...] a interpretação de um sonho é análoga à decifração de uma escrita ideográfica, como os hieroglifos egípcios". Estes trechos deixam claro que Freud estava perfeitamente ciente das relações da psicanálise com as ciências interpretativas, legitimando assim os enfoques recentes que enfatizam a dimensão hermenêutica da psicanálise. No contexto das ciências semiológicas, por outro lado, Freud está bem distante da tradição romântica e do historicismo idiográfico. A psicanálise é uma ciência do sentido mas não uma ciência do sentido imediato. Não é na linha divinatória, na linha da revivência, da empatia, da valorização da consciência espontânea, seja do intérprete seja do interpretado, que se move Freud. Ao contrário, ele elabora um dos ataques mais consistentes contra o desregramento subjetivista proposto pelos românticos e pelos intuicionistas. Como "ciência mediata do sentido", um empreendimento eminentemente antifenomenológico[14], a psicanálise se aproxima dos estruturalismos e, portanto, não deve surpreender que esta aproximação tenha resultado em projetos de fusão. Nestes projetos, como o de Lacan (1901-1981)[15], é à ciência estrutural da linguagem que se recorre na busca da terminologia e das leis adequadas à dinâmica da vida psíquica. "O inconsciente está estruturado como uma linguagem", é a frase de abertura de todas as apresentações do pensamento de Lacan. Um linguista, porém, E. Benveniste[16], num confronto entre a linguagem *stricto sensu* e o simbolismo do inconsciente, conclui que este teria maiores afinidades com a estilística do que com a linguística; a simbólica psicanalítica estaria assim mais aparentada com a retórica do que com a ciência da linguagem. De todo modo caberia ainda ao enfoque estrutural a análise dos estilos da fala e do simbolismo inconsciente.

---

14. A caracterização da psicanálise como ciência mediata do sentido, e essencialmente antifenomenológica, e sua aproximação com o estruturalismo é de Ricoeur (A questão do sujeito: o desafio da semiologia. In: RICOEUR, P. *O conflito*, p. 199-234).

15. Como introdução a Lacan, cf. CORVEZ, M. El estructuralismo de Jacques Lacan. In: *Estructuralismo y psicoanálisis*. Buenos Aires: Nueva Visión, 1970, p. 101-137. Para uma introdução profunda e abrangente, cf. LEMAIRE, A. *Jacqus Lacan*. Bruxelas: Pierre Mardaga, 1977.

16. Cf. BENVENISTE, E. Remarques sur la fonction du langage dans la découverte freudienne. In: BENVENISTE, E. Op. cit., p. 75-87.

11
MATRIZ FENOMENOLÓGICA
E EXISTENCIALISTA

Como vimos no capítulo 9, as ciências da compreensão e da interpretação enfrentam com dificuldade o problema da verdade: como produzir, como identificar e como fundamentar uma interpretação verdadeira? Tanto os estruturalismos como a fenomenologia, enquanto matriz do pensamento psicológico, representam respostas alternativas para esta problemática; ambos se autoproclamam adequados para a construção de disciplinas compreensivas rigorosamente científicas. Contudo, enquanto os estruturalismos concebem o rigor prioritariamente em termos metodológicos, exigindo o máximo de empenho na formalização dos conceitos, das hipóteses e dos procedimentos analíticos, a fenomenologia se preocupa essencialmente com o rigor epistemológico, promovendo a radicalização do projeto de análise crítica dos fundamentos e das condições de possibilidade do conhecimento. É, efetivamente, na tradição de Descartes, Kant e, para o caso das ciências humanas, Dilthey que se coloca E. Husserl.

11.1 A fenomenologia e a questão epistemológica[1]

O projeto cartesiano se norteia pela busca de um fundamento absoluto e indubitável para o conhecimento. Segundo Husserl,

---

1. Acerca da epistemologia fenomenológica, cf. HUSSERL, E. *La filosofía como ciência estricta*. Buenos Aires: Nova, p. 7-73. • HUSSERL, E. *Méditations cartésiennes*. Paris: Vrin, 1966, p. 1-46. A título de introdução pode-se recorrer aos seguintes textos: GILES, T.R. *História do existencialismo e da fenomenologia*. Vol. 1. São Paulo: EPU/Edusp, 1975. • SCHÉRER, R. Husserl, A fenomenologia e seus desenvolvimentos. In: CHÂTELET, F. (org.). Op. cit., 234-261.

esta busca corresponde à intencionalidade operante em toda prática científica; a ideia de ciência traria implícita a exigência de uma fundamentação sólida, metodicamente obtida e rigorosamente avaliada. Foi mediante o exercício da dúvida metódica que Descartes alcançou o sujeito pensante como sendo a única evidência de que não se tem o direito de duvidar. O método da dúvida sistemática visava, exatamente, pôr em suspenso todas as crenças e preconceitos que se impõem na prática da vida quotidiana de forma a, superando com este esforço a "atitude natural", alcançar as evidências apodíticas que pudessem legitimamente fundar todo um sistema de conhecimentos que tivesse sido delas deduzido segundo procedimentos estritamente lógicos e matemáticos. Descartes, porém, na opinião de Husserl, não aprofundou suficientemente a sua investigação epistemológica; retornou muito rapidamente do "eu penso" ao mundo natural, restabeleceu muito cedo a confiança nos dados da experiência e deixou inexplorado todo o imenso continente dos pressupostos transcendentais da experiência empírica, cujos aspectos formais foram objeto da teoria do conhecimento kantiana. Husserl, porém, também não reconheceu em Kant a realização consequente e completa do projeto de crítica epistemológica, rejeitando particularmente a suposição, segundo ele, gratuita e contraditória de uma natureza em si, para além do pensável, do imaginável e do experimentável pela consciência humana. A filosofia de Husserl terá como tema apenas o que se constitui como objeto da experiência possível: os fenômenos. Para ele as evidências apodíticas às quais a fenomenologia deve se ater, e a respeito das quais pode se constituir como uma ciência rigorosa, serão apenas os atos da consciência intencional (consciência de) e seus respectivos objetos imanentes. A fenomenologia será então a ciência descritiva destes objetos, a que se chega através da intuição pura, numa apreensão imediata da "coisa mesma" enquanto pura essência, ou seja, enquanto objetos ideais e isentos de qualquer pretensão à existência. O objetivo da fenomenologia será o de elucidar as estruturas formais (gerais e específicas) que operam de forma encoberta na organização da experiência segundo os diferentes modos da consciência visar seus objetos e de acordo com as particularidades das diversas regiões do ser (mundo natural, mundo animal, mundo cultural, mundo psicológico etc.). Esta ciência do sujeito transcendental deveria desempenhar em relação às ciências empíricas a função indispensável de revelar seus fundamentos, esclarecer as estruturas *a priori* das regiões do ser por elas visadas, estabelecer, com o rigor e com o caráter de necessidade só possível a uma ciência apriorística, as categorias básicas destas disciplinas, desvelar a intencionalidade que anima suas práticas de pesquisa, explicitar, enfim, as ontologias que subjazem às experiências empíricas, ingênuas ou metódicas, possíveis naquelas regiões específicas.

Assim considerada, a fenomenologia estabeleceria relações com todas as ciências. Haveria, contudo, relações particulares da fenomenologia com as ciências humanas. Será destas que o texto tratará em seguida.

11.2 O encontro da fenomenologia com as ciências humanas

A sentença com que Husserl encerra suas meditações cartesianas aponta na direção de uma mudança nas relações entre o conhecimento empírico e a subjetividade, tais como estabelecidas no objetivismo cientificista. Husserl endossa, efetivamente, as palavras de Santo Agostinho que afirmara: "*Noli foras ire, in te ispsum redi, in interiore hominis habitat veritas*". Vimos no capítulo 1 como a psicologia científica no século XIX nasceu, calcada no modelo das ciências naturais, em grande parte para atender à necessidade de conhecer o homem para mais eficazmente neutralizar as interferências indesejáveis da subjetividade na prática científica. A fenomenologia transforma completamente os termos do problema: conhecer o homem torna-se necessário porque é o sujeito a fonte constitutiva não só de todo conhecimento como de todo objeto possível de experiência e reflexão. O esclarecimento do homem é precondição para a fundamentação do conhecimento do mundo. É verdade que a fenomenologia é uma herdeira da disposição iluminista de abolir os preconceitos e as crenças mal fundadas. Nesta medida, a fenomenologia é um antirromantismo, o que se manifesta na oposição de Husserl ao historicismo de Hegel e Dilthey e na defesa da legitimidade de um conhecimento invulnerável ao ceticismo decorrente da subordinação do ideal científico ao relativismo humanista. No entanto, ao esposar com o máximo de fidelidade a perspectiva cartesiana e kantiana, ao radicalizar mesmo esta tradição, Husserl opôs-se também à vertente objetivista do Iluminismo, o que se manifesta na oposição ao naturalismo e em particular ao ceticismo psicologista. Da superação dos preconceitos emerge, não a aniquilação do sujeito e o concomitante fortalecimento da confiança na experiência sensível e nas virtudes da observação objetiva, mas, ao contrário, uma egologia. Desta maneira, a fenomenologia termina por se aproximar das ciências do espírito que se haviam articulado sob inspiração romântica. Trata-se, contudo, de uma aproximação contraditória: o racionalismo fenomenológico opõe-se ao intuicionismo afetivo e estético dos românticos, à proposta de fusão e comunicação empática entre formas expressivas, à renúncia a um conhecimento rigoroso e objetivo. Não obstante, a separação entre sujeito e objeto, que marca todas as matrizes cientificistas, e contra a qual se elevaram as vozes do romantismo, também é abolida na fenomenologia. Seus objetos são apenas os objetos da e para a consciência, e seu método é a contemplação imediata destes objetos tais como se dão na experiência espontânea e pré-reflexiva. Nas palavras de Husserl, "a doutrina fenomenológica da essência é a única capaz de fundar a filosofia do espírito", vale dizer, a única que poderia orientar a psicologia, a sociologia, a antropologia e a história como ciências compreensivas. Tal como a fenomenologia, estas são também ciências do sujeito e das suas objetivizações, diferenciando-se assim das ciências da natureza. Convém assinalar, todavia, uma grande diferença entre a fenomenologia filosófica e as ciências humanas fenomenológicas: enquanto as ciências compreensivas visam os sujeitos empíricos, suas vivências, atos e produções concretas num universo de valores e significados historicamente determinados, a fenomenologia filosófica visa o sujeito transcendental como condição de todas as experiências humanas possíveis. A fenomenologia filosófica deve captar – pela contemplação imediata – as essências ideais dos fenômenos, as estruturas e os modos intencionais da consciência transcendental. A universalidade destas estruturas apriorísticas é que permitiria, na prática das ciências compreensivas, a captação do psíquico na esfera da consciência individual e da consciência coletiva. Desta maneira, a fenomenologia filosófica passaria a exercer em relação a estas ciências uma função rectora, fornecendo-lhes exatamente os instrumentos conceituais necessários à prática da compreensão que supere o nível do senso comum e que se possa validar rigorosamente.

11.3 As estruturas da consciência transcendental[2]

Todas as ciências compreensivas foram profundamente influenciadas pelas descrições fenomenológicas da estrutura geral da consciência. Neste contexto avultam, entre outros, os conceitos de "intencionalidade", "temporalidade" e "horizonte" da consciência.

A intencionalidade da consciência é um conceito proveniente de F. Brentano (1838-1917), psicólogo austríaco e professor de Husserl e Freud. Refere-se à consciência enquanto *ato*, em oposição à consciência enquanto *conteúdo*. Para a psicologia mentalista, derivada de Wundt, analisar a consciência era identificar o que ela era em termos de perceptos, imagens, vontades, lembranças etc. O problema que se colocava era o de descobrir uma via de acesso a estes conteúdos internos, ao que estava "dentro de cada mente". A solução parecia inevitável: o método introspectivo. A noção de intencionalidade elimina o problema ao negar aplicabilidade à consciência da oposição fora/dentro. A consciência não é o dentro de um invólucro corporal e comportamental: é um ato que visa um objeto. A consciência é sempre consciência de, e a análise da consciência intencional é a descrição das formas da consciência tematizar seus objetos, ou, dito de outra forma, é a descrição das diferentes formas de relação entre o sujeito e o seu mundo. Se a consciência não está dentro do sujeito, mas é mediadora entre o sujeito e o mundo, não se coloca a solução introspecionista, mas a captação da intencionalidade a partir de suas

---

2. Acerca da análise fenomenológica da consciência transcendental, cf. HUSSERL, E. Méditations... • GURWITSCH, A. *Théorie du champ de la conscience*. Bruges: [s.e.], 1957.

manifestações corporais e comportamentais e também das suas obras e criações espirituais.

A temporalidade da consciência refere-se ao fato de que toda a consciência intencional é inevitavelmente e desde suas manifestações mais elementares (na percepção) uma síntese no tempo. A percepção do objeto supõe a percepção da sua identidade ao longo de uma sucessão temporal de imagens. Toda percepção implica a memória e a antecipação; o significado do objeto depende do que recordamos dele (e de objetos semelhantes) e do que esperamos ver dele sob diferentes ângulos. Todo ato de consciência reúne, diferencia, compara e sintetiza no tempo. Cabe à fenomenologia filosófica descrever as formas que a temporalidade assume nos diferentes modos intencionais (percepção, lembrança, imaginação etc.) e nas diferentes regiões ontológicas. As ciências humanas de inspiração fenomenológica, igualmente, estão sempre preocupadas em captar a vivência do tempo dos sujeitos cuja situação vital tratam de compreender.

O conceito de horizonte da consciência refere-se ao fato de que a consciência intencional, em qualquer modo que se dê, envolve uma atualidade explícita (como consciência de algo) e uma potencialidade apenas implícita, que é o conjunto de estados passados, antecipados, sugeridos, suspeitados, assemelhados, contrastados etc. em relação ao qual o objeto tematizado adquire um significado para o sujeito. O foco da consciência está sempre cercado por estas franjas e delas recebe um valor cognitivo e afetivo particular. Os horizontes são, na experiência pré-reflexiva, "inconscientes", passam despercebidos, e uma das tarefas das análises fenomenológicas concretas é justamente elucidá-los. Uma descrição fenomenológica bem-sucedida deve ser capaz de trazer à luz o "significado oculto" das vivências, esclarecendo ao máximo o horizonte de experiências virtuais que está de fato implicado a vivência. A experiência pré-reflexiva, porém, está sempre adiante da reflexão, motivo por que a compreensão da vivência é uma tarefa essencialmente inacabada. Nunca se chega ao sentido último porque nunca se esclarece totalmente o conjunto de significados e valores dentro do qual a experiência se constitui.

11.4 Os modos da consciência transcendental e as ontologias regionais[3]

Da descrição das estruturas gerais da consciência, a fenomenologia deve caminhar para as estruturas típicas especiais. Aqui surgem as fenomenologias da percepção, da imaginação, da emoção, da memória etc. empreendidas por M. Merleau-Ponty e Jean-Paul Sartre, entre outros. Simultaneamente foram-se esboçando as fenomenologias das diferentes regiões do ser, das diferentes áreas da experiência: a fenomenologia do jogo e da "seriedade", a fenomenologia da experiência estética e da experiência prática, a fenomenologia da experiência sagrada e da experiência profana, a fenomenologia das relações interpessoais e dos comportamentos éticos etc. Estas ontologias regionais revelam o que há de específico nas relações entre o sujeito e seu mundo em cada uma destas regiões, quais as formas típicas de temporalidade e qual a natureza dos horizontes que aí configuram as vivências concretas.

11.5 A inflexão romântica na fenomenologia de M. Scheler[4]

O filósofo, psicólogo e sociólogo M. Scheler (1874-1928), discípulo de Dilthey e Husserl, é uma figura paradigmática do

---

3. Exemplos de fenomenologia dos modos da consciência transcendental: MERLEAU-PONTY, M. *Fenomenologia da percepção*. Rio de Janeiro: Freitas Bastos, 1971. • SARTRE, J.-P. *L'imagination*. Paris: Gallimard, 1948. • SARTRE, J.-P. *Esquisse d'une théorie des émotions*. Paris: Gallimard, 1948. Exemplos de fenomenologia das regiões ontológicas: jogo e arte: GADAMER, H.G. *Vérité et méthode*. Paris, Seuil, 1976, p. 27-99. • Experiência religiosa: ELIADE, M. *Le sacré et le profane*. Paris, Gallimard, 1965. • Relações de simpatia, amor e ódio: SCHELER, M. *Nature et formes de la sympathie*. Paris: Payot, 1971. • Experiência teórica (filosófica) HUSSERL, E. La filosofía en la crisis de la humanidad europea. In: HUSSERL, E. *La filosofía*, p. 99-136.

4. Cf. SCHELER, M. Op. cit., p. 5-56, 289-358. Quanto ao redirecionamento da fenomenologia, no sentido de enfocar prioritariamente a vivência pré-reflexiva, ou seja, o mundo vital (ou circundante) que se apresenta como objeto da atitude natural e quotidiana, deve-se esclarecer que: (1) Scheler é representativo deste movimento, mas não é o seu único inspirador – encontramos, p. ex., o mesmo processo em Heidegger, cuja fenomenologia da existência quotidiana e da técnica exerceu enorme influência; (2) o próprio Husserl em suas obras posteriores também passa a valorizar a análise do *lebenswelt*, o mundo da experiência ingênua (cf. HUSSERL, E. *La filosofía en la crisis. La filosofía como autorreflexión de la humanidad*). Em Husserl, contudo, a preocupação epistemológica, o projeto iluminista e o racionalismo jamais se extinguem.

processo de redirecionamento da fenomenologia ao se converter em métodos das ciências humanas compreensivas. Scheler afirma que "conhecer os limites do conhecimento do outro em geral e do outro enquanto membro de um grupo social e elemento de um conjunto histórico, em particular [...] é o problema fundamental, atinente às condições de possibilidade da existência das ciências morais". É este o problema que a fenomenologia das atitudes e comportamentos interpessoais, empreendida por Scheler, promete resolver. O autor conclui, ao cabo de suas investigações sobre a simpatia, o amor e o ódio, que o conhecimento do outro, o reconhecimento da sua existência, é um fenômeno primitivo, anterior ao autoconhecimento e, portanto, independente da analogia e de projeção. A consciência intencional é, originalmente, uma consciência de outros sujeitos que são apreendidos como fontes de irradiação de intenções e atos livres que se expressam em posturas corporais, gestos, palavras, obras etc. "A expressão é a primeira coisa que o homem percebe no que existe fora de si". Sua autorrepresentação, igualmente, é mediada pelo sistema simbólico: "toda percepção de si só se realiza quando o que deve ser percebido se transforma em tendência expressiva". Através da obra de Scheler a fenomenologia afasta-se da orientação husserliana, voltada para a fundamentação rigorosa do saber, e que desembocara no subjetivismo metodológico, enquanto se acentua a temática da descrição da vivência concreta pré-reflexiva, na qual a presença do outro e os fenômenos expressivos adquirem um peso que vem aniquilar o subjetivismo: É um erro crer que começamos por perceber pura e simplesmente nossos fatos psíquicos aos quais acrescentaríamos em seguida a experiência que teríamos de nossas tendências e movimentos expressivos e de nossos atos [...]. Uma autopercepção puramente 'interna' e 'psíquica' é uma simples ficção [...]. A própria linguagem com suas unidades psicológicas significativas projeta sua rede de diferenciações e articulações entre nossa percepção e nossas experiências psíquicas". Daí, Scheler parte para uma estética tipicamente romântica, e que na mesma época era assumida pelos formalistas e futuristas: "Alargando e fazendo explodir os quadros nos quais nossa linguagem aprisiona nossa vida psíquica, criando novas formas de expressão, eles (os poetas) incitam os outros a procurar, *a ver*, o que nestas experiências psíquicas exige estas formas novas e mais maduras". Nas mãos de Scheler a fenomenologia transforma-se no método de investigação das formas expressivas, mas o foco das fenomenologias dos simbolismos nunca será os sistemas linguísticos enquanto objetos independentes da subjetividade. O foco será sempre a fala, a expressão concreta de uma intencionalidade. A atividade do psicólogo compreensivo se reaproxima, então, dos modelos românticos da comunicação empática: "A compreensão, enquanto compreensão do ato e do seu sentido objetivo, não é nada mais que uma participação de um ser espiritual na vida de um outro ser espiritual".

11.6 As doutrinas existencialistas

A influência da fenomenologia sobre a psicologia entendida como ciência compreensiva foi em grande parte mediada pelas doutrinas existencialistas. Não será possível, dentro dos limites deste texto, fazer justiça às muitas diferenças que separam os autores existencialistas, e as considerações que se seguem terão como base uma unificação proposta por Jolivet: "o conjunto de doutrinas segundo às quais a filosofia tem como objetivo a análise e a descrição da existência concreta, considerada como ato de uma liberdade que se constitui afirmando-se e que tem unicamente como gênese ou fundamento esta afirmação de si". A análise e a descrição da existência concreta não tiveram de esperar pela fenomenologia de Husserl para colocarem-se como tarefa filosófica – Kierkegaard e Nietzsche são unanimemente considerados os precursores mais resolutos da filosofia existencialista. O ex-hegeliano e acerbo crítico de Hegel (como aliás o foi Kierkegaard), M. Stirner, é outro precursor bem identificado do movimento existencialista. Contudo, o método fenomenológico sistematizado no início do século XX despertou em muitos a esperança de proporcionar à descrição da existência concreta um rigor ainda não alcançado. É necessário, porém, estabelecer uma distinção entre os que, como K. Jaspers, adotaram o método fenomenológico para a descrição do existente, ou das diferentes maneiras do existir, e aqueles que, como Heidegger e Sartre, intentaram uma descrição da existência, inclinando-se assim para uma ontologia ou antropologia existencialista.

11.7 A psicopatologia de K. Jaspers[5]

K. Jaspers não foi apenas a figura de maior destaque de uma das correntes existencialistas, como um pioneiro das ciências compreensivas, mais precisamente da psicopatologia e da psiquiatria. Jaspers (1883-1969) lançou em 1913 a primeira edição de *Psicopatologia geral*, em que as preocupações metodológicas ocupam lugar de destaque. Para Jaspers a psico(pato)logia é uma ciência complexa: é ciência natural, destinada à explicação causal dos fenômenos psíquicos mediante o recurso a teorias acerca dos nexos extraconscientes que determinam estes fenômenos; e é ciência do espírito, voltada para a descrição das vivências subjetivas, para a interpretação das suas expressões objetivas e para a compreensão dos seus nexos internos e significativos. Tanto como ciência natural como compreensivo-interpretativa, a psico(pato)logia tem na fenomenologia dos eventos psíquicos um passo preliminar: "à fenomenologia compete apresentar de maneira viva, analisar em suas relações de parentesco, delimitar, distinguir da forma mais precisa e designar com termos fixos os estados psíquicos que os pacientes realmente vivenciam". Com o uso do método fenomenológico Jaspers se propõe descrever as estruturas universais dos fenômenos subjetivos da vida psíquica mórbida, cuja gênese e interdependência serão depois explicadas e compreendidas. Se ao colocar a psiquiatria e a psicopatologia entre as ciências naturais Jaspers apenas mantinha-se na tradição médica dos séculos XVIII e XIX. Foi ao situá-la também entre as ciências do espírito que o autor deu sua contribuição mais pessoal. Porém, e novamente aqui Jaspers adota uma posição original, a compreensão para ele é duplamente limitada. Por um lado, a compreensão é limitada pelo extraconsciente, pelas relações causais, impessoais e não vivenciadas que exigem leis e teorias explicativas. Por outro, é limitada

---

5. JASPERS, K. *Psicopatologia geral*. Rio de Janeiro: Atheneu, 1979 [Vol. 1: p. 11-61, 361-375, 424-433. Vol. 2: p. 647-672, 905-931].

pela existência humana, e este é um limite não só para a compreensão, mas também para a explicação, vale dizer, para toda ciência. O existencialismo de Jaspers exerce, assim, diante da psico(pato)logia uma função negativa: a descrição fenomenológica das características mais gerais da existência humana apontam os limites que a ciência não pode transpor. "O homem tem um destino cujo cumprimento é entregue a ele mesmo [...]; o não ser acabado, o ser livre e aberto constitui para o homem fundamento da doença. Em comparação com os animais, é para ele vitalmente impossível uma perfeição originária. O homem deve conquistá-la como forma da sua vida. Não é um mero resultado. É para si mesmo uma tarefa [...]; o que acontece no homem produzido por doença mental não se esgota com as categorias da investigação científica. O homem como criador de obras de espírito, como crente religioso, como ser de ações morais transcende o que se possa saber e conhecer dele em pesquisas empíricas [...]; o incompreensível é a liberdade que se apresenta na decisão incondicionada". Mas se à ciência escapa a liberdade essencial do homem, também à filosofia a existência estabelece limites: "O homem é possibilidade aberta, incompleta e incompletável. Daí ser sempre mais alguma coisa e outra coisa que não aquilo que realizou por si. O homem realiza-se em determinados fenômenos, atos, pensamentos, símbolos; e volta-se sempre, por sua vez, contra cada um destes fenômenos que se tornaram determinados, contra suas próprias determinações. Quando já não rompe as formas fixadas, passa a nivelar-se a uma espécie de medianidade e abandona o rumo do existir humano". A filosofia não se pode por isso transformar numa ontologia, numa doutrina, num dogma do ser. Ela deve permanecer sempre estreitamente ligada à existência concreta, e particular, do existente. "O existir não é objetividade", não pode assim ser objeto de uma ciência empírica ou de uma metafísica. Temos portanto um filosofar existencialista, mais que uma filosofia dogmática existencialista em K. Jaspers. Este filosofar se relaciona duplamente com as ciências: por um lado, como vimos, a reflexão sobre a existência humana restringe o âmbito de legitimidade das compreensões e explicações científicas; de outro, são as ciências que "fornecem, pelos seus conhecimentos, o trampolim para os pensamentos transcendentes: só no saber científico mais completo é que se experimenta o não saber real; e no não saber a transcendência se realiza mediante métodos filosóficos específicos". Estas relações entre ciências do homem e filosofia existencialista são bem diferentes daquelas que se baseiam nas ontologias de Heidegger e Sartre e que são duramente criticadas por Jasper. "Na corrente do pensamento esclarecedor da existência, a partir de Kierkegaard e Nietzsche, Heidegger tentou criar uma moldura ideológica sólida, que qualificou como 'ontologia fundamental' e elaborou, ramificando-a, nos *existentialia* (em analogia com as categorias das objetividades existentes) [...]. Não obstante o valor das explanações heideggerianas concretas, tenho para mim que, em princípio, sua tentativa é erro filosófico. De fato, Heidegger leva quem o lê não a que filosofe, mas a que descubra o esquema total do existir humano [...]. O que nos interessa, todavia, é que aplicar esta ontologia da existência à psicologia pode ter, quando muito, o valor de teoria, ou de eventual construção para conexões compreensíveis particulares [...] As obras dos autores que aplicam esta ontologia à psicopatologia parecem-me, decerto, tocar, por sua vez, no que é filosoficamente essencial – tratando-o porém como objetificado, conhecido e descoberto, com o que a filosofia se perde sem que adquiramos conhecimento real algum. É exatamente esta dependência da psicologia compreensiva em relação à filosofia existencialista que encontraremos em L. Binswanger e na antipsiquiatria de Laing e Cooper.

11.8 Analítica e psicanálise existencial[6]

L. Binswanger (1881-1966) é um dos grandes nomes da psiquiatria fenomenológica e o criador da análise existencial. Desta disciplina e terapêutica diz-nos Binswanger: "Seu nome, como seu fundamento filosófico, a análise existencial, os deriva da analítica existencial de Heidegger [...]". A análise existencial, teoria

---

6. Cf. BINSWANGER, L. Sur la direction de recherche analytique existentielle en psychiatrie. Analytique existentielle et psychiatrie. Analyse existentielle et psychothérapie. In: BINSWANGER, L. Op. cit., p. 51-120. Uma exposição interessante das relações da psiquiatria com as ciências do espírito, fenomenologia e existencialismos pode ser encontrada em TELLENBACH, T. A fundamentação da experiência e dos métodos psiquiátricos nas concepções filosóficas da essência do homem. Cf. GADAMER, H.G. & VOGLER, P. (orgs.). Op. cit., p. 95-124.

e técnica psiquiátrica, "é uma ciência experimental, mesmo se o é com um método próprio e um ideal de exatidão próprio, a saber, o método e o ideal das ciências experimentais fenomenológicas". Enquanto isso, a analítica existencial de Heidegger é a descrição fenomenológica da estrutura fundamental do *dasein* ou, nas palavras de Binswanger, "o esclarecimento filosófico-fenomenológico da estrutura apriorística ou transcendental do *dasein* como 'ser no mundo'". Esta analítica existencial é a base e a orientação para a análise dos modos e estruturas factuais do *dasein*. Torna-se assim necessário, para a compreensão da obra de Binswanger, um rápido esboço da ontologia existencialista de Heidegger.

Martin Heidegger[7], cuja obra extensa não será objeto dos comentários que se seguem, em 1927 publicou o livro que, embora superado pelo próprio autor, constituiu-se numa das obras fundamentais do século XX e que marcou profundamente o rumo do pensamento de Ludwig Binswanger: *Ser e tempo*. Aqui reteremos de *Ser e tempo* aquilo que configurou uma imagem da existência em seus determinantes universais *a priori*. Na última seção deste capítulo retomarei a obra no contexto da problemática hermenêutica das ciências compreensivas e históricas, e do seu desenvolvimento através das reflexões de H.G. Gadamer.

Dois parágrafos acima introduzi, sem maiores explicações, o conceito-chave da filosofia de Heidegger: *dasein*, que, numa tradução literal, corresponde a *ser aí*, e que vem sendo eventualmente traduzido como *ser no mundo*. O *dasein*, categoria central da analítica existencial, implica a essencial relação do existente com o seu mundo. Existir é estar inevitavelmente situado no e projetado para o mundo. Como este mundo é composto, entre outras "coisas", por outros sujeitos, o *dasein* é igualmente *ser com (mitsein)*, estar voltado para outros sujeitos. A existência nunca resulta de uma livre opção por existir, e por isso o sentimento original do existente é o de ter sido lançado numa situação. Todavia, o *dasein* é essencialmente a possibilidade e a necessidade de exercer o poder de escolha. O mundo é o leque de possibilidades

---

7. Cf. HEIDEGGER, M. *Being and time*. Nova York: [s.e.], 1962.

em que se projeta o *dasein* e que o definem. O *dasein* é obrigado a escolher, e é constrangido a assumir a responsabilidade pelas suas escolhas. O *dasein*, sendo essencialmente este horizonte de possibilidades de ser, é, portanto, fundamentalmente inacabado. No seio destas possibilidades de ser que definem o existir humano, o homem projeta e nega a sua situação original de ser alienado. A existência é inevitavelmente temporal: uma antecipação do futuro no voltar-se para a compreensão das possibilidades abertas no presente e uma assunção do passado. A existência autêntica caracteriza-se pela responsabilidade pessoal, pelo inacabamento e pela transcendência, no sentido da capacidade de ultrapassar constantemente a situação e a realização, assumindo o passado, compreendendo o presente virtual e negando-os mediante um projeto livre e autodeterminado.

A seguir transcrevo alguns trechos de Binswanger em que se explicita a função das descrições heideggerianas para a psiquiatria. "A estrutura do *dasein* só pode dar um fio condutor metodológico porque esta estrutura nos fornece uma norma; e assim a possibilidade de estabelecer com exatidão científica os desvios da norma. Para nosso espanto vimos que estes desvios [...] não devem ser compreendidos de forma puramente negativa, mas que correspondem a uma nova norma, a uma nova forma de estar no mundo. Quando podemos falar, por exemplo, de uma forma de vida, ou melhor, de uma forma de *dasein* maníaca, isto significa que pudemos estabelecer uma norma que compreende e rege todos os modos de expressão e de comportamento designados como maníacos. Ora, esta norma é o que chamamos 'o mundo' do maníaco [...]; é sempre um único projeto de mundo, ou são sempre os mesmos projetos de mundo com que nos confrontamos (nas diferentes formas de interpretação) [...]. É somente quando tivermos percorrido estes 'mundos' que teremos compreendido a forma do *dasein* no sentido do que chamamos neurose ou psicose e que poderemos [...] ousar uma compreensão dos elementos parciais destas formas de mundo e de *dasein*, clinicamente avaliados como sintomas [...]. Pois se é necessário ver nos sintomas psicológicos 'fatos da compreensão' ou da comunicação, a saber, transtornos e obstáculos à comunicação, devemos nos esforçar por entender de onde podem provir. Ora, eles resultam do seguinte: os doentes mentais vivem em mundos diferentes do nosso. O conhecimento e a descrição científica destes projetos de mundo tornam-se assim a tarefa principal da psicopatologia." Central à perspectiva de Binswanger é a noção de que, sendo o *dasein* 'ser com', o nível em que se instala o 'diagnóstico' é o da comunicação e o da compreensão das expressões simbólicas em que se manifestam as relações do sujeito com o seu mundo como "flexões determinadas da textura apriorística ou da estrutura transcendental do ser-homem". É necessário, então, uma hermenêutica capaz de elucidar o significado das formas idiossincráticas de expressão remetendo-as aos projetos de mundo que as fundam. A analítica existencial é o padrão das gramáticas expressivas que devem ser reconstituídas para a compreensão destas formas simbólicas obscuras. A psicoterapia terá como objetivos proporcionar ao próprio sujeito (paciente) uma compreensão de si e uma reestruturação das suas formas de estar no mundo e comunicar-lhe que abra novas possibilidades de existir, devolvendo-lhe a capacidade de dispor de suas possibilidades mais próprias e autênticas de existência. A psicanálise existencial não promete cura, nem adaptação, nem tranquilidade. Promete autocompreensão, liberdade, e, com ela, responsabilidade, preocupação, angústia.

11.9 A antipsiquiatria existencial-marxista[8]

Os ingleses David Cooper e R. Laing sofreram por seu turno uma influência dominante da filosofia existencialista de Jean-Paul Sartre, embora não apenas da sua principal obra existencialista, *O ser e o nada*, mas também do neomarxismo da *Crítica da razão dialética*. Descontentes com a psiquiatria convencional que objetiviza a doença mental, concebendo-a segundo o modo naturalista da medicina somática, os antipsiquiatras procuram um outro quadro de referências e vão encontrá-lo na dinâmica das interações pessoais. A análise destas interações, de suas estruturas e processos será então convertida no principal procedimento

---

8. Cf. COOPER, D. *Psychiatry and antipsychiatry*. Londres: Tavistock, 1967.

interpretativo de Laing e Cooper. A interpretação, todavia, das diferentes formas de interação depende, segundo eles, de uma teoria geral do homem, de "uma antropologia entendida como a ciência das pessoas". "A antropologia assim concebida constitui a metateoria de um certo número de disciplinas – a psicologia, a microssociologia, a sociologia, a antropologia social" (Cooper). Convém por isso averiguar que a antropologia pode ser formulada a partir do existencialismo e do neomarxismo de Sartre. Também em relação a Sartre, como fizera com Heidegger, deixarei de lado os aspectos mais especificamente filosóficos e epistemológicos da sua obra para resgatar apenas aqueles que contribuíram para compor a antropologia de que nos fala Cooper.

O homem é o ser cuja existência precede a essência. A vida não é nem determinada por, nem a expressão de uma realidade material ou ideal que a anteceda cronológica ou logicamente. Na ausência de toda essência prévia desaparece também toda necessidade – a existência é totalmente contingente e gratuita. O homem é assim obrigado a inventar a própria vida e, queira ou não, é o que faz: não optar é uma forma de opção; a responsabilidade é total e irredutível. Como o ser do homem é uma ausência (carência) de ser – existir, no sentido de estar fora de si mesmo – ele é apenas o que projeta para si, negando seus condicionamentos, renegando seu passado e lançando-se à frente de si mesmo, realizando-se na direção do futuro. O homem não é uma totalidade, acabada e determinada, mas um processo essencialmente incompleto de totalização. A *práxis* é o fazer humano referido ao seu projeto fundamental de transformação e autocriação. Todas as manifestações comportamentais, linguísticas, produtivas são expressões deste(s) projeto(s) livre(s) que são o homem. A existência, porém, está perenemente ameaçada pela presença do *outro*. Se eu sou um centro de organização e uma fonte livre de atribuição de sentido, existem no meu campo de existência outros sujeitos igualmente dotados da mesma liberdade. O que eu faço e o que eu me faço aparecem para o outro como objeto. O meu processo incessante de totalização é sistematicamente congelado pelo outro que, ao me objetivar, reduz-me a uma totalidade acabada. A vergonha é o sentimento original desta queda em que perco minha condição de sujeito e passo a "ser para o outro", na condição de objeto. As relações interpessoais são por isso essencialmente conflitivas e todas as tentativas de superação do conflito (amor, masoquismo, desejo, sadismo, ódio) são fadadas ao fracasso. Nenhuma delas alcança a estabilidade de uma relação entre sujeitos que se reconhecem como tais. O inferno para Sartre é um lugar em que as pessoas se devem tolerar por toda a eternidade: "o inferno são os outros", eternas ameaças de alienação, de eliminação de mim enquanto horizonte de possibilidades e projeto de futuro. Assim, diante dos condicionamentos do passado e da ação do *outro* que o ameaça e aprisiona, não há repouso possível – o sujeito deve sempre superar sua situação, projetando-se para além dela, transcendendo-a e transcendendo-se. Esta realidade, a realidade humana, não pode ser apreendida pela lógica analítica, adequada apenas ao inerte, mas somente pela lógica dialética que compreende uma parte regressiva, que descreve e analisa a situação, que define o leque de possibilidades, dentro da qual o projeto se forma e se expressa, e uma parte progressiva em que se capta exatamente a conduta e suas obras como superação da situação e manifestação do projeto. Como elementos, enfim, do processo de negação e totalização. Como o diz Cooper: "devemos compreender o que o sujeito faz com o que lhe é feito, o que ele faz do que ele é feito". O próprio Sartre concretizou esta forma de análise existencial em estudos literários e psicológicos em que procurava identificar a dialética imanente à constituição e realização dos projetos existenciais de grandes gênios literários como Baudelaire e Flaubert. A antipsiquiatria é atraída pelo existencialismo sartreano, mais que por qualquer outro, pela proeminência que nele recebe a problemática da interação interpessoal. Para Laing e Cooper, tanto a gênese da "esquizofrenia", como a solução terapêutica, como ainda a própria caracterização deste "quadro clínico", remetem ao sistema de interações sociais que no conjunto da sociedade e, de forma crítica, no seio da família configuram o projeto de loucura. Ouçamos, por exemplo, acerca da origem da esquizofrenia: "no início a situação é a seguinte: a mãe e a criança formam uma unidade biológica original que persiste durante algum tempo após o fato concreto do nascimento. Pouco a pouco os atos da mãe, se corretos (num sentido determinado que pode ser definido), engendram um campo de *práxis* com possibilidade de reciprocidade [...]. Este começo de ação que afeta o outro, ou começo da pessoa, é o segundo nascimento, existencial, que transcende dialeticamente o nível do reflexo orgânico e, atingindo um novo nível de organização sintética, inaugura uma dialética entre pessoas. Mas a mãe pode fracassar na criação do campo de ação recíproca [...]. [Neste caso] a criança não desfrutará desde o início das primeiras condições necessárias para a realização de sua autonomia pessoal". A esquizofrenia não é propriamente um efeito, numa cadeia de causalidades naturais, de formas de interação que restringem a liberdade, eliminam o campo de possibilidades do indivíduo, exigem dele a submissão total. A esquizofrenia é a própria configuração da situação social que se vai construindo: "é uma situação de crise microssocial na qual os atos e a experiência de uma certa pessoa são invalidados pelos outros por certas razões culturais e microculturais (geralmente familiares) compreensíveis que, finalmente, fazem com que esta pessoa seja eleita e identificada como 'doente mental' e em seguida confirmada na sua identidade de paciente esquizofrênico por agentes médicos ou paramédicos". Dentro desta situação, ela mesma esquizofrênica, será identificado como doente o membro que assume, contra a situação, um projeto que inevitavelmente terá conotações de violência e será taxado de irracional. A "cura" será sempre uma desalienação, uma restituição ao paciente de um horizonte de possibilidades e ações responsáveis. Isto pode ser obtido com "a criação de uma situação controlada na qual os membros da família modificam eles próprios suas relações de tal maneira que o membro paciente descobre um domínio de ação autônoma se abrindo incessantemente diante dele, enquanto que ao mesmo tempo os outros membros da família também se tornam mais independentes". Outra forma seria mediante a criação das comunidades terapêuticas em que as relações interpessoais fossem livres da violência aberta ou dissimulada que caracterizava os ambientes sociais em que os pacientes se haviam desenvolvido e que eles negavam e assumiam no seu projeto frustrado de libertação: a loucura. Como se vê, o pessimismo existencialista é bastante atenuado no momento em que a antipsiquiatria se propõe como uma terapêutica existencial, o que a aproxima da psiquiatria alternativa americana, inspirada na psicossociologia funcionalista[9], e, com o mito da comunidade desalienada, do pensamento político romântico[10].

11.10 O problema da compreensão nas doutrinas existencialistas[11]

Nesta última seção pretendo expor brevemente os resultados da imbricação dos existencialismos na velha problemática romântica da expressão e da interpretação das formas expressivas, tomando como exemplos, por um lado, o neomarxismo de Sartre, e, por outro, a ontologia heideggeriana e seus desdobramentos na obra de Gadamer. As contribuições oferecidas por estas duas linhas de reflexão à solução do problema hermenêutico não são diretamente comparáveis, já que se dão em planos diferentes: em Sartre encontramos a problemática da compreensão e da interpretação situada no terreno empírico da comunicação entre indivíduos histórica, cultural e psicologicamente diferenciados; Sartre, a partir de sua antropologia existencialista, define uma metodologia progressivo-regressiva (ou analítico-sintética) e a explora em inúmeras análises concretas de personalidades históricas e autores literários. Já em Heidegger o problema da compreensão emerge no contexto da investigação fenomenológica do

---

9. Cf. SZASS, T. Op. cit. A resultante política conformista e pacificadora deste movimento com tantas pretensões revolucionárias é apontada em JACOBI, R. Op. cit., p. 148-168.

10. Cf. ROMANO, R. Op. cit.

11. Cf. SARTRE, J.P. *Questions de méthode*. Paris: Gallimard, 1960, p. 128-230. • GADAMER, H.G. Op. cit., p. 103-226. Como introdução ao pensamento hermenêutico de Heidegger e Gadamer, cf. CORETH, E. Op. cit., p. 22-26, 45-166. • RICOEUR, P. *Interpretação e ideologias*, p. 29-42. Recomendo um confronto entre o texto de Gadamer, principalmente nos trechos em que é explicitado seu enfoque da relação entre tradição e razão na procura da "verdade hermenêutica", e o texto de K.R. Popper (Rumo a uma teoria racional de tradição), em que se coloca o problema da relação entre tradição e racionalidade no contexto da lógica da investigação científica (POPPER, K.R. *Conjeturas e refutações*, p. 147-160). A leitura comparada e a discussão destes trabalhos deveriam ser momento essencial do processo de reflexão que este livro pretende facilitar.

dasein; Heidegger não oferece, portanto, soluções metodológicas, ou epistemológicas, mas uma fundamentação ontológica da compreensão.

"O homem – diz Sartre – é para si mesmo e para os outros um ser significante, pois não se pode jamais compreender o menor de seus gestos sem superar o puro presente e explicá-lo pelo futuro. É, em outras palavras, um criador de signos na medida em que utiliza alguns objetos para designar outros objetos ausentes e futuros. Mas uma e outra operação se reduzem à pura e simples superação: superar as condições presentes na direção de uma mudança ulterior, superar o objeto presente na direção de uma ausência é a mesma coisa. O homem constrói signos porque é significante em sua própria natureza e ele é significante porque é superação dialética de tudo que é simplesmente dado". Como se vê, aos olhos de Sartre é enquanto negação do condicionado, do dado, do que lhe fizeram e do que é feito que o homem caracteriza-se como ser significante. "A conduta mais elementar deve-se determinar simultaneamente em relação aos fatores reais e presentes que a condicionam e em relação a um certo objeto futuro que ela deve fazer nascer. É o que nós chamamos o projeto [...]. O homem se define por seu projeto. Este ser supera perpetuamente a condição que lhe é dada; ele desvela e determina sua situação transcendendo-a pelo trabalho, pela ação e pelo gesto [...]; esta perpétua produção de si e pelo trabalho e pela *práxis* é a nossa estrutura própria [...]. É o que denominamos existência, e por este conceito não entendemos uma substância estável que repousa em si mesma, 'mas um desequilíbrio perpétuo [...]. Como este impulso para objetivização toma formas diversas segundo os indivíduos, como ele nos projeta através de um campo de possíveis dos quais realizamos alguns com a exclusão de outros, o denominamos também escolha ou liberdade [...]. O sentido de uma conduta e seu valor só se podem apreender em perspectiva pelo movimento que realiza os possíveis desvelando o dado. O projeto retém e desvela a realidade superada". Através do projeto se esclarece a vivência que o sujeito teve na/da situação e através da reconstituição da situação se esclarece o sentido do projeto enquanto negatividade, escolha e realização. A compreensão se aprofunda e concretiza neste movimento de vai e vem. A metodologia da compreensão, baseada nesta antropologia que identifica o existente com sua liberdade de escolha sempre situada e limitada, deve comportar, assim, um momento regressivo em que se captam as possibilidades que a situação oferece ao existente, as limitações e condicionamentos que constrangem sua ação, inclusive aqueles interiorizados na forma de hábitos e de um "caráter"; e um momento progressivo, em que se verá como o indivíduo enfrenta sua situação e se define em seu projeto através de suas escolhas. A reconstituição da situação histórica cultural e psicológica não visa explicar o comportamento, que seria então reduzido a uma pura e simples reação automática ao contexto, um dado entre dados, um elo de uma relação causal. Ao contrário, o que importa é, comparando indivíduos que dentro da mesma situação diferenciam-se por suas escolhas, apreendermos o sentido do seu projeto individual, interpretando suas condutas e obras como expressões e signos, mais ou menos fiéis, daquele projeto. "O sentido de nosso estudo deve ser aqui 'diferencial' [...]. É, efetivamente, a diferença entre (o geral e) a ideia ou atitude concreta da pessoa estudada, seu enriquecimento, seu tipo de concretização, seus desvios etc. que devem nos esclarecer sobre nosso objeto. Esta diferença constitui sua singularidade [...]. Em cada uma de suas condutas e obras será o projeto inteiro do indivíduo que se manifestará". A existência é assim produtora de signos e todos os signos (todas as formas de negação do presente) são expressões de um projeto. "Para apreender o sentido de uma conduta humana é preciso dispor do que os psiquiatras e historiadores alemães chamaram de 'compreensão'. Mas não se trata de nenhum dom particular nem de uma faculdade especial de intuição: este conhecimento é simplesmente o movimento dialético que explica o ato por sua significação terminal a partir de suas condições de início." Contudo, a compreensão, Sartre o admite, não é um conhecimento imediato proporcionado por uma atividade puramente contemplativa. Em primeiro lugar, porque a expressão do projeto é limitada e deformada pelos instrumentos culturais disponíveis. "O projeto deve necessariamente atravessar o campo das possibilidades instrumentais. Os caracteres particulares dos instrumentos o transformam mais ou menos profundamente; eles condicionam a objetivização [...]; já que os instrumentos alienam quem os usa e modificam o sentido de sua ação, é preciso considerar (as realizações) como a objetivização do homem e como sua alienação." Esta relação dúplice e contraditória do projeto com suas manifestações empíricas exige uma prática de *interpretação* e não a simples compreensão imediata do sentido. Em acréscimo: "nossa compreensão do *outro* não é jamais contemplativa: é apenas um momento da nossa *práxis*, uma maneira de viver na luta ou na convivência a relação concreta e humana que nos une a ele". Mas se a compreensão do outro é parte do meu projeto, como – em que pese a tentativa de distanciar-se de todo irracionalismo e de todo intuicionismo psicologista – estabelecer a verdade que posso obter da compreensão do outro? Ela não estará inevitavelmente comprometida pelo meu engajamento pessoal no ato de compreendê-lo, e pelas limitações instrumentais do meu próprio projeto? É a dúvida que nos remete ao problema central da hermenêutica que sofreu com Heidegger e Gadamer um reequacionamento.

Em Heidegger "compreender não é um modo de comportamento do sujeito entre outros, mas o modo de ser do próprio *dasein*", como bem o diz Gadamer. O ser-aí é essencialmente uma relação original do sujeito com o mundo em que este é o mundo projetado pelo *dasein* como horizonte das suas possibilidades de ser. Neste contexto, a compreensão é primitivamente a orientação do *dasein* na situação, ou seja, uma compreensão antecipada das suas possibilidades de ser. O *dasein* compreende-se através da compreensão das suas possibilidades futuras: o presente, o ser-no-mundo, é sempre compreendido do ponto de vista do futuro que, por sua vez, é alvo de uma compreensão antecipada. Nesta medida, toda compreensão é precedida de uma antecipação de compreensão, e isto é inerente ao modo de ser do *dasein*, que é um ser orientado para o futuro e que só a partir do futuro, assim antecipado, pode compreender seu estar no mundo presente. Este modo de ser do *dasein* prefigura o círculo hermenêutico com que se defrontaram os autores que haviam procurado fundamentar as práticas interpretativas das ciências do espírito: o sentido só se oferece a um sistema de interpretação previamente elaborado; como, então, garantir o acesso ao sentido verdadeiro se toda interpretação já está previamente condicionada pelo sistema compreensivo adotado? Ou como diz Gadamer: "Quem queira compreender um texto, tem sempre um projeto. Desde que se esboça um primeiro sentido no texto, o intérprete antecipa um sentido para o todo. Por seu turno, este primeiro sentido só se esboça porque já se lê o texto guiado pela expectativa de um sentido determinado [...]. Quem queira compreender está exposto aos erros suscitados pelas preconcepções que não sofreram a prova das próprias coisas. Tal é a tarefa constante do compreender: elaborar os projetos justos e apropriados à coisa que, enquanto projetos, são antecipações que esperam confirmação apenas das coisas mesmas [...]. É sensato, então, reconhecer que o intérprete não chega ao texto diretamente, assente numa preconcepção já pronta e acabada, mas que é necessário pôr expressamente à prova tais preconcepções interrogando-se sobre sua legitimidade, isto é, sobre sua origem e sua validade". Como se vê, não há como evitar o círculo hermenêutico, sendo ele característico de todas as situações de compreensão e, fundamentalmente, do modo de ser do *dasein*. Mas se não é possível evitá-lo e sair dele definitivamente, é possível experimentá-lo de uma forma positiva e não apenas como uma limitação absoluta ao acesso à verdade. Reconhecer a inevitabilidade do círculo implica alterar radicalmente o *status* do preconceito e da tradição tal como fora definido pelo iluminismo e parcialmente reformulado pelo romantismo. "É do iluminismo que o conceito de preconceito recebeu o acento negativo que nos é familiar [...] o preconceito fundamental do iluminismo é o preconceito contra os preconceitos em geral e a recusa, consequente, da tradição". Haveria entre a razão e a tradição um antagonismo de base e insuperável. O romantismo confirma esta cisão, invertendo, porém, os sinais valorativos. Ora, o que pretende Gadamer é mostrar que não há absolutamente possibilidade de compreensão (seja do mundo e seu horizonte de possibilidades, seja do texto, seja do outro) fora do horizonte das antecipações, frequentemente inadequadas, dos preconceitos e da tradição. Não há um ponto de vista soberano que nos introduza na coisa mesma, que nos faculte a compreensão imediata, adequada e indubitável. Mas, em contrapartida, não há um antagonismo estático entre razão e tradição: "A tradição, mesmo a mais respeitável e autêntica, não se realiza somente de maneira natural em virtude da força de perseveração do que existe; ela exige ser afirmada, apreendida e avaliada. Ela é essencialmente perseveração [...]. Mas a perseveração é um ato da razão, um dos que, efetivamente, passam desapercebidos [...]. A perseveração não é menos um ato de liberdade que a transformação e a inovação". Não há como exercitar a razão fora do horizonte prévio das tradições, dos preconceitos; mas a pertença a uma tradição e a aplicação do projeto de compreensão antecipada daí decorrente às interpretações não excluem a atividade racional e crítica. A atitude crítica se concretiza na problematização do projeto de compreensão antecipada, no questionamento. É ela que permitirá, ao longo de um processo infinito de 'aproximação da coisa mesma e apreensão do seu sentido, separar os "preconceitos verdadeiros que guiam a compreensão e os preconceitos falsos que acarretam a incompreensão. A consciência formada na escola hermenêutica [...] exigirá a tomada de consciência dos preconceitos pessoais que guiam a compreensão, de tal sorte que a tradição seja isolada [...] para ser avaliada [...]. Sabemos agora o que é exigido para isto: a suspensão fundamental dos nossos preconceitos. Ora, toda suspensão de julgamento tem, do ponto de vista lógico, a estrutura da questão [...]. A essência da questão é deixar abertas as possibilidades". Essa suspensão não nos coloca fora da tradição, mas nos leva a experimentá-la metodicamente, ou seja, abri-la para a possibilidade da invalidação e da correção no contato com o sentido que emana da própria coisa. O resultado desta experiência, essencialmente inacabada, é a fusão de horizontes em que as possibilidades compreensivas do intérprete se ampliam até se encontrar com as possibilidades comunicativas do outro ou do texto, criando o terreno comum do diálogo. Neste processo nem há um rompimento do intérprete com seus próprios horizontes de compreensão, com seus preconceitos e com sua tradição, nem o fechamento destes horizontes que atrairiam, para seu próprio âmbito, sem se modificar, o sentido visado no mundo. Contemporânea à fusão dos horizontes – assinalando a sua precariedade e incompletude, a finitude – do intérprete, há uma tensão que não deve ser dissimulada, mas, ao contrário, explicitada como constitutiva da consciência hermenêutica. Esta é a consciência em que se pode manifestar a alteridade irredutível do outro. É a consciência aberta para o diálogo e para a busca do consenso.

Começam hoje a aparecer na psicologia social (ex.: os artigos de K.G. Gergen que aproximam a psicologia da história e a colocam como uma ciência interpretativa) e na psicanálise (trabalhos de Habermas e Lorenzer[12], p. ex.) os reflexos da revalorização da hermenêutica decorrente das investigações fenomenológicas e existencialistas.

---

12. Cf. LORENZER, A. *El objecto del psicoanálisis*: lenguaje y interacción. Buenos Aires: Amorrortu, 1976, p. 74-93.

12
CONSIDERAÇÕES FINAIS E PERSPECTIVAS

12.1 A problemática da diversidade e da unidade

A pluralidade de enfoques metodológicos, de tentativas de fundamentação epistemológica e, principalmente, de doutrinas é um fato reconhecido, e frequentemente lastimado, por todo aquele que se dedica ao estudo da psicologia. A diversidade chama atenção em dois aspectos: em primeiro lugar, não se observou ao longo de todo o século XX – que viu o nascimento e a consolidação do projeto de uma psicologia como ciência independente – um processo progressivo de diferenciação interna, ou seja, a diversidade não foi se acentuando, o que, se tivesse ocorrido, poderia favorecer a interpretação deste fenômeno como uma "crise de crescimento", provavelmente transitória. Mas não, todas as matrizes contempladas nos capítulos anteriores são, enquanto matrizes do pensamento psicológico, contemporâneas. A diversidade instalou-se no seio da psicologia no exato momento em que a disciplina nascia. O que se pode observar – e que na falta de perspectiva adequada pode aparecer, momentaneamente, como uma diferenciação progressiva ou "evolução" – são oscilações que ora colocam um ora outro modelo de inteligibilidade na moda, sem, contudo, eliminar ou mesmo reduzir a produtividade dos modelos alternativos. O segundo aspecto que merece alguma consideração é, exatamente, a persistência da diversidade. Não faltaram autores que, embora reconhecessem a diversidade original, eram (e são) otimistas quanto às possibilidades futuras de unificação.

Daniel Lagache publicou, em 1949, sob o título *L'unité de la psychologie*, um texto exemplar[1]. Parte de uma avaliação negativa efetuada por Claparède dez anos antes acerca da multiplicidade das "psicologias" e se vê obrigado a admitir a permanência da situação: "'As psicologias' chamam a atenção por sua multiplicidade, considerem-se seus objetos, seus métodos ou suas doutrinas". Contudo, logo adiante sustenta que "no plano da história das ideias existem fortes razões para pensar que o psicólogo encontra-se numa situação aberta, num conflito em vias de superação". Após reduzir a diversidade a duas grandes linhas (psicologia experimental e psicologia clínica), aponta para a existência de um objeto comum a ambas e em torno do qual se abriria a possibilidade de acordo: "Para a psicologia clínica, assim como para a experimental, a psicologia é a ciência da conduta", que é um conceito mais amplo que o de comportamento, tal como adotado no início do behaviorismo, mas já superado no behaviorismo cognitivo de Tolman. A psicologia é, efetivamente, a ciência da conduta desde que esta última seja entendida como "o conjunto das respostas significativas mediante as quais o ser vivente em situação integra as tensões que ameaçam a integridade e o equilíbrio do organismo"; a conduta é finalizada, é uma unidade funcional. É sob a égide do funcionalismo, portanto, que se faria a unificação como se depreende do texto seguinte: "A interpretação funcional da conduta é exatamente a mesma (na clínica e na experimental): o sentido da conduta é sempre o de restabelecer a unidade do organismo quando este se acha ameaçado pela tensão inerente a uma necessidade fisiológica ou adquirida. O princípio de homeostase de Cannon, a que recorrem com frequência os psicólogos norte-americanos, desempenha um papel análogo ao do 'princípio da constância' em Freud; segundo estes princípios o organismo tende sempre a reduzir as tensões a um nível ótimo, vale dizer, a obedecer à motivação mais forte".

Em 1952, em *The conceptual framework of psychology*, Egon Brunswik inclina-se também claramente para uma superação da

---

1. Cf. LAGACHE, D. *La unidad de la psicología*. Buenos Aires: Paidós, 1980.

multiplicidade sobre uma base funcionalista[2]. "O behaviorismo clássico pode ser descrito como uma aniquilação do introspeccionismo do século XIX, mas tendo apenas transferido o atomismo, sensacionismo e associacionismo para o plano do comportamento observável, sem alterar o periferalismo subjacente. A psicologia da *gestalt*, por outro lado, desempenhou o papel oposto de aniquilar o atomismo [...] sem tocar na sua concepção basicamente introspeccionista [...]. Durante uma terceira fase da psicologia moderna, começando na década de 30, houve uma 'convergência' [...]. Esta convergência possui todas as características de uma 'síntese genuína'". Segundo Brunswik, "o primeiro reconhecimento amplo e detalhado da compatibilidade entre a objetividade e a abordagem molar veio de Tolman e do se behaviorismo propositivo, molar ou operacional [...]. A referência a fins realizados constitui-se na ênfase utilitária, e assim torna o sistema de Tolman uma parte integrante da psicologia funcional objetiva". Na esteira de Tolman ter-se-ia podido desenvolver a unificação. A própria psicanálise, sob a inspiração funcionalista, ter-se-ia preparado para a integração com o resto da psicologia: "No início dos anos 20, alguns anos após ter sido exposto à atmosfera funcional-behaviorista dos Estados Unidos, Freud deslocou sua ênfase da dimensão consciente/inconsciente, introspectivamente orientada, para a hierarquia mais objetivamente concebida de funções dinâmicas dentro da pessoa, o id, o ego e o superego [...]. As três instituições dinâmicas representam, ou assumem a responsabilidade, respectivamente, pelos impulsos primários, relações de realidade e consciência culturalmente imposta. Especialmente o conceito de ego prepara assim uma aproximação como funcionalismo".

Poderia oferecer vários outros exemplos de autores que vislumbraram a unificação através destes processos que poderíamos denominar de sintéticos ou ecléticos. Tanto nas unificações sintéticas, em que a unificação emergiria de convergências e transformações internas nos enfoques e doutrinas originais, como no eclético, em que a unificação é promovida às expensas de todo ri-

---

2. Cf. BRUNSWIK, E. *The conceptual framework of psychology*. Chicago: The University of Chicago Press.

gor teórico e em benefício de algo como a eficiência das técnicas ou a harmonia a qualquer preço, predomina o funcionalismo, sendo inclusive difícil, em muitos casos, distinguir o que é apresentado como "síntese genuína" do mero ecletismo. A razão disto, provavelmente, será encontrada na forte presença da matriz funcionalista no senso comum das sociedades modernas, marcadas pela dominância da racionalidade administrativa ou instrumental. Contudo, em que pesem estes fatores extracientíficos, tendentes à unificação, o certo é que as esperanças de Lagache, de Brunswik e outros não se concretizaram, e não parecem estar em vias de se concretizar.

Uma atenção particular deve ser dada às tentativas de unificação construtivas em que também se almeja uma integração de matrizes diversas, mas que resultaria num modelo de inteligibilidade e de prática científica original, com relações de assimilação e de oposição bem definidas diante das matrizes tradicionais e das doutrinas vigentes. É este o caso, por exemplo, do esforço empreendido por R. Harré e P.F. Secord em 1972 no livro *The explanation of social behaviour*[3], uma obra extremamente ambiciosa e de resultados, até o momento, bastante modestos. A proposta se insere num projeto amplo de reinterpretação dos procedimentos científicos, falseados, segundo os autores, pela filosofia da ciência dominante (positivista, empirista e elementarista). Algo muito semelhante já nos fora proporcionado pelos psicólogos gestaltistas, em especial Köhler e Lewin, quando se propuseram a formular "a verdadeira filosofia das ciências naturais", baseada nas noções de "forma" e "campo"[4]. O resultado desta reinterpretação – que contrapõe ao empirismo e ao elementarismo o construtivismo racionalista, a elaboração de modelos dos mecanismos subjacentes e geradores dos fenômenos observáveis, a atribuição aos agentes naturais de propriedades e poderes encober-

---

3. Cf. HARRÉ, R. & SECORD, P.F. *The explanation of social behaviour*. Oxford: Blackwell, 1972.

4. Cf. KÖHLER, W. *Die physische Gestalten in Ruhe und in stationären Zustand* (1920). Trecho reproduzido em HERRNSTEIN BORING. Op. cit., p. 320-324. • LEWIN, K. Le conflit dans les modes de pensée aristotélicien et galiléen dans la psychologie contemporaine. In: LEWIN, K. *Psichologie dynamique*. Paris: PUF, 1964, p. 23-64.

tos e que se manifestariam na produção regular, previsível e inteligível dos fenômenos, o enfoque sistêmico e estrutural seria a compatibilização do explicar e do compreender. A explicação seria mais que a mera assimilação das regularidades fenomênicas às leis empíricas; seria uma verdadeira compreensão dos processos subjacentes. A compreensão, por seu turno, seria mais que a descrição inteligível como num modelo homomórfico, e envolveria a formulação de modelos paramórficos[5], de valor explicativo, que captariam os mecanismos produtivos da natureza, ou seja, simulariam suas formas de funcionamento.

Harré e Secord pretenderam oferecer à psicologia social um modelo compreensivo-explicativo que, provocativamente, foi denominado "antropomórfico", e cuja palavra de ordem é: para efeito de pesquisa e teorização, tratemos os seres humanos como se fossem seres humanos. Resumidamente, este modelo nos oferece uma imagem do objeto da psicologia social que tem o seguinte formato: "No modelo antropomórfico não apenas consideramos a pessoa como agente, mas também como comentarista e crítico. Segue-se que a forma mais característica do comportamento humano é a obediência consciente a regras e a implementação intencional de planos [...]. O modelo antropomórfico do homem concebe o sujeito das pesquisas sociais como um indivíduo biológico cujas ações caracteristicamente humanas são geradas pelo automonitoramento consciente do desempenho de acordo com um certo conjunto de regras que o sujeito expõe a si mesmo enquanto realiza comentários antecipativos e descritivos de seu desempenho, que é também submetido a uma apreciação crítica em comentários retrospectivos". As ideias básicas são, portanto, a de um sujeito que é ao mesmo tempo ator, plateia e crítico do seu próprio desempenho; este é concebido sob a forma de ações finalizadas e significativas, subordinadas a planos e regras; estas formam um sistema estruturado que organiza a atribuição de significado às situações e a definição dos papéis sociais a serem ocupados e representados pelos agentes em cada contexto: O compor-

---

5. Cf. HARRÉ, R. Man as rhetorician. In: CHAPMAN, A.C. & JONES, D.M. Op. cit., p. 202.

tamento social é a manifestação de uma competência cognitiva e social, sendo assim dependente das representações sociais que determinam a forma do indivíduo, histórica e culturalmente determinado, estruturar suas vivências e suas ações; compreender o comportamento e explicá-lo é possível quando se consegue decifrar o significado da ação, e isto ocorre quando *se reconstrói o sistema* de regras e planos subjacentes que funcionariam como o mecanismo gerador do comportamento observável em cada episódio dramático, em cada set de interação social. Em 1980, Harré[6], reportando-se à obra em coautoria com Secord, explicita sua posição diante da multiplicidade teórica da psicologia e nos conta como pretenderam enfrentar esta situação no livro de 1972: "Cada modelo de homem – e eu defenderia a permissão para centenas de modelos crescerem no espaço antes ocupado por um preconceito – serve para fisgar um aspecto de uma realidade muito complexa, que é essencialmente enigmática [...]. O único procedimento sensato neste estágio da arte é reunir um conjunto de modelos, considerar seus poderes analíticos e explicativos, e então engajar-se no exercício teórico de avaliar as possibilidades de serem aplicados conjuntamente". Conviria, portanto, tentar identificar quais as principais fontes de onde Harré e Secord extraíram o material para o seu modelo antropomórfico. A tarefa não é difícil porque eles, de maneira até mesmo excessiva e talvez indevida, esmeraram-se em estabelecer as relações de parentesco entre suas ideias e as de outros teóricos ou correntes de pensamento. Há uma clara dívida com o funcionalismo, abrangente e pervasiva: reconhece-se no modelo antropomórfico fortes vestígios da Teoria dos Sistemas Abertos e dos Modelos Cibernéticos, como o de Miller, Galanter e Pribran, nas noções de planos, autocontrole, ação finalizada etc. A teoria dos papéis sociais e o interacionismo simbólico de G.H. Mead são também explicitamente mencionados e assimilados. Há uma dívida para com a fenomenologia na tentativa de captar os significados da ação e os significados atribuídos às situações interativas tais como se oferecem na vivência pré-reflexiva dos agentes – esta captação é funda-

---

6. Ibid.

mental porque "o como atribuir e captar significados é o mecanismo de grande parte dos padrões de interação social. Uma maior precisão na especificação dos *significados* é o que corresponde, nas ciências sociais, ao desenvolvimento da exatidão na mensuração de parâmetros, nas ciências físicas [...]. Parece que a explicação de algum padrão de interação social deva ser buscada nas razões, regras e significados tomados em consideração pelos participantes – é claro que a descrição da interação deveria naturalmente, em princípio, ser expressa numa linguagem extraída daquela realmente em uso por eles [...]. Sustentamos que a linguagem comum e seu sistema conceitual são um instrumento muito mais refinado para propósitos científicos do que qualquer terminologia que possa ser produzida *a priori* e *ad hoc* por um psicólogo [...]. Neste ponto entramos em contato com a tradição fenomenológica". Trata-se da tradição fenomenológica *lato sensu*, identificada apenas pela preocupação em descrever "a coisa mesma" sem pré-concepções; no caso, descrever as formas simbólicas da comunicação coloquial. A metodologia adotada, embora guarde muitas semelhanças com a fenomenologia da linguagem e com a fenomenologia do senso comum, tal como praticada por diversos autores[7], é a da análise conceitual desenvolvida pela filosofia da linguagem inglesa[8], que também visa captar os significados da e na fala, ou seja, no uso quotidiano de uma comunidade linguística determinada. Há ainda uma clara dívida estruturalista que, aliás, parece ter se acentuado de 1972 para 1980, quando a linguística estruturalista e a gramática gerativa são chamadas de "protociência" e a abordagem de Harré – denominada *ethogenics* – é definida como " uma psicologia social conscientemente modelada de acordo com a estrutura da linguística". Esta proeminência metodológica da linguística advém do fato de que

---

7. Acerca da fenomenologia da linguagem quotidiana e do senso comum, cf. HARGREAVES, D.H. Common sense models of action. In: CHAPMAN, A.C. & JONES, D.M. Op. cit., p. 213-224. • SCHUTZ. La elaboración de los objectos mentales en el pensamiento del sentido común. In: HOROWITZ, I.L. Op. cit., p. 98-115.

8. Cf. STRAWSON. *Individuals*. Londres: Methuen, 1959. • WITTGENSTEIN, L. Philosophical investigations. Oxford: Blackwell, 1953. In: ALPERT, H. (Op. cit., p. 161-191) há uma interessante exposição, um confronto e uma crítica à filosofia da linguagem e à hermenêutica historicista.

"significados estão estruturalmente organizados [...], e se um componente de uma estrutura está internamente relacionado a outros componentes [...], então não pode ser destacado da estrutura e estudado isoladamente". Diante de realidades que têm na configuração sua característica distintiva, a linguística conseguiu impor-se como sendo "uma ciência psicológica e social, articulada de acordo com o padrão das ciências naturais". Dentro dos estruturalismos, uma atenção maior é dedicada à gramática gerativa, cuja separação entre competência e desempenho é assumida na compreensão-explicação dos comportamentos sociais. Várias vezes é usada a noção de "mecanismos geradores" do comportamento social insinuando-se uma equivalência entre eles e a gramática da língua.

Em que pesem as reiteradas referências ao estruturalismo e as aproximações com a fenomenologia, fica-se com a impressão de que nenhuma destas matrizes é assumida de forma integral e consequente, o que já não se pode dizer do legado funcionalista.

Além das fontes diversas em que pretendem ter-se abeberado, os autores constroem seu modelo de inteligibilidade e de procedimento científico em torno de três referências. Temos, inicialmente, a referência científica: a psicologia social proposta é uma ciência, vale dizer, adota a metodologia científica universal e busca a explicação do comportamento. Mas há também a referência hermenêutica: é uma psicologia organizada sobre a noção de sentido e que se esforça para "revelar e não para impor interpretações", "os esquemas interpretativos que usa são os do povo". Enquanto hermenêutica, esta psicologia social se afasta da noção de verdade. Os intérpretes não revelam uma verdade, mas negociam um sentido: "Não há aplicação na etogenia para o conceito de verdade absoluta [...]. O único sentido possível em que se pode falar de uma 'interpretação etogênica correta' é que ela é o elemento mais estável da negociação". Finalmente, temos a referência filosófica: a compreensão-explicação repousa num fundamento dado pela análise do conceito de "pessoa" e, assim, é sobre uma antropologia filosófica de cunho personalista que todo o edifício é construído.

Minha impressão, após este formidável esforço construtivo, é que nenhum problema novo foi formulado e resolvido por Harré e Secord melhor que o teria sido dentro de cada uma das tradições originais operando independentemente. Ao contrário, a ambição do projeto de certa forma limitou a possibilidade de aprofundamento de cada uma das linhas de investigação, o que deixa no fim uma sensação de pirotecnia e superficialidade. Não sei até que ponto não estaríamos diante de uma forma mais sofisticada de ecletismo, ou seja, se o aprofundamento não revelaria incompatibilidades intransponíveis entre as fontes e entre as referências que, no entanto, permanecem camufladas pela grandiosidade da proposta. Apesar do fracasso relativo, principalmente quando se considera a incapacidade de propostas como a de Harré e Secord conquistarem a comunidade científica unificando suas práticas e concepções, deve-se reconhecer nestas tentativas de unificação construtiva a intenção honesta de transformar a psicologia numa verdadeira ciência, em conformidade com o projeto original de constituição da psicologia como disciplina independente. No entanto, é forçoso admitir a pequena produtividade deste tipo de elaboração quando confrontada com a das linhas independentes de pesquisa e teorização. Tanto entre as escolas que se originam das matrizes cientificistas como entre as que provêm das matrizes românticas, percebe-se uma atividade de investigação e produção teórica muito mais consistente, sistemática e bem-sucedida. Sejam skinnerianos, piagetianos, reflexólogos, psicofísicos, cognitivistas, estruturalistas, fenomenólogos, hermeneutas, psicanalistas etc., desde que de estrita observância, contribuem mais e melhor para o conhecimento psicológico do que qualquer messias da reconciliação. Se a fragmentação se revela assim tão produtiva, pode parecer sensata a proposta de Koch[9] de acentuá-la ainda mais, criando, no lugar de uma psicologia, diversas áreas de estudos psicológicos adjacentes às disciplinas básicas (biologia evolutiva, fisiologia, medicina, sociologia, administração, antropologia, filosofia etc.) com as quais tivessem mais afi-

---

9. KOCH, S. Op. cit.

nidades. Tanto a pesquisa como a formação ficariam muito facilitadas. A pesquisa se beneficiaria com a interdisciplinaridade que poderia ser facilmente concretizada nas regiões de convergência entre os estudos psicológicos e outras áreas do conhecimento mais solidamente estabelecidas. No campo da docência, haveria uma evidente vantagem em contarmos com alunos mais claramente orientados e com expectativas mais definidas e concordantes com seu futuro acadêmico e profissional. Hoje, ao contrário, a formação do psicólogo é, por um lado, de natureza polimorfa, o que se traduz em dispersão e superficialidade; de outro, enfrenta uma massa de alunos tão desorientada e indefinida quanto à própria "ciência" que pretendem estudar e quanto à profissão que pretendem exercer (se é que pretendem uma coisa e outra). O desenvolvimento independente de múltiplas abordagens teria ainda a seu favor dois argumentos: a complexidade do objeto da psicologia exigiria a multiplicidade dos enfoques, cada modelo de inteligibilidade "fisgando" – para usar a expressão de Harré – um aspecto da realidade; parece ser esta também aproximadamente a opinião de Gagey, que denuncia a ilusão de unidade e identifica o polimorfismo com a vitalidade e o crescimento da ciência[10]. Um profissional completo deveria, naturalmente, ser capaz de manejar vários modelos, como, por exemplo, Jaspers supõe necessário ao psiquiatra estar preparado para explicar e compreender os estados patológicos. Ainda assim, a produção de conhecimento estaria enfeudada e sua transmissão bem compartimentada. Pode-se também legitimar a dispersão apontando para a divergência básica de interesses nos estudos psicológicos: não haveria um projeto de psicologia, mas vários projetos a partir dos quais se definiriam diferentes objetos e procedimentos. Haveria, portanto, uma incompatibilidade primitiva em nível dos interesses de conhecimento postos em jogo. Esta foi a posição de

---

10. GAGEY, S. *Analyse spectrale de la psychologie*. Paris: Rivière, 1958. Apud BERNARD, M. A psicologia. In: CHÂTELET, F. (org.). Op. cit., vol. 7, p. 17-98. Esse artigo de Bernard é recomendável como leitura complementar ao conjunto das questões tratadas no presente livro.

Canguilhem e *Qu'est-ce que la psychologie scientifique?*[11] Teríamos uma psicologia como ciência natural, uma psicologia como ciência da subjetividade, que se dividiria numa física do sentido externo, numa ciência do sentido interno e numa ciência do sentido íntimo; haveria, finalmente, a psicologia como ciência das reações e do comportamento. Embora nos capítulos anteriores eu tenha apresentado uma divisão das matrizes psicológicas bem diversa da que aparece no artigo de Canguilhem, também assumi a existência de uma divergência essencial de interesses. Não obstante, penso que esta divergência é apenas um aspecto da questão, sendo o outro a existência de um projeto de psicologia como ciência independente. Trata-se, na verdade, de um projeto autocontraditório, mas creio que as oposições e conflitos precisam ser compreendidos como momentos essenciais deste projeto e não como fricções acidentais entre projetos independentes. Neste caso, o mais acertado para evitar as fricções seria mesmo afastar, definitivamente e umas das outras, as correntes do pensamento psicológico: cada uma dominaria o seu terreno e o colonizaria com os seus métodos preferidos. No entanto, mesmo que a fragmentação da psicologia fosse tão eficaz quanto aparenta, ela traria consigo o mais forte risco de ecletismo. Ainda que, enquanto pesquisador e teórico, o psicólogo lucrasse com a institucionalização da multiplicidade, enquanto profissional ele seria obrigado a resolver na prática o que a teoria negou-se a reconhecer: a unidade contraditória do seu objeto – o sujeito biológico e social, modelador do mundo e modelado por ele, automatizado e orientado para metas, por valores e significados, padronizado e individualizado, sujeito e objeto do conhecimento e do controle. Esta condição dúplice e contraditória, que a moderna configuração do saber e das práticas sociais bem como a situação do indivíduo nas sociedades ocidentais expõem de forma aguda e indisfarçável, exacerbando as polarizações, acaba exigindo do profissional de psicologia a capacidade de unir por sua conta, e risco do

---

11. CANGUILHEM, G. Qu'est-ce que la psychologie scientifique? In: CANGUILHEM, G. *Études d'histoire...*, p. 365-381.

cliente, o que não se une tão simplesmente assim. É nesta medida que a fragmentação do saber psicológico vem incentivar o ecletismo pragmático. Pode-se prever que este tipo de unificação eclética seria tanto mais desastrosa quanto menos pontes e terrenos comuns houvessem ligando as áreas de estudos psicológicos. De outro lado, a possibilidade de em algumas destas áreas emergirem soluções metodológicas e teóricas que conquistassem toda a comunidade e desqualificassem as demais como irrelevantes para a psicologia ou não científicas é praticamente nula. A comunidade psicológica a rigor não existe: não há entre aqueles que dizem fazer psicologia (teórica ou prática) a unanimidade de objetivos e critérios que permita essa forma de redução da diversidade.

Penso que, ao invés da unificação e da fragmentação, cumpre assumir a unidade contraditória do projeto. É o que visam as poucas considerações que teço neste final de capítulo.

12.2 A superação e a conservação da diversidade

Muito se tem falado da natureza histórica e social do objeto da psicologia. O sujeito individual constitui-se num contexto histórico e culturalmente determinado, e fora deste processo ele simplesmente não teria qualquer existência. Há mesmo quem negue a possibilidade de uma psicologia com intenções universalizantes: todos os processos psicológicos estariam datados e sujeitos a transformações radicais ao longo da história da humanidade[12]. Esta é provavelmente uma posição extremada e contra a qual militam evidências e argumentos oriundos dos estudos biológicos do comportamento. Não se pode negar, porém, que a tese contenha alguma verdade. A reflexão hermenêutica, por seu turno, vem enfatizando a natureza histórica e cultural do cientista, cujos horizontes podem ser ampliados sem no entanto perder a

---

12. GERGEN, K. "Social psychology as history". *Journal of Personality and Social Psychology*, 1973 (26), p. 309-320. • GERGEN, K. "Toward generative theory". *Journal of Personality and Social Psychology*, 1978 (36), p. 1.344-1.360.

referência central ao seu tempo e à sua tradição cultural[13]. Nas ciências naturais, as noções de "paradigma"[14], "modelo de inteligibilidade"[15] etc. apontam igualmente para o fato de não se investigar e explicar o real a partir de um ponto de vista soberano e atemporal. É necessário, ainda, sublinhar o caráter histórico das relações entre o cientista e seu objeto. Serge Moscovici no *Essai sur l'histoire humaine de la nature*[16] desenvolve detalhadamente esta ideia: "o que a ciência nos oferece é um quadro da natureza, isto é, uma relação ordenada do homem e da matéria. Ela exprime as modalidades pelas quais nossa espécie institui o mundo objetivo [...]. Pela habilidade teórico-prática a humanidade impõe às forças animadas ou inanimadas um desenvolvimento que se articula com o seu próprio [...]; não se trata de um puro desvelamento, da penetração progressiva, num circuito predefinido, de seres que subsistiam como tais antes desta intervenção [...]. Fora desta relação, trazidos à exterioridade, eles são como inexistentes [...]. As verdades que são descobertas sucessivamente não fornecem assim uma visão mais exata de algo que subsistiria independentemente de nossa forma de atuar e de nossa percepção. Elas marcam a evolução de nossos laços com as propriedades da matéria, e são estes laços que elas determinam". O conhecimento científico seria então não apenas conhecimento de um objeto que se transforma efetuado por um sujeito também em transformação, mas, fundamentalmente, um conhecimento das formas históricas das relações práticas que a humanidade instaura com a

---

13. Cf. GADAMER, H.G. Op. cit. • DILTHEY, W. Op. cit., p. 286-305.

14. Cf. KUHN, T. Op. cit.

15. Cf. GUSDORF, G. *De l'histoire des sciences*. Nesse livro pode-se ler que "a história das ciências deveria visar o conhecimento científico na sua realidade solidária; ela não tematiza um aspecto muito especializado da inteligência, mas o pensamento global do indivíduo, que supõe o panorama cultural de uma época determinada" (p. 178). "Ela deve enfocar uma teoria dos conjuntos do conhecimento, ela é inseparável de uma história da inteligibilidade" (p. 182). Numa tradição intelectual antagônica à de Gusdorf, Michel Foucault radicaliza ainda mais a descontinuidade histórica e o relativismo do conhecimento com sua noção de "episteme" (cf. FOUCAULT, M. *La arqueología del saber*. México: Siglo Veintiuno, 1970).

16. Cf. MOSCOVICI, S. *Essai sur l'histoire humaine de la nature*. Paris: Flammarion, 1977, p. 29-116.

matéria, criando e recriando assim as ordens naturais[17]. Trazendo este enfoque para a psicologia, devemos reconhecer que as diferentes modalidades de teorização e prática psicológica correspondem a diferentes formas de relações que os sujeitos instauram entre si no contexto da vida em sociedade. Nesta medida, não é à complexidade da "natureza humana" que poderíamos atribuir a multiplicidade dos enfoques, mas à complexidade e contraditoriedade das formas de relação social. O que se precisa reconhecer é que cada uma destas formas exige uma determinada maneira de ser elucidada, ou seja, um conhecimento rigoroso, mas pertinente, ao tipo de relação social que ela reflete e legitima. Mas, em contrapartida, deve ficar claro que estas variadas formas de relação social não existem separadas em compartimentos estanques, mas compõem o todo cindido e conflitivo do indivíduo humano. Sob um poder autoritário absolutista, estritamente aderido a uma lógica instrumental e porta-voz exclusivo da razão administrativa, é provável que víssemos um radical enfraquecimento das matrizes compreensivas e o apogeu das cientificistas; sob uma anarquia utópica, talvez ocorresse o contrário. Mesmo então, a necessidade de legitimação do poder absoluto, de um lado, e a necessidade de socialização e modelação do homem, de

---

17. A posição de Moscovici, que nega validade a um conceito de natureza em si, independente da sua relação com o homem (o que corresponde a um princípio de idealismo subjetivo), mas que materializa a relação homem/mundo, ao mesmo tempo que nega também a independência da consciência do sujeito em relação ao universo físico e social, identifica-se com a "teoria do conhecimento" marxista expressa nos *Manuscritos econômico-filosóficos de 1844 e nas Teses sobre Feuerbach*. L. Kolakowski (*Las principales...*, p. 139-143, 146-149) sintetiza e comenta com as seguintes palavras a posição de Marx: "O verdadeiro ponto de partida é o contato ativo do homem com a natureza, e é só mediante uma abstração que dividimos este processo em uma humanidade autoconsciente, por um lado, e numa natureza, por outro. A relação do homem com o mundo não é originalmente contemplação ou percepção passiva, em que as coisas transmitem sua imagem ao sujeito [...]. A percepção é, desde o começo, o resultado da atuação combinada da natureza e da orientação prática dos seres humanos, que são sujeitos em sentido social e que consideram as coisas como seus próprios objetos, destinados a servir a um determinado fim" (p. 139). "Trata-se de um ponto de vista antropocêntrico, que vê na natureza humanizada uma contrapartida das intenções práticas humanas; como a prática humana tem um caráter social, seu efeito cognitivo – a imagem da natureza – é obra do homem social. A consciência humana não passa da expressão no pensamento de uma relação social com a natureza e deve ser considerada como um produto do esforço coletivo da espécie" (p. 142).

outro, dariam lugar às atividades comunicacionais e instrumentais nas relações interpessoais, criando as condições para as duas grandes linhas da teorização psicológica. Mas estes são casos extremos e historicamente irrealizáveis. Em todas as situações vigentes e previsíveis, as relações sociais técnico-administrativas a serviço do controle, da eficiência e da solução de problemas e as relações de comunicação e diálogo não coercitivo estarão presentes a cada momento na vida do indivíduo, nas suas interações com os outros e consigo mesmo. Negar relevância ou pertinência a uma psicologia como ciência natural, com a alegação de que ela "não respeita a natureza do seu objeto", é tentar, por um passe de mágica, negar a existência das relações sociais que lhe servem de fundamento e que nela se expressam. Mas, ao contrário, a exclusão das psicologias de inspiração romântica, denunciando-as como não científicas, seria excluir do campo da psicologia todas as relações baseadas no diálogo e que visam a mútua compreensão e o consenso, que também são críticos na manutenção da vida em sociedade (mesmo nas autoritárias). A única unificação possível se daria, assim, fora do campo da psicologia, no plano de uma crítica histórica e epistemológica à psicologia como ciência independente, vale dizer, na negação deste projeto, trazendo de volta a psicologia para junto das ciências sociais e da filosofia. Nesta unificação, contudo, as divergências e conflitos não seriam anulados, mas esclarecidos e conservados. As diferenças não seriam eliminadas ou obscurecidas, as alternativas teriam seus direitos assegurados e suas responsabilidades cognitivas e sociais bem definidas.

Este livro nasceu das aulas que dava na disciplina História da psicologia. Convinha, então, no término do semestre, justificar o porquê de, no final das contas, não ter oferecido nada que parecesse com a história da psicologia. Tenho para mim que história da psicologia, como talvez também a de outras disciplinas que visam a vida em sociedade, não se pode nortear pelos modelos disponíveis de historiografia das ciências naturais. No conjunto da disciplina não encontramos, seja a acumulação regular de fatos e teorias, seja as revisões radicais e revolucionárias dos paradigmas dominantes, seja o confronto crítico de enfoques alternativos em condições de testes cruciais. Não há, neste sentido, uma história da psicologia. Há, isso sim, histórias das psicologias. Dentro de cada arraial existe, de forma mais ou menos efetiva, um processo racional de crítica e superação do erro, seja segundo o modelo experimental, seja segundo o modelo hermenêutico. Ocorre que estas histórias regionais, interessantíssimas e necessárias, deixam de lado o movimento do próprio projeto de psicologia. Apreendê-lo seria exatamente a meta de uma história da psicologia entendida como história dos conflitos, de suas origens na vida da sociedade e da cultura, de suas implicações teóricas, ideológicas e políticas. Uma história da psicologia como esta, ainda por fazer, teria uma função essencial na formação do psicólogo e deveria ser contemplada em todos os currículos de graduação. Ela seria um instrumento de autorreflexão e autoconhecimento que talvez contribuísse tanto para esclarecer ao futuro profissional o verdadeiro significado da dispersão e desconexão das disciplinas e orientações teóricas que enfrentou durante o curso como para fazê-lo entender o real alcance das suas opções. Se as diferentes matrizes refletem e expressam diferentes formas de relações humanas, a opção individual entre as correntes psicológicas é, em última instância, uma questão ética e não científica, mas não é absolutamente uma questão para a qual só existam soluções irracionais e arbitrárias. Quando trazemos um aluno para o terreno pantanoso da psicologia deveríamos assumir a responsabilidade de propiciar-lhe as condições de exercer a crítica racional diante das alternativas que lhe abrimos e dos impasses com que o defrontamos. Não se deve esquecer que um dos mecanismos de defesa contra a incerteza é o dogmatismo, e não é a toa que entre os psicólogos campeiam, lado a lado, o ecletismo pragmático agnóstico e o dogmatismo acrítico e irracionalista.

ÍNDICE

Sumário, 7

Introdução, 9

1 A constituição do espaço psicológico, 11
    1.1 Emergência e ruína do sujeito, 11
    1.2 Emergência e ruína do indivíduo, 20
    1.3 Conclusões, 22

2 A ocupação do espaço psicológico, 24
    2.1 Introdução, 24
    2.2 Matrizes cientificistas, 25
        2.2.1 Matriz nomotética e quantificadora, 25
        2.2.2 Matriz atomicista e mecanicista, 26
        2.2.3 Matriz funcionalista e organicista, 27
    2.3 Matrizes cientificistas e ideologias científicas, 30
    2.4 Matrizes românticas e pós-românticas, 31
        2.4.1 Matriz vitalista e naturista, 31
        2.4.2 Matrizes compreensivas, 32
    2.5 Matrizes românticas, pós-românticas e ideologias pararreligiosas, 38
    2.6 Perspectivas atuais, 38

3 Matriz nomotética e quantificadora, 42
    3.1 Introdução, 42
    3.2 A ordem nas aparências, 44
    3.3 A ordem natural, 46
    3.4 A expansão da ordem natural, 47

3.5 A ordem natural dos fenômenos psicológicos e comportamentais, 48

3.6 Raízes socioculturais da quantificação psicológica, 56

4 Matriz atomicista e mecanicista, 60

4.1 O problema do movimento, 60

4.2 As origens na física, 62

4.3 Extensões do atomicismo e do mecanicismo, 65

4.4 Atomicismo e mecanicismo na psicologia, 68

4.5 Raízes socioculturais, 71

5 Matriz funcionalista e organicista na psicologia americana, 73

5.1 Limites do atomicismo e do mecanicismo, 73

5.2 Função, estrutura e gênese, 74

5.3 Os reflexos do funcionalismo na psicologia, 79

5.4 O movimento da psicologia funcional, 79

5.5 A psicologia comparativa, 81

5.6 Os behaviorismos, 83

5.7 O apogeu do funcionalismo behaviorista, 87

6 Matriz funcionalista e organicista na psicologia europeia, na psicanálise e na psicossociologia, 91

6.1 Funcionalismo na etologia europeia, 91

6.2 Funcionalismo na psicogenética de Piaget, 94

6.3 Funcionalismo na psicanálise freudiana, 98

6.4 Funcionalismo na psicossociologia, 105

7 Submatrizes ambientalista e nativista na psicologia, 110

7.1 O ambientalismo psicológico, 110

7.2 O nativismo psicológico, 114

7.3 Os interacionismos, 118

7.4 Raízes socioculturais das submatrizes ambientalista e nativista, 125

8 Matriz vitalista e naturista, 130

8.1 O bergsonismo: um exemplo, 130

8.2 O humanismo romântico, 135

8.3 O irracionalismo conformista, 136

9 Matrizes compreensivas: o historicismo idiográfico e seus impasses, 140
   9.1 Desdobramentos e diferenciações do Iluminismo, 140
   9.2 Caracterização do Romantismo, 142
   9.3 O Romantismo e as humanidades, 147
   9.4 A crítica da razão compreensiva, 149
   9.5 Interpretação e verdade, 154

10 Matrizes compreensivas: os estruturalismos, 158
   10.1 A problemática estruturalista, 158
   10.2 Origens dos estruturalismos: a psicologia da forma, 162
   10.3 Origens dos estruturalismos: os formalistas russos, 166
   10.4 Origens dos estruturalismos: a linguística de Saussure, 167
   10.5 Novos rumos para os estruturalismos: a gramática gerativa, 169
   10.6 Estruturalismo na antropologia e na psicologia, 171
   10.7 Romantismo, estruturalismo e psicanálise, 176

11 Matriz fenomenológica e existencialista, 179
   11.1 A fenomenologia e a questão epistemológica, 179
   11.2 O encontro da fenomenologia com as ciências humanas, 181
   11.3 As estruturas da consciência transcendental, 183
   11.4 Os modos da consciência transcendental e as ontologias regionais, 185
   11.5 A inflexão romântica na fenomenologia de M. Scheler, 185
   11.6 As doutrinas existencialistas, 187
   11.7 A psicopatologia de K. Jaspers, 188
   11.8 Analítica e psicanálise existencial, 190
   11.9 A antipsiquiatria existencial-marxista, 193
   11.10 O problema da compreensão nas doutrinas existencialistas, 197

12 Considerações finais e perspectivas, 204
   12.1 A problemática da diversidade e da unidade, 204
   12.2 A superação e a conservação da diversidade, 215

Conecte-se conosco:

 facebook.com/editoravozes

 @editoravozes

 @editora_vozes

 youtube.com/editoravozes

 +55 24 2233-9033

www.vozes.com.br

Conheça nossas lojas:

www.livrariavozes.com.br

Belo Horizonte – Brasília – Campinas – Cuiabá – Curitiba
Fortaleza – Juiz de Fora – Petrópolis – Recife – São Paulo

EDITORA VOZES LTDA.
Rua Frei Luís, 100 – Centro – Cep 25689-900 – Petrópolis, RJ
Tel.: (24) 2233-9000 – E-mail: vendas@vozes.com.br